DON'T SLEEP, THERE ARE SNAKES

LIFE AND LANGUAGE IN THE AMAZONIAN JUNGLE

別睡,這裡有蛇!
一個語言學家在亞馬遜叢林

丹尼爾・艾弗列特——著
黃珮玲——譯

推薦序 三個母音與八個子音的六萬五千種可能

文／褚士瑩（作家、國際NGO工作者）

遇到巴西亞馬遜叢林裡的皮拉哈族人之後，生命出現大轉彎的丹尼爾‧艾弗列特，放棄了傳教士的工作，成為無神論者，寫了《別睡，這裡有蛇！》，從此專心當一個語言學家和人類學家。

在那之後，他陸續出版了三本書。一本叫做《語言…文化的工具》（Language: The Cultural Tool），強調語言不是自然而然、與生俱來的，而是人類為了解決特定的溝通問題，才被發明出來的，就像人類發明防身、狩獵的弓箭一樣。

另一本書，叫做《心靈的暗物質…文化中那些無意識的清楚表達》（Dark Matter of the Mind: The Culturally Articulated Unconscious），跨越哲學、人類學、語言學、認知科學四個領域，宣稱我們所謂人的天性其實不是真的天性，只是反映人們所在的文化。他相信人其實像亞里斯多德說的，心靈的本質是一張白紙，也接近佛家說的「無我」。

別睡，這裡有蛇！

DON'T SLEEP, THERE ARE SNAKES

還有一本，書名是《語言是如何開始的：人類最偉大發明的故事》(How Language Began: The Story of Humanity's Greatest Invention)，探索兩百萬年前的直立猿人如何發明了語言，將後繼的人類子孫帶進了語言的世界。

從這一連串的書名，我們可以看到一個以宗教信仰為人生重心的傳教士，如何一步一步離開舒適圈，在與世界面對面的過程中，反思自身的人生與信仰，成為了一個無神論科學家的過程。

在二○一七年一場美國賓州的TED演講中，丹尼爾・艾弗列特說到了皮拉哈族人的世界觀如何改變了他。因為皮拉哈族人只把死亡看待為自然的一環，沒有什麼好畏懼的，他意識到對根本不畏懼死亡的人傳教，簡直是浪費時間。皮拉哈族人讓他看到宗教的本質充滿「恐懼」，沒有恐懼的皮拉哈族人，可以說是世界上最快樂的人，傳教突然間變得如此可笑而多餘。

「皮拉哈人讓我瞭解到，即便沒有天堂的慰藉與地獄的恐懼，也能有尊嚴並心滿意足地面對生命，帶著微笑航向生命的混沌深淵。」丹尼爾・艾弗列特回憶說。

本書作者並沒有因此鼓吹讀者去學習皮拉哈族人，相反的，他說，只要跟與我們想法不同的人接觸，就會為生活注入新元素。如果傳教士抱著「改變世界」的理想到遠方去，卻固守在自己其實也不明白的宗教戒律跟經典中，只會變成一個頑固而封閉的人。但如果我們願意把自己當作世界的學生，成為懂得傾聽樹的亞馬遜叢林，只要看不到的，都不需要多費唇舌去說。

● 三個母音與八個子音的六萬五千種可能

FOREWORD

3

世界、傾聽別人、傾聽自己生命聲音的人，即使不旅行，僅在自己居住的城市，找一戶跟自己語言、信仰、生活方式不同的人家，同居共食一個禮拜，按照對方家庭的規矩生活，也會跟去亞馬遜叢林加入人數頂多只有三、四百人的皮拉哈族人，有著同樣的效果。

或許，每個人的生命都是一座亞馬遜雨林，蘊含著所有的答案。正如皮拉哈語裡雖然沒有數字的概念，只有三個母音與八個子音，但每個皮拉哈語的動詞，卻至少有六萬五千種可能形式。掌握生命本質的「理性」與「智性」，就如同語言學家掌握語言的本質，或是掌握了三個母音與八個子音的皮拉哈族人，從此面對無窮無盡的世界，即無所畏懼、沒有匱乏。

別睡，這裡有蛇！
DON'T SLEEP, THERE ARE SNAKES

本書談論的是發生在過去的事，但生活是關於現在與未來。

我將此書獻給我的妻子，堅定的勇者琳達・安・艾弗列特（Linda Ann Everett）。

浪漫是件好事。

我在深入調查這些晦澀難解的知識領域時，學到了寶貴的第一課：絕不要相信那些大人物的懷疑，或是他們對詐欺與愚行的指控；還有，不要受他們影響而反對那些被公認為是明智而誠實的人們所做的再三觀察。整部科學的歷史告訴我們，無論在哪個時代，只要那些受過教育的科學家是用荒誕或不可能的前提在否定其他調查者，那麼這些否定者總是錯的。

——阿弗瑞德‧華勒斯（Alfred Wallace, 1823~1913）

沒有人強迫我們要接受這樣的偏見，以為人類的本質大多清楚顯現在舉世皆同而非因民族而異的人類文化特徵上……或許在民族的文化特殊性中，在人們奇奇怪怪的行為中，能夠找到一些最具啟發性的例子，來發現所謂的普遍人性。

——克里夫德‧紀爾茲（Clifford Geertz, 1926~2006）

目錄 CONTENTS

推薦序　三個母音與八個子音的六萬五千種可能 …… 2

寫在前面 …… 11

本書所使用的皮拉哈語言 …… 13

序言 …… 15
PROLOGUE

第一部　生活 LIFE

第一章　發現皮拉哈人的世界 …… 23
DISCOVERING THE WORLD OF THE PIRAHÃS

第二章　亞馬遜河流域 …… 49
THE AMAZON

第三章　跟隨耶穌的代價 …… 59
THE COST OF DISCIPLESHIP

第四章　孰能無過 …… 89
SOMETIMES YOU MAKE MISTAKES

第五章 物質文化與儀式的缺乏 105
MATERIAL CULTURE AND THE ABSENCE OF RITUAL

第六章 家族與社群 123
FAMILIES AND COMMUNITY

第七章 自然與當下的經驗 161
NATURE AND THE IMMEDIACY OF EXPERIENCE

第八章 謀殺與社會：青年圖卡嘎 197
A TEENAGER NAMED TUKAAGA: MURDER AND SOCIETY

第九章 自在生活的土地 207
LAND TO LIVE FREE

第十章 卡波克魯人：亞馬遜巴西人的生活 219
CABOCLOS: VIGNETTES OF AMAZONIAN BRAZILIAN LIFE

第二部 語言 ● LANGUAGE

第十一章 皮拉哈語的聲調、重音和言談方式 243
CHANGING CHANNELS WITH PIRAHÃ SOUNDS

第十二章 皮拉哈的單字 263
PIRAHÃ WORDS

第十三章 人需要多少語法？
HOW MUCH GRAMMAR DO PEOPLE NEED? 277

第十四章 價值觀與談話：語言與文化的夥伴關係
VALUES AND TALKING: THE PARTNERSHIP BETWEEN LANGUAGE AND CULTURE 287

第十五章 遞迴：語言就像俄羅斯娃娃
RECURSION: LANGUAGE AS A MATRIOSHKA DOLL 307

第十六章 語言與真實的觀點：皮拉哈人與外人
CROOKED HEADS AND STRAIGHT HEADS: PERSPECTIVES ON LANGUAGE AND TRUTH 333

第三部 結 論 ● CONCLUSION

第十七章 變節的傳教士
CONVERTING THE MISSIONARY 357

寫在後面 為什麼要關心其他文化和語言？
WHY CARE ABOUT OTHER CULTURE AND LANGUAGE? 373

致謝 379

本書所使用的皮拉哈語言

皮拉哈語是目前所知語音組成（音位）最少的，即便如此，我們多少還是需要協助，否則還是很難發音。以下是發音的一些基礎要領，這些注記系統，是我和阿爾羅・漢利希（Arlo Heinrichs）以及史帝夫・薛爾頓（Steve Sheldon）這兩位在皮拉哈傳教的前輩，一起為皮拉哈語所發展出來的。

b　置於字首時發mama的「m」。位於i和o這兩個母音之間時則需抖動雙唇發出顫音（就像在模仿車子發動的聲音）。此外則發baby的「b」。

g　置於字首時發no的「n」。位於o和i這兩個母音之間時則發「g」（例如「牛奶」*xibogi*），或是一種類似「l」的音（這種發音在其他語言找不到）——先發一個「l」的音，緊接著伸出舌頭讓它介於兩唇之間，並觸碰下唇。此外則發「god」的「g」。

p　發pot的「p」。

t　發tar的「t」。

k　發skirt的「k」。

x　這是個聲門塞音（glottal stop），發音像是英文裡以「uh-uh」表示否定意見時，中間的那個音節（亦即橫線「－」所代表的音節），這在英文並非一個完全子音，也不在英文字母表上。在國際語音學字母表上，它的代表符號是「/」。

11

● 本書所使用的皮拉哈語言

SOME NOTES ON THE PIRAHÃ LANGUAGE AS USED IN THIS BOOK

s 發 sound 的「s」。但置於字母 i 之前時，發 sugar 的「sh」。

h 發美式英語 here 的第一個音節

i 通常發美式英語 hit 的母音「i」，不過偶爾也發 bed 的母音「e」，在某些情況下則發 bead 的「ea」。

a 發英式英語 father 的母音「a」。

o 通常發 who 的母音「o」，偶爾也發 abode 的母音「o」。

重音符號（´）表示高聲調，必要時標示在母音上方。若是母音上方沒有重音符號，則表示低聲調。就拿英文字 PERmit（名詞重音在前，意思是執照或許可證）與 perMIT（動詞重音在後，意思是允許）來說，大寫字母表示高聲調的發音。在皮拉哈的語言系統中，每個母音都有一個聲調，就看母音所在的這個單字在該語句中的功能與位置。

在本書中，我大多試著要將皮拉哈語轉譯成一般慣用英語，但如此一來就偏離了皮拉哈人使用的真實狀況。像是在英文翻譯裡都會用上許多關係子句，但原本皮拉哈人用的句子並沒有。對皮拉哈的語言文法有進一步興趣的人，可以好好看看本書中提及的故事，或是參考我所寫的幾本關於皮拉哈語言學的著作，例如《亞馬遜語言手冊‧卷一》中的章節（Mouton 出版）。本書中的故事皆按字面翻譯，大部分讀者應該都還看得懂（雖然對於不會皮拉哈語的人來說，這些翻譯可能還是比較難理解）。

別睡，這裡有蛇！

DON'T SLEEP, THERE ARE SNAKES

12

寫在前面

所謂科學，不只是一群穿著實驗衣、在知名科學家手下工作的研究團隊。它也可以是獨立的個人，在艱困時空環境下賣力追求、在過程中感到失落費解，但依舊盡力從這般困境中得出新知識。

這本書談的是後面那種類型的科學研究工作，是關於我與巴西原住民族皮拉哈人（Pirahã）共同生活、經歷亞馬遜文化嚴酷考驗後成長的智識。它也是關於皮拉哈人以及他們教我我的事，有些是科學上的，有些是待人處世上的，以及這些新觀念如何深深改變我的生活，讓我的日子從此不同。

這邊談的是**我**所學到的事，其他人當然也會有自己的體會，而未來的研究者也將訴說他們自己的故事。最終，我們不過是盡己所能直接坦白地述說故事。

寫在前面

PREFACE

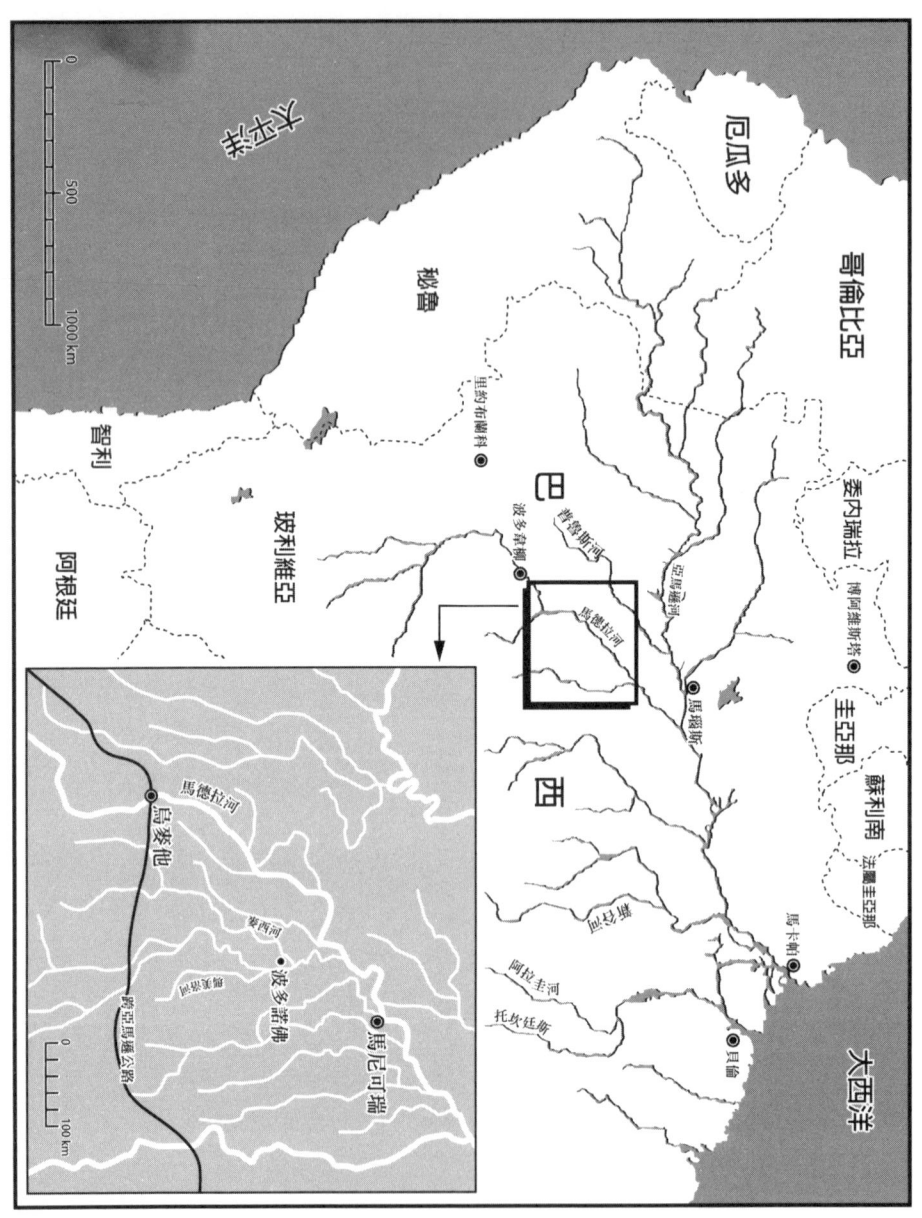

PROLOGUE

序言

「看！」他在那！神靈伊嘎凱！」

「大家快來看是伊嘎凱！他正在河岸上！」

「有，我瞧見了！他威脅要傷害我們。」

我從熟睡中醒來，不確定是在做夢還是真聽見了這段對話。那是一九八〇年的旱季，八月某個週六的早上六點半。陽光閃耀，但還不算太熱。在我那間河濱空地上的簡陋屋子前，一陣微風正從麥西河吹拂而上。我睜開雙眼，看見頭頂的棕櫚葉屋頂，由於陳年的灰塵與煤煙的皮拉哈澤已變得暗沉。我的住處與兩間結構相似的皮拉哈小屋相接，裡面分別住著阿侯比西和科賀比伊伊艾一家人。

待在皮拉哈部落的那些日子裡，我在無數個清晨應付炊火飄來的淡淡煙味，以及臉上巴西陽光的熱度。陽光隔著蚊帳射入，已溫和了些。孩童常嬉笑著，彼此追逐，或用響徹村落的哭聲討奶喝。狗兒吠著。通常當我一睜開眼，從夢裡朦

穿著連身裙的婦女、討奶喝的嬰兒，以及光著屁股的小孩。

朦朧醒來，就會有一個皮拉哈小孩（有時甚至是大人）透過房屋牆板上帕西烏巴棕櫚樹木條的間縫盯著我瞧。這個早晨卻不是這麼一回事。

這會兒我完全清醒了。皮拉哈人發出的噪音和叫嚷聲吵醒了我。我坐起身來，環顧四周。人們聚在麥西河岸高地上，離我的床約六公尺遠，所有人都大力比畫著，大聲喊叫，全心留意我屋子對面的河岸。我走下床，想看清楚發生什麼事，反正在這樣的吵鬧聲中我也睡不著。

我從地板上撿起運動短褲，先確認上面沒有捕鳥蛛、蠍子、蜈蚣或其他不速之客，然後穿上短褲，匆匆套上夾腳拖鞋向門外走去。皮拉哈人三三兩兩聚集在我屋子右方的河岸上，越來越興奮。還有一些母親在小徑上奔跑，懷裡的嬰兒則死命抓住嘴裡含著的奶。

女人都穿著無袖無領中等長度的連身裙。她們平時都穿著這衣服工作睡覺，上面還有爛泥和煙灰造成的深棕色污漬。男人則穿著短褲，或僅用塊腰布裹住下身。沒人帶著弓箭，這讓我鬆了一口氣。尚未進入青春期的孩子則光著身子，皮膚因為直接受日曬雨淋而變得像皮革。出於某些理由，嬰兒都喜歡爬來爬去，屁股也因為在地面上拖行而結了層硬皮。所有人都在火堆旁睡覺、坐著，因此身上都積滿灰燼和塵土。

氣溫還只有攝氏二十二度左右，雖然潮濕，但比起中午四十度以上的高溫，這還算小意思。我揉揉惺忪睡眼，轉身問語言指導老師科賀：「發生了什麼事？」

序言
PROLOGUE

他就站在我右方，身子強健、膚色棕黑、肌肉精瘦，全身緊繃盯著對岸。

他不耐地說：「你沒看見他就在那邊嗎？住在白雲上面的神靈伊嘎凱，就站在河岸上對著我們大喊，說我們一進入叢林，他就殺了我們。」

我問：「在哪？我沒看見。」

科賀沒好氣地回答：「就在那兒！」他眼睛動也不動，盯著那顯然空蕩蕩的河岸中央。

「他在河岸後方的叢林裡嗎？」

「不！就在河岸上。你看！」他火大，又說了一次。

我和皮拉哈人一起待在叢林裡時，總是看不到他們眼中的野生動物。我的雙眼不夠老練，無法像他們一樣視物。但是這次不同。即便是我，也能看出在那距離不到九十公尺的白色沙岸上，確實什麼都沒有。然而，我有多確定那裡沒什麼，皮拉哈人就有多確定那裡有什麼。也許那河岸上曾有什麼東西，而我錯過了。但他們堅持伊嘎凱還在那，他們正盯著他看。

大家還是一直望著河岸，我身旁六歲的女兒克莉絲蒂問我：

「爸爸，他們在看什麼？」

「我不知道，我什麼也沒看見。」

克莉絲蒂墊起腳尖，盯著對岸瞧。然後她望向我，又望向皮拉哈人，跟我一樣一頭霧水。

別睡，這裡有蛇！

DON'T SLEEP, THERE ARE SNAKES

我和克莉絲蒂離開了皮拉哈人,走回屋子。我剛剛目擊的那一幕是什麼?從那個夏日清晨起,我在往後二十多年裡一直試圖理解歐洲和皮拉哈這兩種文化眼中的現實是如此不同,這代表了什麼?我永遠不能向皮拉哈人證明河岸上什麼也沒有,而他們一樣無法說服我那裡真的有什麼,更別說是神靈了。

身為科學家,客觀性是我篤信的價值。我曾想,要是我們能更努力嘗試,自然就能看到別人眼中的世界,也更能學會如何尊重彼此的觀點。然而我從皮拉哈人身上學到的是,即使是我們對環境的感知,也都受我們的預期、我們的文化、我們的經驗所左右,而出現跨文化的不可共量性。

夜裡,當皮拉哈人離開我的屋子回去就寢時,他們會有不同的表示方式。有時他們會說:「我要走了。」但通常他們的說法是:「別睡著了!有蛇喔!」這說法一開始令我很訝異,但現在已經是我最喜歡的睡前問候語。皮拉哈人會這麼說,是基於兩個理由。首先,他們相信少睡些能讓他們「變得更堅強」,這是他們共有的價值觀。其次,他們知道身處叢林,危險無所不在,熟睡會讓人無法防備村落四周無數獵食者的攻擊。

夜裡的村落很少悄然無聲。皮拉哈人的晚上充滿笑聲跟談話,他們不會一次睡很久。夜裡的村落很少有人會一連睡上好幾個小時。多年來,我從皮拉哈人身上學到許多,但這或許是我最愛的一課。當然,生活艱辛、危險環伺,我們可能得不時犧牲睡眠。但既然日子都要過下去,不如就好好享受吧。

我在二十六歲踏入皮拉哈部落,現在已經老到能領老人優惠券了。我將青春給了他們。我得過好幾次瘧疾。有好幾回,皮拉哈人或其他人威脅到我的生命。

序言
PROLOGUE

19

我也不願再回想我曾經如何背著成箱、成袋、成桶沉甸甸的物品穿越叢林。我的孫子都知道皮拉哈人，我孩子的成長過程也都少不了皮拉哈人。我看著這些如今已跟我一樣老邁的族人，他們曾威脅要殺了我，如今卻能為我兩肋插刀。

這本書記載了過去三十年我研究皮拉哈人並與他們共同生活所學到的事。在那段日子裡，我盡我所能去理解他們如何觀看、了解與談論這個世界，並將所學提供給科學研究的夥伴。在這趟旅程中，我走過許多美得出奇的地方，也經歷了許多我不想再經歷的狀況。但我慶幸自己完成了這趟旅程，在生命的本質、語言以及思想上，獲得了珍貴而有價值的洞見，而這些洞見是在別處不可能學習到的。

皮拉哈人讓我了解到，即便沒有天堂的慰藉與地獄的恐懼，也能有尊嚴並心滿意足地面對生命，帶著微笑航向生命的混沌深淵。對於我在皮拉哈人身上所學到的事，我在有生之年都心懷感激。

別睡，這裡有蛇！

DON'T SLEEP, THERE ARE SNAKES

20

PART ONE
LIFE

第 一 部
生 活

别睡,這裡有蛇! 22

DON'T SLEEP, THERE ARE SNAKES

CHAPTER ONE

DISCOVERING THE WORLD OF THE PIRAHÃS

第一章

發現皮拉哈人的世界

一

一九七七年十二月十日，巴西一個陽光耀眼的早上，我們坐在一架六人座飛機裡，等著起飛。飛機是由我的傳教單位「美國國際語言暑期學院」(Summer Institute of Linguistics, SIL) 所提供，駕駛員杜威尼爾正在進行起飛前的檢查。他環視飛機一周，檢查機上行李是否擺放妥當，並察看飛機外部是否有損傷。他從飛機的油槽裡汲取一小瓶燃油，檢查裡面的含水量，也測試了飛機螺旋槳的運作狀況。對現在的我而言，以上種種是再正常不過的例行公事，就像是出門上班前要先刷牙，但當時那可是我的第一次。

就在這起飛的當下，我內心反覆琢磨著「皮拉哈人」(Pirahã)，這支我即將前往與之一同生活的亞馬遜流域原始部族。我要去那裡做什麼？該有什麼舉止？當地人第一次看到我會有什麼反應？而我又該如何回應？我要去那裡見見我所截然不同的人，當中有些差異是我可以想見的，有些則否。好吧，事實上，我大老遠飛去那裡，不只是要見見他們。我到皮拉哈人的部落是為了傳教。我是受美國福音派教會的差派，去「改變皮拉哈人的心意」，說服他們敬拜我所信仰的神，讓他們接受基督教上帝，然後改變他們的道德觀念和文化。即便當時我聽都沒聽過皮拉哈，我卻認為我可以也應該要去改變他們。這是絕大多數傳教工作的核心信念。

杜威登上駕駛座，做起飛行安全祈禱，我們也跟著低下頭。接著他朝駕駛座窗外大喊一聲「Livre!」(葡萄牙文「讓開」之意)，啟動引擎。他一邊暖機，一邊跟波多韋柳 (Porto Velho) 的塔台通話，飛機開始滑行。波多韋柳是巴西朗多尼亞州 (Rondonia) 的首府，也是我之後每一趟皮拉哈之行的作戰基地。在簡易的臨時泥

別睡，這裡有蛇！ 24
DON'T SLEEP, THERE ARE SNAKES

土跑道盡頭,飛機轉了個彎,杜威開始加速。飛機升空了,機場的鏽紅色砂土漫天揚起一片,很快落在我們身後。

我看著叢林逐漸吞沒城市周圍的空地。我們飛越壯觀的馬德拉河(Madeira,樹木之河),之後見到迥然不同的景觀:無論往哪個方向望去,視野的盡頭盡是青花菜似的樹木覆蓋成一片綠色樹海。我想像正下方可能有哪些動物,要是現在隆機而我倖存下來,會不會被豹子給吃下肚?許多空難故事都提到,罹難者不是死於墜機,而是逃不過動物獵殺。

我將拜訪一支罕為人知的部落,他們的語言極不尋常,至少對飽受打擊的語言學家、人類學家以及尾隨而來的傳教士而言是如此。就我們所知,皮拉哈語和目前世上現存的任何語言系統都沒有關連,而我也僅透過錄音帶聽過他們的聲音。另外就是,先前那些研究過皮拉哈語言及住民的語言學家和傳教士,最後都決定要到其他地方工作。皮拉哈人的語言,跟我過去聽過的任何一種語言都不像,看來是頗為棘手的語言。

飛機升空之後,頭頂通風孔送進的空氣也越來越冷。我盡量讓自己坐得舒服些,然後往後傾,開始想著接下來要做的事,還有這趟旅程對我和其他機上乘客而言,有何不同?對駕駛員來說,這不過是日常工作,稍晚他就可以準時回家吃晚餐。同行的駕駛員之父則是來觀光的。至於陪我同行的差會技工唐·派頓(Don Patton),算是從維護差會用地的繁重工作中抽身,度個小假。但我此行的目的卻是我的終身志業。我將與一群素昧平生的人們共度後半生,並希望能帶著他們一

25　　　　　　　　　　　　　　第一章　●　發現皮拉哈人的世界

CHAPTER ONE　　　　　　　DISCOVERING THE WORLD OF THE PIRAHÃS

起上天堂，因此我得學會一口流利的皮拉哈語。

就在此時，機身受到亞馬遜雨季典型的日間上升氣流衝擊，我腦袋裡的天馬行空瞬間打住，因為眼下出現更迫切的事。我暈機了。接下來的一〇五分鐘內，我們在雨林上方的微風中飛行，而我不停反胃。正當我用意志力平復翻騰的胃時，杜威拿著洋蔥鮪魚三明治，轉過身來，好意問道：「你們餓了嗎？」我滿嘴膽汁答道：「不，謝了！」

後來我們終於飛到波斯多諾佛（Posto Novo）附近的簡易機場，駕駛員為了看清跑道，在空中盤旋了一陣子。這下我的胃受到更強大的離心力拉扯，我得使盡最後一絲力氣來抑制嘔吐。在我們著陸前的那段黑暗時期，我甚至覺得墜機或爆炸可能都比繼續暈機還要好。我承認這想法非常短淺，但當時我的確這樣想。

兩年前，史帝夫‧薛爾頓（Steve Sheldon）、唐‧派頓以及一群美國教會的年輕人在叢林中整理出這座簡易機場。要在叢林裡弄一座這樣的機場，首先要砍倒上千棵樹木，並挖除殘根，否則一旦樹根在土壤中腐敗，泥土便會崩落，奪走飛機的起落架，甚至所有乘客的生命。在拔除這上千棵樹根之後（有的直徑甚至寬達一、兩公尺），還必須把殘留下來的凹洞填平。接著還要在缺乏大型機具的情況下，盡可能把跑道推平。倘若一切順利，最後就會出現一條九公尺寬、五百到六百多公尺長的跑道。我們即將降落的皮拉哈簡易機場，就是這樣的規模。

我們飛抵的那一天，跑道上的草高可及腰。我們無從得知草堆中是否藏有木頭、狗、瓶罐或其他可能在飛機降落時損害機身或乘客生命的東西。杜威先是在

別睡，這裡有蛇！ 26

DON'T SLEEP, THERE ARE SNAKES

跑道上方低空飛過，希望皮拉哈人能懂他的意思，因為之前史帝夫曾試著跟他們解釋，這時他們應該檢查跑道上是否有危險的碎石，然後趕緊離開。（有一次我們發現皮拉哈人在跑道正中央蓋起了房子，在降落前還得先把房子給拆除。）果真有幾名皮拉哈人從跑道上跑開，手裡還拿著小木棍。木棍雖小，但如果我們登陸時撞上了，也足以讓機身翻覆。所幸一切平安，杜威帶著我們平穩著陸了。

飛機終於停了下來，平靜無風的叢林熱氣與濕氣卯足全力向我襲來。我下了機艙，一陣頭昏眼花，然後就有皮拉哈人圍上前來，笑著大聲談論著，認出了杜威和唐。唐試著用葡萄牙語告訴皮拉哈人，我想學習他們的語言。儘管他們幾乎聽不懂葡萄牙語，最後還是有幾個人搞懂了我是來接替史帝夫的工作。史帝夫在離開前，也用皮拉哈語向他們解釋了會有個紅髮小個兒來這裡跟他們一起生活，並跟他們學說話。

讓我驚訝的是，從簡易機場走向村落，途中竟要渡過水深及膝的沼澤。我背著補給品，涉過溫熱黑暗的水潭，不知道會不會有什麼東西咬我的腳和腿。這是我第一次體驗雨季末期洪水泛濫的麥西河。

第一次看到皮拉哈人，最讓我吃驚的，就是每個人看起來都那麼開心。每張臉都洋溢著笑容，不像有些人，一遇到不同文化背景的人就板著臉或不理不睬。皮拉哈人熱情地指來指去，講個不停，試著讓我看到他們覺得我會感興趣的東西，像是頭上飛過的鳥兒、獵徑、村裡的茅舍，還有小狗。有些男人的帽子上印著巴西政治人物的宣傳口號和名字，身上閃亮的衣著和運動短褲則是跟巴西商人換來

27　　　　　　　　　　　第一章　◆　發現皮拉哈人的世界

CHAPTER ONE　　　　　　DISCOVERING THE WORLD OF THE PIRAHÃS

的。女人一律穿著同款式的短袖及膝洋裝。這些洋裝一開始想必都有各種顏色的鮮豔圖案,但在屋內泥地的洗禮下,全都灰撲撲糊成一片。還有一些看起來不到十歲的小孩全裸著奔跑。人人都在笑。大多數人走向我時都會輕輕碰我一下,就好像我是隻新寵物。我想不出還有什麼歡迎能比這更溫暖。人們紛紛向前告訴我他們的名字,雖然大部分我都記不得。

我第一個記住的人名是科歐易(Koxoi)。他蹲在路旁一塊明亮空地上,在太陽底下照料著什麼東西。科歐易裸身赤腳,只穿了一件破爛的運動短褲,人雖然瘦,卻不特別結實,深棕色的皮膚看上去彷彿上好皮革,長著厚繭的寬大腳掌看來非常有力。他在沙地上升起一堆火,拿著一隻大老鼠般的動物燒毛,地面被烤得熱烘烘的。他抬頭看了我一眼,把我叫過去,一臉和善,和眼睛都堆滿爽朗的笑,這對於初來乍到的我而言,不單是個歡迎,更是種撫慰。雖然我一個字也聽不懂,他還是跟我聊得很開心。我當時還在

皮拉哈女人一律穿著同款式的短袖及膝洋,小孩則全裸。人人都很和善。

暈機，被那隻動物刺鼻的味道一衝，幾乎要把胃都給嘔了出來。那隻動物的舌頭就垂在兩排牙齒間，舌尖貼地，血滴滴答答往下流。

我碰碰自己的胸，說道：「丹尼爾。」他懂這是個名字，也碰碰胸，說了他的名字。然後我指了指那隻正在火上烘烤的嚙齒類動物。

他回答說：Káixihí。

我馬上重覆一次（同時心想著，老天！這十八公斤重的老鼠漢堡）。史帝夫跟我說過，皮拉哈語是有聲調的，就像中文、越南話或其他上百種語言。這表示除了注意子音跟母音，我還要仔細聆聽每個母音的聲調。我得好好發出我的第一個皮拉哈語單字。

接著我彎腰撿起一根木棍，指著木棍說：「Stick」（木棍）

科歐易笑了，說：「Xií」

我跟著說「Xií」，然後放手讓木棍落下，說：「我掉了根 Xií。」

科歐易看著我，想了一下，然後很快說出：「Xií xi bigí káobií.」我到後來才學到，這句話按字面排列的意思是：「木棍它地上落下。」

我跟著複述這句子，並抽出筆記本和筆。我人還在波多韋柳時就把這些放進後邊口袋，為的就是此時此刻可以用國際語音學字母把東西記下。我將這句話譯為「木棍落在地上」或「你扔了根木棍」。接著我撿起另一根木棍，然後同時扔下這兩根木棍。

他說：「Xií hoíhio xi bigí káobií」，我想這是「兩根木棍落在地上」。後來我也

29　第一章　發現皮拉哈人的世界

CHAPTER ONE　　　　DISCOVERING THE WORLD OF THE PIRAHÃS

才知道，這表示「一根體積（hoíhio）稍大的木棍落在地上」。

我又撿起一片樹葉，然後將整個過程重演一遍。科歐易也如我所願，更加熱誠地當起我的老師，課程並進展到其他動詞，像是跳、坐、敲擊等等。

我聽過史帝夫給我的皮拉哈語錄音帶，也看過他編寫的一些簡短單字表，所以對皮拉哈語並非全然無知，即便史帝夫曾建議我不要採信他的作品（因為他對品質沒把握），而且這語言聽起來跟讀起來是如此不同。

為了試試自己是否能分辨皮拉哈語的聲調，我問了幾個主要以聲調來區分的單字。我問了「刀子」這個字。

他說「Kahaíxíoi」。

然後是弓箭的箭柄。

我指著靠在屋角的弓箭箭柄，他回答「Kahaíxíoi」。

我出發到巴西之前，曾在美國國際語言暑期學院修習一門很棒的田野語言學課程，發現了自己從不知道的語言天分。我和科歐易以及其他興致勃勃的皮拉哈人通力合作了一小時，就確定史帝夫和更早的阿爾羅・漢利希（Arlo Heinrichs）對皮拉哈語的發現是對的，亦即皮拉哈語的音位（phoneme）只有十一個左右，還有皮拉哈語跟世上大多數的語言一樣，語句的基本組成是主詞—受詞—動詞。此外，他們的動詞非常複雜（現在我知道皮拉哈語每個動詞，都有至少六萬五千種可能的形式）。我對自己的處境不再那麼擔心了，我辦得到！

別睡，這裡有蛇！　　　　　　　　　　　　　　　　　　　　　　　　　30

DON'T SLEEP, THERE ARE SNAKES

除了學習皮拉哈人的語言，我也想了解他們的文化。我首先留意他們房屋的空間安排。乍看之下，村落的空間配置似乎沒什麼道理。從簡易機場到我所承接的史帝夫舊居所，一路上各種地方都有皮拉哈人的茅舍聚集。最後，我終於了解，所有茅舍都位於路旁靠河那側，因此每間茅舍都能清楚看見彎彎曲曲的河道。此外，這些茅舍離河岸都不超過二十步，以縱向並排，每戶都有叢林和矮樹叢包圍。這個聚落的茅舍大約有十間，兄弟彼此相鄰。（我稍後得知在其他村落，是姊妹相鄰。也有些村落的茅舍在分布上看不出明顯的親屬關係。）

我和唐卸下裝備，在史帝夫的儲藏室裡騰出小空間，然後塞入成堆補給品（烹飪油、速食湯包、罐裝鹹牛肉、即溶咖啡、鹹味蘇打餅、一條麵包、一些米和豆子）。杜威和他父親四處拍照觀看，之後我和唐陪他們走回機場，看著飛機起飛，跟他們揮手告別。飛機起飛時皮拉哈人高興尖叫，大喊著：「Gahióo xibipíío xisitoáopi」（飛機垂直升空了！）

那時約莫是下午兩點，我人在麥西河畔，身旁是皮拉哈人，生平首度感到一股充沛精力與冒險精神油然而生。唐將史帝夫先前買進的 Sears & Roebuck 漁船（又寬又穩的鋁製船，可裝載將近一公噸的貨物）推進河裡，並檢查船尾引擎。而我則待在史帝夫屋子的前方房間，坐在一群皮拉哈人中間。這屋子蓋得就像皮拉哈人的茅舍，只是稍大些。屋子由一根柱子撐起，只有一半有牆，除了兒童的臥房和儲藏室，其他地方沒有門也沒有隱私。我帶著筆記本和筆出門，繼續我的語言學習課程。每個皮拉哈男人看起來都很結實、精瘦、強壯，身上只有肌肉、

31　第一章　發現皮拉哈人的世界

CHAPTER ONE　　DISCOVERING THE WORLD OF THE PIRAHÃS

骨頭和軟骨。每個人都咧開嘴笑，彷彿在比賽誰看起來最幸福。我重複了幾次自己的名字「丹尼爾」，此時卡布吉（Kaaboogi）從人群中起身，用非常簡單的葡萄牙語對我說：「皮拉哈人會叫你歐吉艾（Xoogiai）。」於是我有了皮拉哈名字。

我先前就知道皮拉哈人會幫我取名字。唐跟我說過，皮拉哈人會幫所有外國人取名字，因為他們不喜歡喊外國名字。而我後來才知道，他們命名的原則，是看這個外國人最像哪個皮拉哈人。當天這群人裡面，就有個年輕人叫「歐吉艾」，而我必須承認我跟他是有那麼點像。接下來十年我都叫作歐吉艾，後來卡布吉（如今已改名為「阿侯阿帕帝」Xahóapati）跟我說，我的名字太舊了，於是給了我一個新名字「艾比凱」（Xaibigaí）。過了六年，我的名字又改了一次，也就是今日我所用的「包艾西」（Paoxaisi），這是老人的名字。據我所知，皮拉哈人會不時換名字，理由通常是他們在叢林與相遇的神靈交換了名字。我知道了在場其他人的名字，卡巴西、阿侯

隱匿在樹叢間的屋舍

比西、歐吉艾、拜提吉、艾凱拜、艾艾。站在屋外探頭的女性則不願與我交談，但我一跟她們說話，她們便咯咯笑。我在筆記本中寫下「我掉了隻筆」、「我在紙上寫字」、「我站起來」、「我叫歐吉艾」之類的句子。

接著唐啟動汽艇馬達，所有人立即衝出屋子，想跳上船跟著他一起在屋前的河道上繞個幾圈。我環顧村落，突然發現自己是獨自一人，也注意到村落並沒有中心空地，只有三兩成群的茅屋掩沒在樹叢間，以狹小的道路和村落裡其他屋舍相連。我能聞到每戶人家升火的煙味。狗吠聲，嬰兒的哭聲。下午的這時段不僅炎熱，還很潮濕。

既然我已經跟皮拉哈人在一起，我決定盡快仔細記下他們的語言資料。但每回我詢問皮拉哈人，能否和他們一起「在紙張上做記號」（這句話在皮拉哈語是「研究」的意思：*kapíiga kaga-kai*），儘管他們都很樂意，但也總會告訴我，我應該要找另一個皮拉哈人，「科賀比伊伊艾」（Kóhoibiíihíai）。我這才逐漸明白，這個「科賀比伊伊艾」能教我皮拉哈語。我詢問一同前來傳教的同事，看他是否知道這個人。

「我知道，巴西人都叫他伯那多（Bernardo）。」

我接著問：「為什麼叫他伯那多？」

他答道：「因為巴西人不會發皮拉哈語的人名，所以他們幫所有皮拉哈人取了葡萄牙名字。我想皮拉哈人也是基於同樣原因，給所有外來者取皮拉哈名字。」

所以我一整天就等著這位伯那多／科賀比伊伊艾打獵回來。當太陽下山，皮

33

CHAPTER ONE

第一章 ◆ 發現皮拉哈人的世界

DISCOVERING THE WORLD OF THE PIRAHÃS

拉哈人指著下游最遠處的曲道大聲交談。我就著逐漸黯淡的暮光，勉強看見一艘獨木舟和划舟人的輪廓正朝村落駛來，並緊靠河岸航行，以避開麥西河主要河道的激流。村落裡的人對著獨木舟上的人大喊，他也大聲回應，然後大夥興奮大笑，只有我一頭霧水。等到那人在河岸上綁妥了獨木舟，我才明白人們為何這麼興奮：獨木舟上有成堆的魚、兩隻死掉的猴子，以及一大隻鳳冠鳥。

我步下泥濘的河岸，走向獨木舟跟這名凱旋的獵人說話。我用下午剛學會的句子說：「我叫歐吉艾。」科賀（皮拉哈人也會用簡稱）抬頭看著我，雙手環胸，不帶感情地咕噥了一聲。相較於其他一臉亞洲五官的皮拉哈人（例如我覺得卡布吉就長得比較像柬埔寨人），科賀比較像非洲人：一頭鬈髮，肌肉緊繃，棕黑色的皮膚，下巴蓄著短鬚。他雖斜倚在獨木舟上，但眼神精明地盯著我，很明顯隨時可以施展手腳。他全身上下只穿了一件橘色褲子，既沒上衣也沒鞋子。方形的下顎，眼神堅定，這使他顯得既自信又能掌握全局重，看起來卻更強壯。就我目前所見，雖然他的體型並不比村裡其他男人來得高或此時皮拉哈人跑上前來領取食物，他一邊分發，一邊交代誰該獲得這些動物身上的哪個部位。

第二天，我一早就和科賀一起在史帝夫叢林大屋的前面房間工作。下午我在村裡走著，跟不同皮拉哈人詢問語言問題。由於缺乏共同語言，我一直以標準的單語語言學方法蒐集資料：指著一樣東西，詢問當地語言怎麼說，不管對方回答什麼，我都當成正確答案抄下，然後馬上找其他當地人練習。

皮拉哈語缺少語言學家所謂的「禮貌用語」，這一點立即吸引了我。這種用語

別睡，這裡有蛇！　　　　　　　　　　　　　　　34

DON'T SLEEP, THERE ARE SNAKES

的主要功能是維持社會與人際交流，用來打招呼或問候，像是嗨、再見、你好嗎？抱歉、不客氣、謝謝你、等等，比較是在表達善意與敬意，而不是傳達或詢問新資訊。皮拉哈人的文化並不需要這種禮貌話，他們的語言大致上是用來詢問訊息（提出問題）、斷定訊息（聲明）或下達命令，所以沒有謝謝或抱歉等字眼。幾年後我熟悉了這特點，常忘了外來者對這種情況會有多驚訝。每當有人和我一同造訪皮拉哈部落時，總會問起這類用語怎麼說，而當他們知道皮拉哈沒有這類用語時，都會狐疑盯著我看。

皮拉哈人回到村裡，可能會說「我已經到了」，但大多數時候他們什麼也不說。要是你給對方一樣東西，他們有時可能會說「好」或是「這個可以」，意義比較是在「轉移確認」而不是「致謝」。他們可能會在稍後以禮物或意料之外的善意舉動（例如幫你扛東西）來表達感激。要是有人做出冒犯或傷人的舉動，狀況也是如此。他們沒有「抱歉」這種字眼，頂多說「我不好」之類的，但這樣做的也不多。他們是用行動而不是言語來表達懺悔。其實即使是西方社會，使用禮貌用語的次數也有很大差異。我在學葡萄牙語時，就曾有巴西人跟我說：「美國人太常說謝謝了！」

第二天下午，我進行了一整天的語言學習後，給自己沖了杯濃濃的即溶黑咖啡，坐在陡峭的岸邊注視著麥西河。當時有一部分皮拉哈男人坐上了唐的船出門捕魚，村裡顯得很安靜。那時約莫為下午五點四十五分左右，是一天中景

接下來在皮拉哈的日子，我一邊觀察他們的日常作息，一邊進行語言學習。

皮拉哈人的一天通常從清晨五點就開始，不過他們夜間睡得不多，所以我很難說這究竟算是新的一天，還是這一天根本沒結束。無論如何，我總是被茅舍中傳出的婦女談話聲給喚醒。她們總是高聲說著日常瑣事，沒有特定要跟誰閒聊，這個婦女會說那個誰誰跟誰就要出發狩獵或捕魚，然後盤算著她想要哪樣獵物，接

我想著我是多麼幸運能身在此地，身在不可思議的皮拉哈與自然世界。才不過兩天的時間，我已歷經無數新鮮事物，像是聽到巨嘴鳥金屬般尖銳的鳴叫，以及金剛鸚鵡刺耳的尖叫。我也嗅到從未聞過的樹木與植物香氣。

色最優美的時光。橙色的陽光閃耀，紅褐色的天空和菠菜般濃綠的叢林將黝黑的河面襯托得更為明顯。我這樣無所事事地張望、啜飲咖啡，突然兩隻灰色的小海豚同時躍出河面，把我給嚇了一跳。我不知道海豚也能在淡水中生活。幾乎就在同時，河邊出現兩艘皮拉哈人的獨木舟，駕舟人盡情追逐著海豚，試著用槳去碰觸海豚，就像是在玩抓鬼遊戲，只不過玩伴換成了海豚。

海豚顯然也玩得很高興，不斷在河面露臉，而且都讓駕舟人剛好碰不到。這場追逐持續了大約半個鐘頭，直到天黑才結束。不管是獨木舟還是河岸上的皮拉哈人（此時岸上已經聚集了一群人）都亢奮大笑，而他們一停止追逐，海豚也就消失蹤影了。（就我多年觀察，這類哺乳動物之間的競逐，還沒有一隻海豚真的被「抓到」。）

別睡，這裡有蛇！

DON'T SLEEP, THERE ARE SNAKES

36

著另一間茅舍裡的婦女會大聲回應，或是大喊著她喜歡怎樣料理食物。

對男人來說，一天的活動通常始於捕魚。多數人天未亮就出發前往喜愛的漁獵地點，也就是往上游或下游走好幾個小時。要是漁獵的路程得走上一整夜，男人就會把家人帶在身邊。不過他們通常是獨自前往，或是三兩結伴。要是地面因退潮而出現池塘，就會有滿滿的魚困在池中，然後引來好幾個人同時出現。弓箭是主要的漁獵工具，不過要是能以物易物換到魚線和魚鉤，他們也會拿來使用。通常天未亮男人便划著獨木舟出發，一路上大聲嘻笑競逐，並至少留一個男人看守村子。

男人出發後，女人和小孩也接著到叢林花園外頭採集木薯，他們的生命之本。這是份耗時、費力的苦差事，但女人（就像她們的男人）卻一路說說笑笑前往叢林。通常午時一剛過她們就會回家，要是男人還沒回來，她們便收集柴火，準備料理丈夫帶回的漁獲。

初訪皮拉哈，我只停留數日。一九七七年十二月，巴西政府要求所有傳教士離開原住民保留區，我們的工作被迫中斷。不過那次我本來也沒打算要久留，只要對皮拉哈人和他們的語言有點概念就可以了。在那十天裡，我已經學了一點皮拉哈語。

在外力介入下被迫離開，我不禁懷疑是否還有可能回去。語言暑期學院也關心這狀況，試圖在巴西政府對傳教士的禁令下找出一條出路。於是語言暑期學院

第一章 ◆ 發現皮拉哈人的世界

CHAPTER ONE　　DISCOVERING THE WORLD OF THE PIRAHÃS

要我申請巴西聖保羅坎皮那斯州立大學的語言學碩士課程,期望他們能向政府相關單位擔保我在皮拉哈的長期居留。雖然我申請學校主要是為了讓有關單位允許我重返皮拉哈居留,但坎皮那斯州立大學卻也提供我前所未有的絕佳學術與思考環境。

坎皮那斯州立大學果真讓我們如願以償。巴西國家原住民基金會的總裁伊司馬將軍同意我帶著家人返回皮拉哈,讓我停留六個月蒐集碩士論文的資料。到了十二月,我與妻子凱倫、七歲的長女夏儂、四歲的女兒克莉絲蒂、一歲的兒子蓋勒博一起從聖保羅搭了三天公車前往波多韋柳,當地的語言暑期學院傳教士會帶我們前往皮拉哈。我們先在波多韋柳停留一週,為村落生活做準備,也調適心情,迎接未來的冒險旅程。

對西方家庭來說,要在亞馬遜部落生活並不容易。我們在出發前數週就著手計畫行程,並在波多韋柳購買裝備。我和凱倫必須算好、買好、準備好一個家庭在叢林中與世隔絕生活六個月的

水的部落:傍水而居的皮拉哈族人。

東西。從洗衣皂到生日與聖誕禮物，我們得在實際用上這些東西之前好幾個月就做好計畫。從一九七七年到二〇〇六年，待在皮拉哈的大多數日子裡，我們一家人和皮拉哈人的醫療需求幾乎全都由我們自己負擔。因此每次要回到部落之前，我們都得花好幾百美元購買阿斯匹靈和抗毒血清等藥物。至於乙胺嘧啶、氯奎寧和奎寧等治療瘧疾的藥物，更在藥物清單之首。

我們還得帶著教科書與教具，好讓孩子能在部落裡繼續學習。每回我們從部落返回波多韋柳的語言暑期學院，孩子都得接受學校測試（經加州政府認證）。除了孩子的書籍（包括一套百科全書和字典）與課業資料，維持我們一家生活的貨物包括：上百公升的汽油、煤油、丙烷、以丙烷為動力的冰箱、成打的罐裝肉品、奶粉、麵粉、米、豆類、衛生紙，以及和皮拉哈人交易的物品等等。

完成購物和其他準備事項之後，我決定提前一週出發，和語言暑期學院的傳教士迪克·尼德一起先到部落，把房子打點好以迎接孩子。我和迪克每天從早晨六點工作到傍晚六點，卻幾乎僅能以巴西核果維生。（我們其實可以跟皮拉哈人分些漁獲，不過當時我還不熟皮拉哈文化，不確定這樣的要求是否合理，所以決定只以皮拉哈人免費提供的巴西核果果腹。）我們修理史帝夫房子的屋頂和地板，砌了新的廚房流理枱。我們也在皮拉哈人的協助下花了幾天時間拿著開山刀清理們的工具過重，飛機無法運送更多食物。我們之所以糧食短缺，是因為我簡易機場的雜草，好讓小飛機降落。至少對我的孩子來說，看到茅舍的第一印象會決定他們是否願意留下來。是我對他們提出過份的要求，要他們離開朋友與都

39　　　　　　　　　　　　　第一章　◆　發現皮拉哈人的世界
CHAPTER ONE　　　　　　　　DISCOVERING THE WORLD OF THE PIRAHÃS

市生活，跟著陌生人在語言不通的情況下在叢林裡待上數個月。

家人抵達的那一天，天還沒亮我就起床。曙光一出我就衝到簡易機場，檢查地面是否平整，那裡總是不停出現新凹洞。我也小心搜尋是否有大木塊，皮拉哈人可能會把木柴掉在跑道上。我心情亢奮，我真的要開始在皮拉哈傳教了，而且我知道，如果沒有家人的支持，我不可能堅持到底。我需要家人的支持，而這也是他們的使命。從許多方面踏進這個世界，沒有西方娛樂，沒有電力供給，更找不到醫生、牙醫或電話。從許多方面看來，這等於要他們回到古代。我知道凱倫有辦法說不容易，但是我有信心夏儂、克莉絲蒂和蓋勒博可以適應。我知道凱倫有辦法打理好一切，因為全家人就屬她對這種生活最有經驗，而我也知道，孩子能從她的經驗中獲得信心和力量。畢竟，凱倫是在撒德勒馬（Satere Mawe）這個原住民部落中長大，從八歲起就住在亞馬遜流域。她喜愛這樣的生活，而傳道工作對她來說也不難。在許多方面，我也從她的自信中汲取力量，她是我所認識最堅定的傳道士。

離飛機降落還有五分鐘，皮拉哈人已經開始吆喝著奔向簡易機場。幾分鐘後我聽到消息，也興沖沖趕去迎接家人。飛機落地時，孩子和凱倫都熱情揮舞雙手。然後飛機停止滑行，駕駛員打開艙口，我走向飛機用力和他握手。凱倫走下飛機，開心地笑著，馬上就想跟皮拉哈人交談。夏儂帶著小狗「眼鏡仔」一起和克莉絲蒂及蓋勒博從乘客艙門下機。孩子的表情有些遲疑，但仍很高興看到我，並對皮拉哈人露出燦爛的笑容。當飛機駕駛員正準備把飛機開回波多韋柳時，迪克對我說：「丹尼爾，今晚我在波多韋柳大口吃肉時會想著你。」

別睡，這裡有蛇！　　　　　　　　　　　　　　　　　　　　　　　　　40

DON'T SLEEP, THERE ARE SNAKES

在皮拉哈人的協助下，我們將所有補給品運到茅舍，然後休息片刻。凱倫和孩子檢視這間屋子。當時茅舍還需要好好整理，但我們的工作和家庭生活在幾天內就已經步上軌道。

我們卸下所有補給品，開始著手安頓房子。凱倫自己做了頂蚊帳，以及可以安置碗盤、衣服和其他物品的掛架。孩子開始在家學習，凱倫打理家務，我則全心投入語言學工作。我們雖置身亞馬遜部落，仍試圖要保有美式基督教家庭的文化。每個人都有自己的功課要做。

即便是凱倫，也無法完全預料新生活會遇到什麼事。有天晚上我們全家人在瓦斯燈下共進晚餐。漆黑的客廳中我看不出是什麼的跳躍物。總之，那東西正朝著我跳過來。我放下刀叉，盯著牠看。突然間，那黑黑的東西跳到我大腿上，我拿起手電筒照，那是隻灰黑色的捕鳥蛛，直徑至少有二十公分。不過我已經有心理準備。我比較擔心蛇或蟲子，所以總是隨身帶著硬木棒。我沒伸手去抓，而是趕快起身將蜘蛛抖到地上。我的家人這下子全都瞪大雙眼，看著我又看著那毛茸茸的大蜘蛛。我抓起木棍，把牠打扁。茅舍前方房間的皮拉哈人全圍過來，看到我打死蜘蛛後，他們問我那是什麼。

我說：「是Xóogí。」（捕鳥蛛）

他們說：「我們不殺這東西，牠們會吃蟑螂，而且也無害。」

我們要過好一陣子才適應這樣的情況。當時我們覺得上帝是眷顧我們的，由於這些經歷，我們有許多好故事可跟人說。

第一章 ● 發現皮拉哈人的世界

CHAPTER ONE　　　　　　　　　　　DISCOVERING THE WORLD OF THE PIRAHÃS

雖然我是傳教士，語言暑期學院最初指派給我的，卻是語言學工作。在語言暑期學院允許我著手翻譯聖經之前，我得先搞清楚皮拉哈語言的文法，並把研究結果詳細記下來。

很快我就發現，語言學田野研究需要全心投入，光用腦是不夠的。研究者把自己丟入陌生文化，待在敏感且常有不愉快的環境中，隨時有可能因為不知如何應對而遭到孤立。田野工作者長期置身於新文化中，得時時因應新文化與自身文化的差異，因此身體、心智和情感，特別是對自我的感受，都極為緊繃。

想想田野工作者所面臨的困境：你置身於一無所知的環境中，你的所見、所

別睡，這裡有蛇！

DON'T SLEEP, THERE ARE SNAKES

42

聞、所感，都在在挑戰著你對世間生活既有的認知。就像是影集《陰陽魔界》(The Twilight Zone)中的情節，你不知道會有什麼事發生在你身上，因為這無法預料，也超出你的理解範疇。

我展開田野研究，滿懷自信。我的語言學訓練足以讓我應付基本的田野工作，像是蒐集資料並適當地保存、分析。我每天早上五點半起床，用二十公升的桶子搬運至少兩百公升的飲用和洗滌用水。我也為全家人準備早餐。通常八點前我已經端坐書桌前，開始我的資訊蒐集工作。我遵循幾項不同的田野法則，並給自己定下能夠衡量進展的語言學習任務。回到村落頭幾天，我為村裡所有茅舍畫了張簡略但有用的地圖，並列表記下裡面住了哪些人。我想知道皮拉哈人怎麼過日子，對他們而言什麼是重要的？小孩和大人的行為舉止有何不同？他們都聊些什麼？為什麼他們用這種方式度日？我也下定決心要學會他們的語言。

我試著每天至少記住十個新單字或句子，並研究不同的「語義學領域」（把相關項目集合起來，像是身體部位、身體狀況、鳥類的名字等等）與句法結構（找出主動與被動語態、過去式與現在式、直述句與疑問句等等）。我把新單字記在資料卡上，除了記下每個單字的發音，也記下自己是在什麼情況下聽到這個字。然後我在卡片左上角打個洞，用圓環將十到二十張不等的卡片串在一起，再將卡片掛在褲腰的皮帶環上。和皮拉哈人聊天時，我會不時應用卡片上的單字，以測試自己的發音和理解是否正確。我不能讓皮拉哈人一直取笑我的錯誤用法和錯誤發音，這會拖慢我的學習進度。我心知語言學工作的首要之

第一章 ● 發現皮拉哈人的世界

CHAPTER ONE　　　　　　　DISCOVERING THE WORLD OF THE PIRAHÃS

務，就是搞懂皮拉哈人的談話中，哪些發音對他們來說是有意義並可辨識的。這就是語言學中「語言的音位」，是發想書寫系統的基礎。

有回我和幾個皮拉哈男人在叢林裡跋涉，對於理解皮拉哈人如何看待自己和其他事物的關連，首次有了重大突破。我指著樹枝問：「這叫什麼？」

他們說「Xii xáowí」。

我又指向樹枝，這次指的是樹枝筆直的部位，然後複述一遍「Xií xáowí」。

結果他們一起大笑：「不！」然後指著樹枝與樹幹相連的部位，以及樹枝間相連之處，說道：「這才是 xii xáowí。」然後再指著樹枝筆直的部位說：「那是 xii kositti。」

我知道「xii」代表木頭，因此我相當確定「xáowí」的意思是彎曲，而「kositti」則是筆直。但我仍需驗證這項猜測。

這天結束時，我們沿著叢林小徑回家，路上我發現有一長段筆直的小徑。我知道小徑是「xagí」，所以我指著小徑，試著說：「Xagí kositti」。

結果小徑立刻有人說「Xaió」，告訴我答對了。「Xagí kositti xaagá」（小徑是筆直的）。

當小徑突然右彎，我又試著說：「Xagí xáowí」。

此時所有人齊聲笑著說：「Xaió!」接著他們說：「Xagí xaagaía píaíi」。稍後我才懂這句話的意思是：「小徑也是彎曲的。」

（你已經懂得不少皮拉哈語）然後又說：「Soxóá xapaitiísi xobáaxáí。」

那經驗真是太棒了。不過是幾次嘗試，我便學到「彎曲」和「筆直」這兩個

字。這時我也已經學會大部分身體部位的字彙。一路上，我又想起皮拉哈人曾教我的字彙，像是皮拉哈語（Hiaitíihí）、皮拉哈語（xapaitíisi）、外國語言（xapaí gáisi）。「皮拉哈語」這個字彙顯然就是結合「xapaí」（頭）與「tii」（筆直的），然後加上字尾（-si），表示這個字是名字或專有名詞，即他是筆直的。至於皮拉哈人則是「hi」（他）、「ai」（是）和「tii」（筆直的）再加上「-hi」（這跟「-si」一樣都是用來標示字尾），即他是筆直的。外國人則是「分岔」的意思，就跟「樹枝的分岔」一樣。而外國語言則是「彎曲的頭」。

頗有斬獲！但我學到的仍只是皮毛。

即便一開始的成功是這麼令人振奮，但短短幾天的研究工作，根本看不出皮拉哈語言其實難學又難分析。皮拉哈語言之所以難學，不在語言本身，而是學習語言時所面臨的單語情境。這種單語情境在全球語言中極為罕見，也就是研究者與當地人完全沒有共通語言。我在皮拉哈一開始就面臨了這種處境，他們不說葡萄牙語、英語或其他任何語言（除了少數幾句），他們只說皮拉哈語。因此要學會他們的語言，就只能學習他們的語言──我變得進退兩難。我無法要求他們把皮拉哈語翻譯成其他語言，也無法要他們用皮拉哈以外的語言向我解釋。不過船到橋頭自然直，我在歷經諸般折磨之後，的確也發展出一些研究方法。當然，早在我之前，大部分單語情境的研究方法就已經發展出來了。

然而研究工作仍然十分辛苦。我在那裡待了一段時間，已經知道怎麼用皮拉哈語問「你怎麼說⋯⋯」但還是常常發生以下的經典對話：

45　　第一章 ◆ 發現皮拉哈人的世界

CHAPTER ONE　　DISCOVERING THE WORLD OF THE PIRAHÃS

「那個你要怎麼說？」我指著一個從上游駕著獨木舟而來的男人。

「*Xigíhi piiboóxio xaaboópai.*」（男人上游來）

「你是說 *Xigíhi hi piiboóxio xaaboópai?*」

「*Xaió. Xigíhi piiboó xaaboópaitahásibiga.*」（對，男人上游來）

「這兩個句子有什麼差別？」

「沒有差別，它們是一樣的。」

從一個語言學家的角度來看，這兩個句子顯然是不同的。但既然我是獨力學習皮拉哈語，也就無從得知兩者的差異。事實上，第一個句子的意思是「男人從上游回來」，而第二個句子則是「我親眼目睹男人從上游回來」。這使得語言學習舉步維艱。

學習皮拉哈語另一個困難之處，就是我們先前所提過：皮拉哈語是有聲調之別的。你得知道每個母音的聲調是高或低。世上許多語言都有這特性，但歐洲語言除外，像英語就沒有聲調可言。因此我的辦法就是，在高聲調的母音上標示重音符號，而低聲調的母音則不另做標示。簡單比較「我」和「排泄物」這兩個字彙，就能了解個中差別。

「我」的皮拉哈語是「*tíi*」，其中第一個 i 是低聲調，第二個 i 是高聲調。

「排泄物」則是「*tii*」，其中第一個 i 是高聲調，第二個 i 是低聲調。

這支語言的另一個難學之處，在於它僅有三個母音（i、a、o）和八個子音（p、t、h、s、b、g，以及一個聲門塞音 k）。這有限的語音意味著，比

別睡，這裡有蛇！　　　　　　　　　　　　　　　　　　46

DON'T SLEEP, THERE ARE SNAKES

起那些發音豐富的語言，皮拉哈語的拼寫會更複雜，因為拼寫出的單字若要精簡又有所區隔，語音一定要足夠。若像皮拉哈語只有有限的語音，那單字拼寫就會比較複雜比較長，才有辦法區隔出不同單字。事實上，對我而言，大多數的皮拉哈單字在一開始聽起來都是一樣的。

最後，皮拉哈語之所以出了名的困難，是因為它少了其他語言所共有的特性，特別是在句子的組成方式上。例如皮拉哈語沒有比較級，所以我找不到方法來表示這個東西比很大，而那個東西更大。我也找不到指稱顏色的單字，像是紅色、綠色、藍色等等，他們只有描述顏色的句子，像是以「這東西看起來像血」來表示紅色，或是以「那東西還沒成熟」來表示綠色。我也找不到訴說過去的傳說故事。要是你預期有某樣事物，那表示你有可能浪費數個月在尋找一些根本不存在的事物。過去他們教導我要在田野語言學裡尋找的東西，卻怎麼也找不到，這不僅讓事情益發困難，有時也讓人十分氣餒。儘管如此，我依舊樂觀認為，只要有充足的時間與足夠的努力，我就能搞懂這語言。

然而，未來我們無法掌握，這些計畫也不過是自己的期待。我當時竟然蠢到去相信，我根本無需在意自己身在何方，也能專注於語言學研究。我們可是身處亞馬遜叢林呢！

47　　第一章　🟫　發現皮拉哈人的世界

CHAPTER ONE　　　　DISCOVERING THE WORLD OF THE PIRAHÃS

別睡，這裡有蛇！

DON'T SLEEP, THERE ARE SNAKES

CHAPTER TWO

THE AMAZON

第二章

亞馬遜河流域

一

一旦你與亞馬遜河流域和平共處，皮拉哈村落就成了悠閒的地方。要達到這個境界，第一步就是學著不去理會（甚至享受）炎熱的天氣。這其實沒有想像中那麼難，只要衣著合適，人體在攝氏三十二到四十三度的氣溫下並不會出問題，特別是還有叢林提供大片遮蔭，況且皮拉哈人又住在永遠涼爽、濕潤且宜人的麥西河畔。比較難以忍受的是濕氣。在溫帶地區，人們只要流汗就能有效降低體溫，但在亞馬遜地區，流汗只會帶給你香港腳和胯下癢，除非你的皮膚跟皮拉哈人一樣，在這種氣候下歷經千錘百鍊，幾乎不出汗，隨時保持乾爽。

撇開這生理上的小小不適，亞馬遜就不只是個地理區域，還具有啟迪人心的無上力量。亞馬遜雨林面積幾乎有七百七十萬平方公里，占地表總面積的百分之二，占南美洲大陸面積的百分之四十，大概有一整個美國大。晴朗的日子裡，若你從玻利維亞邊界附近的波多韋柳飛到亞馬遜河口城貝倫（Belém），在四小時的航程中，你會看到叢林朝著四面八方向地平線的盡頭延伸，舉目所見盡是濃綠地毯，上面的藍色條紋則是由北向南匯入「移動大海」的河水——那是巴西原住民圖皮人（Tupi）對亞馬遜河的稱呼。

亞馬遜河從秘魯流向大西洋，全長超過六千四百公里，河口寬度超過三百公里，河中的三角洲馬拉若島（Marajo）甚至比瑞士還大。大片黝黑未知的領域使人們對亞馬遜地區充滿想像。事實也是如此，記述亞馬遜地區生態、歷史、族群與政治的書籍多不勝舉。自從十六世紀初西班牙人與葡萄牙人首次發現亞馬遜河之後，歐洲人對該地便充滿熱忱與想像。我喜愛的兩位美國作家馬克・吐溫和威廉・

詹姆士就深受她吸引。

一八五七年，馬克吐溫離開俄亥俄州。他原本是希望能從紐澳良出發前往亞馬遜河流域，而且顯然是想藉由販賣古柯葉大撈一筆。後來不知道發生了什麼事，總之他改變了心意，決定在密西西比河上駕駛渡輪。也許原本我們該看到的書是《亞馬遜河上的生活》，而非《密西西比河上的生活》？

威廉・詹姆士則真的到過亞馬遜河流域，並探索了所有重要的主流與支流河段。一八六五年，詹姆士與哈佛生物學家路易斯・阿格西茲（Louis Agassiz）沿著巴西境內的亞馬遜河及其支流旅行了約八個月，收集動物樣本。在這之後，詹姆士放棄他成為博物學家的志向，畢竟對博物學家來說，只要到過亞馬遜，便是曾經滄海難為水了（我們所知的地球物種中，有超過三分之一生活在亞馬遜河流域）。他決定轉而投注在哲學與心理學上，最終成為創建與發展美國實用主義這支哲學學派的靈魂人物。

亞馬遜河的雨林、河流與流域有一大部分是在巴西境內。巴西國土面積在全世界排名第五，比美國本土還大。人口將近一億九千萬人，組成多元，有葡萄牙人、德國人、義大利人、其他歐洲人以及亞洲人（其中日裔人口是日本境外最多的）。然而，絕大多數巴西都會居民對亞馬遜的印象就跟歐洲或北美洲人一樣，都覺得亞馬遜既遙遠又虛幻。雖然巴西人對亞馬遜之美及其對外人的吸引力感到十分自豪，但大多數巴西人是從未見過叢林的。亞馬遜距離巴西東南方主要人口聚集地（住著六成以上的巴西人口）有三千兩百多公里遠，即使如此，每當有人

第二章　● 　亞馬遜河流域

51

CHAPTER TWO　　　　　　　　　　　　　　　　　　　　　THE AMAZON

建議亞馬遜地區的管理（例如保留地）應該要遵循外界規則，巴西人也總是又懷疑又抗拒，所有巴西人都會說：「亞馬遜河是我們的！」有些巴西人對外界介入亞馬遜河流域的憂慮甚至已經到了偏執妄想的地步，我有幾個巴西同事就堅稱，美國的教科書都教導學童亞馬遜河是屬於美國。

巴西是全世界最大自然史保留地的管理者，幾乎所有人民都贊成保留亞馬遜地區礦物、水以及動植物的多樣性，畢竟這兩塊大陸摧毀的森林面積，遠大於被摧毀的亞馬遜森林。與亞馬遜河流域保存議題有關的地方抗爭不僅出名，也總有大篇幅的媒體報導。齊戈・孟迪斯（Chico Mendes）就是著名的例子，他號召橡膠採集工人以對生態無害的方式開採亞馬遜資源，但這有違工人雇主的管理方針，因而慘遭殺害。但這些故事可能會讓人誤解。事實上，巴西人普遍都認為應該要保存亞馬遜，而這些衝突抗爭也沒有外界所想像那麼嚴重。

「巴西環境與可再生自然資源協會」（IBAMA）大概最能證明巴西人對保存議題的關注。該機構遍布亞馬遜地區，設備良好，人員專業，在保存亞馬遜自然美景與資源上也投入真摯的熱誠。

大致說來，亞馬遜河流系統包含兩類土地與河流。混濁的白色河流，以及水色深黑的河流。這兩類河流都是老河流，又因為源頭只比河口高一些，所以流速緩慢。比起水色深黑的河流，亞馬遜河與馬德拉河這種混濁的白色河流（密西西比河與湄公河也屬這類型）富含動植物，因此有較高養分供養魚類或其他河中生

別睡，這裡有蛇！　　　　　　　　　　　52

DON'T SLEEP, THERE ARE SNAKES

物。所有河流都能找到昆蟲，而這類河流的昆蟲則格外豐富。

我剛到皮拉哈的那段期間，就發現有種V型翅膀的蒼蠅目圖卡斯（mutucas）。這種蒼蠅為害不淺，白天會停在你裸露的皮膚上，吸了血後讓人奇癢無比，而要是你的皮膚跟我一樣敏感，還會留下明顯痕跡。但即便牠們總是叮咬你大腿內側、耳朵、臉頰和屁股上的柔嫩肌膚，你可別因此對目圖卡斯或其他各種馬蠅懷恨在心。甚至當你注意到牠們總是偷偷摸摸飛往某些隱密而疏於防備的身體部位時，也別因此心生憎恨。為什麼不？因為你的生命力會被這種挫折感消磨殆盡，速度甚至比蟲咬更快。我承認我曾希望這些蟲子的神經最好敏銳點，好讓我痛加折磨。這種想法通常一閃即逝——我是說通常。

晚上也有蟲子。要是你整晚待在河邊卻沒有蚊帳保護（我有一晚就是這樣待在馬德拉河邊），那會是你生命中最漫長、最悲慘的一夜。整群蚊子像是烏雲般籠罩你，鑽進鼻孔、耳朵，穿過衣服、吊床，甚至厚重的牛仔褲，叮咬每個你想像得到的地方。老天最好保佑你晚上不會內急，因為這些蚊蟲會圍繞著你暴露在外的所有部位。

一直以來，馬德拉河就是由皮拉哈以及和他們關係緊密的穆拉（Muras）部落所控制（穆拉族已經不再說母語）。馬德拉河的水量排名世界第五，是世界第二長的支流（僅落在密蘇里河之後），流域面積是法國國土的三倍，單是水色黝黑的瑪美洛河（Rio dos Marmelos），河口寬度就有七百三十公尺左右，八月時河身平均寬三百六十五公尺，深十四公尺，而這不過是馬德拉河的上百條支流之一。瑪

美洛河的主要支流，就是皮拉哈人所居住的麥西河，而且也只有皮拉哈人住在這裡。麥西河口寬度超過一百八十三公尺，多數河段的平均寬度在二十七公尺左右。水深變化劇烈，雨季前有部分地區只有十五公分，到雨季結束後可能已深達二十四公尺。

麥西河水色黝黑，茶色的河水以十二海浬的流速將魚群與樹葉帶往瑪美洛河。河水在雨季時漆黑深沉，旱季則顯得清亮，澄澈且清淺，一下子就能看見沙質河床。愛因斯坦曾說，對一條歷經歲月洗禮的河流而言，河水流經河道上兩點的路程，約等於這兩點的直線距離乘以圓周率。麥西河就是如此。從空中鳥瞰，麥西河就像一條巨蟒，蜿蜒穿過整座叢林。河道彎曲無比，雨季結束後在河上航行，為了閃躲河道上一片接一片的樹叢得不斷轉彎，有時還會撞上船隻自己製造出來的尾波。但麥西河之美令人驚歎。我曾在船上想過伊甸園大概就是如此：煦煦微風、清澈的河水、雪白的沙、翡翠般的綠樹、火紅的金剛鸚鵡、

永遠涼爽、濕潤且宜人的麥西河。

令人驚歎的角鵰，猿猴啼叫、巨嘴鳥鳴，還有偶爾傳來的豹吼。

皮拉哈人的居住地，是從麥西河口一直往上，直到與泛亞馬遜高速公路交接，長約八十公里。若乘著汽艇，航程大概有兩百四十公里。我絕大多數時候都在靠近高速公路這一頭的皮拉哈村落「巨叉」（Forquilha Grande）工作。麥西河和高速公路相交之處往西約九十公里，就有一座小鎮烏麥他（Humaitá）。最早我使用手提全球衛星定位系統，主要目的就是要記錄我居住村落的座標位置：南緯七度二一.六四二分，西經六二度一六.三二三分。

最早為何會有人定居亞馬遜？考古學家主要有兩派看法。貝蒂．梅格（Betty Meggers）等學者認為，以史前人類的農耕技術，亞馬遜流域的土質不足以維持大型文明，因此散落著一群群狩獵採集者。某些語言學家也抱持此一觀點，特別是晚近的史丹佛大學學者約瑟夫．葛林柏格（Joseph Greenberg），他認為跨越白令陸橋（位於今日白令海峽底下）到美洲的人口遷徙有三波。約一萬一千年前，第一波移民在第二波移民的壓力下向南遷徙，而第二批移民又在第三波移民的推擠下跨越白令陸橋南遷，而成為今日的伊努特人（愛斯基摩人的一支）。第一批跨越白令海的移民落腳於南美洲，除了著名的印加人，多以狩獵採集維生。

根據葛林柏格的說法，現存的與滅絕的美洲語言，兩者的關係可以見證這些遷徙。例如他就聲稱，大體上，墨西哥以南所使用的各種語言，相關性比中美洲和北美洲各種語言間還要高，因此，皮拉哈語跟南美洲其他語言間的關係，應該要勝過其他地方的語言。然而，皮拉哈語已證實跟現存任何語言都沒有關聯。葛

第二章　亞馬遜河流域

55

CHAPTER TWO　　　　　　　　　　　　　　　　THE AMAZON

林柏格主張，皮拉哈語屬於「大奇布查語」（Macro-Chibcha）語系，但這項看法卻幾乎無法驗證。而根據這些年來我所發現的證據，皮拉哈語應該是與滅絕的穆拉語自成一家，與其他語言都沒有關聯。然而，我們也無法證實皮拉哈語和亞馬遜地區的其他遠古語言毫無關聯。用以分類與重建語言史的歷史語言學方法，並不足以讓我們回溯並確認哪兩種語言並非同出一源。

與梅格和葛林柏格意見相左的，是安娜・羅斯福（Anna Roosevelt）與她的同事，包括佛羅里達大學的麥可・海肯柏格（Michael Heckenberger），他也是我之前指導的博士生。羅斯福主張，亞馬遜足以維持大規模的定居人口與文明發展，而且這也確實發生過，像是馬拉荷島上的馬拉荷拉文明（若羅斯福的說法無誤）。羅斯福認為智人（現代人）在南美洲的歷史，遠早於葛林柏格所宣稱。

皮拉哈和穆拉（早期探險家在穆拉語仍存在時，發現這兩種語言其實是同一語言的相近方言）這樣的孤立語，或許可以證實羅斯福的主張，因為要產生獨立的語言系統，時間要夠長，才能消弭該語言與其他語言的相似性。另外，若是皮拉哈人在剛遷徙到美洲大陸時便已和其他語言系統或族群隔離，那無論是梅格或羅斯福的理論，都能解釋皮拉哈人在語言和文化上的獨特性。但是這兩派理論都無法讓我們得知皮拉哈人及其語言究竟來自何方，除非我們能找到早期資料，證實有任何滅絕的語言是與皮拉哈語相關的。如此一來，我們便能運用比較語言學和歷史語言學的標準方法，來重建皮拉哈語的歷史。

我們手上有一些證據，可以說明皮拉哈人並非來自現居的叢林地區。例如他

們沒有用來稱呼某些麥西河周遭猴子的字彙，巴西有一種猴子「帕瓜古」(paguaçu)，這稱呼其實是來自圖皮─瓜拉尼（Tupi-Guarani）語系，而皮拉哈人也就跟著這麼叫。對皮拉哈人來說，帕瓜古是外來字，可能來自葡萄牙人或圖皮─瓜拉尼語系的一支，像是帕里汀廷人（Parritintin）或是騰哈里人（Tenharim）。皮拉哈人跟他們一向有往來。既然沒有證據顯示皮拉哈人曾放棄自己的語言，改用外來字彙，我們便能假設，皮拉哈語中原本沒有稱呼這種猴子的字彙，因為他們最初居住的地方並沒有這種猴子，不管那是哪裡。

既然皮拉哈語和其他已知的現存語言並不相關，我被指派的工作就不只是對付一個困難的語言，而是一支獨一無二的語言。

我們一家人沒有外援，只能自求多福，自立自強適應叢林生活，這使我們更加親近，心滿意足享受這種家庭關係。我們原以為自己比過去更能掌控生活，但是亞馬遜提醒了我們，誰才是老大。

水色深黑的麥西河，河道彎曲，後方平整處為簡易機場。

別睡，這裡有蛇！

DON'T SLEEP, THERE ARE SNAKES

CHAPTER THREE

THE COST OF DISCIPLESHIP

第三章

跟隨耶穌的代價

我們追隨耶穌的腳步來到皮拉哈部落，這才體會聖經為何會警告耶穌的追隨者，服事的道路滿布危險。有天傍晚凱倫跟我抱怨，皮拉哈人也一如往常團團圍著她，好奇她如何料理、食用這隻食蟻獸（同時也想分一杯羹）。她要我陪她到簡易機場走走，那裡就像我們的私人公園，不僅供飛機起降，也是我們散步、慢跑並偶爾逃離村落喘口氣的地方。

凱倫用發抖的聲音說：「我再也受不了了！」

我問她：「發生什麼事？」我常抱怨皮拉哈人圍著她，處之泰然。她不但不介意那些好奇的皮拉哈人圍著她，還會和他們友善交談。之後我建議晚餐由我來料理，她去休息一下。回家的路上，她提到她的背和頭都開始痛。那時我們還不知道這些症狀的嚴重性，以為只是緊張使然。當晚凱倫的頭痛加劇，背脊則痛到直不起身子，而且還開始發熱發燒。我拿出醫療手冊研究她的症狀，這時我們的大女兒夏儂也開始抱怨頭疼。我用手背碰她的額頭，她在發燒。

我原以為手邊的藥物足以應付亞馬遜地區常見的健康問題，也相信只要把傳教士醫療手冊上記載的各種症狀搞清楚，就能輕鬆診斷。我研究書上的各種症狀，結論是：凱倫和夏儂染上了傷寒。我會如此斷定，是因為我在墨西哥叢林受訓時曾感染傷寒，而她們的症狀與當時很像。

我給她們治療傷寒的抗生素，但她們的狀況毫無改善，而且還快速惡化，凱

倫惡化的速度尤其糟糕。她不吃不喝，我也用溫度計幫她量體溫，但不論怎麼量，水銀柱就是一直在頂端，降不下來。夏儂的高燒則徘徊在三十九到四十度之間。

熱帶豔陽也幫不上忙。我一邊（不當地）照顧凱倫和夏儂，一邊還要為兩歲的蓋勒博和四歲的克莉絲蒂張羅飲食與鹽洗。我沒辦法閉眼休息，凱倫和夏儂不停腹瀉，晚上我得協助她們上廁所、清理夜壺，然後扶她們回床上休息。

我在床頭用棕櫚樹木條築了座牆，好保有一點隱私，皮拉哈人則聚集在在牆那頭窺探。他們知道事情不對勁。我後來才知道，村裡每個人都看得出來凱倫和夏儂罹患了瘧疾。

我為妻子和女兒的健康憂心如焚，而缺乏隱私、工作疲累、睡眠不足更是雪上加霜，第五天結束時，我已束手無策。凱倫和夏儂都發出痛苦的呻吟，至幾近昏迷，開始胡言亂語，坐起來對著不存在的人大聲吼叫。那時我、克莉蒂或蓋勒博若是太靠近她，她還會甩我們巴掌。

第四天晚上，暴風雨來襲，驚天動地的風聲、雷聲和雨聲淹沒一切。此時凱倫竟坐起身來，跟我說隔壁房間的蓋勒博從吊床上摔了下來。

我篤定回她說：「沒事，他很好。我一直在注意他的動靜，我沒聽到他掉下床。」

凱倫變得非常激動：「去幫蓋勒博，他躺在爬滿蟑螂的地上。」

我為了安撫凱倫，便起身到隔壁孩子的房間。我們的臥房只有半面牆，而他們的房間有面九十公分高的木板牆，上方則是塑膠天花板。蓋勒博睡吊床，克莉

61　　　　　　　　　　　　　　　　　第三章 🌢 跟隨耶穌的代價

CHAPTER THREE　　　　　　　　　　　　　　　　　　　THE COST OF DISCIPLESHIP

絲蒂則睡下方的單人床，兩人共用一頂蚊帳。我們在這房間放了露營用的化學消毒便盆，四周還圍上簾子，在如廁時就可以有點隱私。房裡還有盞煤油燈，每晚全家人在河裡沐浴並用過晚餐之後，便會聚在這個比較舒適且隱密的房間，由我大聲為全家唸故事書，像是《納尼亞傳奇》、《梅岡城故事》和《魔戒》。

我手持手電筒，走進孩子房間，蓋勒博果真躺在地上，旁邊還有蟑螂在爬行。他想繼續睡覺，但顯得既苦惱又不舒服。我把他抱起來，摟摟他，然後放回吊床。凱倫機警的母性戰勝了瘧疾，發出警示，讓她知道兒子需要幫助。

第二天早上我知道我得做點什麼。夏儂和凱倫病得太重，我不能只是坐在一旁看，但我不知道如何回波多韋柳。我們是搭飛機來，從不曾在河上旅行。沒有飛機，我們哪裡也去不了，況且這次巴西政府還不讓我們帶對講機，所以聯絡不上外頭。我沒有一艘像樣的船能在河上穩定航行，更別提足夠的汽油了。

還好當時聚落裡有位天主教傳教士訪客文森，他有艘小型的鋁製小船，上面裝載了一具全新六點五匹馬力的強森牌引擎，還有將近五十公升的汽油。我請他幫個大忙，將小船借給我一段時間，而不確定何時能還。要是他借給了我，自己就會困在皮拉哈，但他卻一口答應，還向我保證，既然皮拉哈這裡沒有什麼疫情，那麼，無論凱倫和夏儂生的是什麼病，一定是在來到叢林之前染上的。（不過事後證明他是錯的，我離開才短短兩週，文森就從皮拉哈人那裡染上瘧疾，差點送命。）

他建議我先到馬德拉河沿岸的小鎮烏麥他就醫，那裡還有路通往差會總部所

在的波多韋柳。而要到烏麥他，我得先沿著麥西河及瑪美洛河而下，航行十二小時後抵達聖塔路奇亞（Santa Luzia），然後在那裡找人幫忙，帶著我們一家人穿越連結瑪美洛河以及馬德拉河的叢林小徑，抵達小鎮奧克西莉亞朵拉（Auxiliadora，意思是「幫助者聖母」），再從那裡改搭大船前往烏麥他。在這之前我從沒聽過烏麥他，但現在烏麥他就像聖地麥加一樣重要。

我回家打包行李，雖然我真的不知道該打包什麼，而一路上又會需要用到哪些東西。文森不曾從奧克西莉亞朵拉航行到烏麥他，所以他也不知道這段航程有多長。我不知道我們是否需要自備食物，不過文森的小船光是載我們五人再加上汽油就已經很勉強，所以即便真有需要，我也只能帶一點點。

現在出發已經太晚，我們得等到隔天一大早。天黑後若被困在河上就太危險了。我帶了一些罐裝肉和水蜜桃，還有湯匙及琺瑯錫盤。我也放進一把開山刀、火柴和蠟燭，還有每人兩件換洗衣物以及一罐水。我把這些東西擱在一旁，然後禱告，上床睡覺。第二天早上天一亮，我便將文森的小船拉到岸上，將東西裝上去。早上七點，太陽已經在深藍色的天空中閃耀，一陣微風吹來，工作中的我總算涼爽了些。

打點好所需物品，我把夏儂抱上小船，皮拉哈人則在岸邊一字排開。接著我將蓋勒博和克莉絲帶到岸邊，要他們在小船旁等著。然後我回到屋子，抱起凱倫，心想著她不知瘦了多少（生病前她體重四十五公斤，而生病這五天她大概就掉了五公斤）。離開屋子時她已經陷入半昏迷，等我們到了河邊，我小心翼翼準

63

CHAPTER THREE

第三章 ◆ 跟隨耶穌的代價

THE COST OF DISCIPLESHIP

備啟航時，凱倫突然醒轉，掙扎大叫。

「你這是在做什麼？你是要逃跑嗎？你不相信上帝了嗎？你怎麼這麼沒信心？我們要留下來將耶穌的福音傳給這些人！」

這些話讓我陷入困境。我已經又累又驚惶又不安。要是出了事，要是我不強行把全家人帶離村落，凱倫和夏儂都有可能喪命。還有一項重要原因，就是我其實也撐不下去了。我已經太累，再也無法在叢林中照顧生病的家人。

基於種種原因，我遲遲無法下定決心離開。這趟航程充滿未知與危險，而我已經精疲力盡，卻又要獨力照料全家人。我確定差會中的傳教士會同意凱倫的看法，認為我是信仰不堅的懦夫。（但結果他們並沒有譴責我，反而非常體諒，並提供幫助。）我也知道再過一星期，補給飛機就會如期來到村落，屆時我們全家就能搭機前往波多韋柳。但我心想，再等下去，凱倫可能會先撒手人寰。早點離開的風險可能比枯等飛機要來得小。其實我就是不想再等下去了，每個無眠的夜晚都讓我更加衰弱，我會油盡燈枯，最後連家人都照顧不了。我一定得有所行動。

我從河岸走回去接凱倫。一個皮拉哈老人艾巴吉走向我，問我能否從城市帶回火柴、毯子和其他東西。我發怒回答：「凱倫生病了，夏儂生病了，我不會買任何東西。」（要是我知道皮拉哈語的「該死」怎麼說，一定還會加上這麼一句。）

「我是要帶她們到城市去取水（意指醫療），她們才能康復。」

我很憤怒，而且毫不掩飾怒意。我來到這裡，全家人身陷險境，而這些皮拉

別睡，這裡有蛇！

DON'T SLEEP, THERE ARE SNAKES

哈人卻只想到自己？我發動引擎，小船左搖右晃，水面離甲板只有七公分，而在這時節，大部分地方的河水都有十五公尺深。我們還沒上路就已經遭遇險境，要是因為我笨手笨腳而翻船，那就大難臨頭了。船上沒有救生衣，卻有無法游泳的兩名幼童與兩名重病患者。在麥西河的急流中，我不可能救所有人。但我別無選擇，一定得走。

好吧，神哪，現在我的遭遇，就如同那些激勵過我的傳教士事蹟。神啊，請保佑我們平安。

我們駛離岸邊，皮拉哈人依舊對我們喊著：「別忘了帶火柴回來！別忘了帶毯子回來！帶一些木薯粉和罐裝肉回來⋯⋯」沒完沒了。此時我除了聽到引擎嘎嘎作響，還聽到一對金剛鸚鵡悠哉悠哉從我頭頂飛過，發出鳴叫。陽光亮得刺眼，氣溫也飆升到攝氏二十度以上，而當時還不到八點。

小船每小時十五公里的速度給我們帶來一絲涼風，凱倫和夏儂的臉龐被陽光照得發亮。出發一個小時左右，克莉絲蒂和蓋勒博都餓了。我放慢船速，打開水蜜桃罐頭，叫克莉絲蒂用河水把手洗乾淨，然後直接把水蜜桃倒在她手上。蓋勒博照做。克莉絲蒂轉過頭問凱倫：「媽咪，妳想吃水蜜桃嗎？」出乎我意料，凱倫竟坐起身來給了克莉絲蒂一巴掌要她閉嘴，然後整個人又倒了下去。我跟她說：「親愛的，媽咪生病了，她不知道自己在做什麼，但看起來疼痛又迷惑，所以我們三人就吃光水蜜桃，連罐頭裡的甜汁都喝了。」夏儂不想吃東西，

第三章 ♦ 跟隨耶穌的代價

THE COST OF DISCIPLESHIP

叢林在兩側延伸，顏色翠綠得令人驚奇，沿途見不到其他船隻。河水很深，我得小心駕駛，把船控制在主航道上，不能走岔誤入沼澤。還好主河道通常不難認，但有時也未必如此。有時河道會突然在我面前漫開，變成沼澤，或河道同時岔成很多條，此時我就無法辨認方向了。

又過了一小時，凱倫坐起身來說要喝水。我正要倒水給她，她卻從我手中一把搶過水壺，拿走杯子，然後將杯子舉得老遠，把水壺的水倒在自己的大腿上。我試著把水壺從她手裡拿回來，她生氣看著我說：「要是你不在，這趟旅行會有趣得多。」接著把水壺直接對著嘴喝了起來。

幾個小時後，我在左岸空地上看到一間屋子。我們已經來到通往馬德拉河的小徑了嗎？我只會一點葡萄牙文，不過仍靠到岸邊，上前敲門。一名婦人打開窗戶，我模仿文森的發音，問她這裡是否就是「聖塔路奇亞」。

婦人說：「我從沒聽過有這地方。」

我幾近哀求地說：「這裡有其他人可以幫我嗎？」

現在大約是下午兩點，汽油剩下不到四分之一桶，頂多再撐一兩個小時。要是我不趕快找到聖塔路奇亞，我就得靠雙手划船，而且可能要在船上過夜。

她指著河流上游說：「你到上面波瓜依瑪多（Pau Queimado）那裡，可能有人知道你要找的地方在哪。」

「但我才剛從上游那邊過來，沒看到任何房子。」

她解釋：「它就在你左手邊第一個水灣。」

別睡，這裡有蛇！

DON'T SLEEP, THERE ARE SNAKES

66

我向她道謝，跑回船上。天氣很熱，我和家人都曬得全身通紅。回到小船我又回頭看了一眼房子，這才好好端詳了她們所住的地方。房子漆成白色，這對於僅能裹腹度日的家庭來說，並不容易也不便宜。這家人為什麼要這麼做？是為了散熱嗎？不，他們希望自己的房子能更醒目，即便叢林裡根本不會有什麼新面孔。

他們種植閻浮樹，生產蘋果般香甜多汁的紅色果子。他們也種了木瓜樹。從房子望出去，路旁有塊地還種滿了木薯、甘蔗、番薯和山藥。房子周圍整理得十分乾淨，有一塊地用開山刀開闢出來的綠色草地，其餘則是沙土。房子由木板組成，想必是她丈夫劈砍出來的。在小船停靠處附近，我看見一排活生生的亞馬遜黃頭側頸龜，就綁在屋前船塢的柱子上，在淺水裡活動。亞馬遜的卡波克魯人（caboclos，巴西內陸說葡萄牙語的原住民）最喜歡吃這種烏龜。我一邊駕著小船往上游前進，一邊想著，捕捉烏龜維生一定不容易。

對這些人來說，生活並不容易。但他們安之若素，還很慷慨、幽默、樂於助人。我擁有的比他們多太多了！我深切反省，明白相形之下，自己太過緊張，不夠友善，也不夠好客，而我還是名傳教士！我有太多需要學習的地方。

但這事稍後再說，當下我需要的是求助。我啟動引擎，禱告著：「神啊！我為了祢來到亞馬遜，我和家人一同服事祢，並幫助他人，為何祢就任由我在這裡迷路了呢？神哪，我的汽油就要用盡了，要是我妻子因此病故，對事情有何幫助呢？拜託！神啊，救救我吧。」

我環顧四周美景。從河上可以看見黃鐘木，高度超過河面三十六公尺，直徑

67

CHAPTER THREE

第三章　跟隨耶穌的代價

THE COST OF DISCIPLESHIP

至少有一公尺寬，綠葉襯托著亮黃色和紫色花朵。這一帶的巴西人稱黃鐘木為療癒之樹，我懷著一絲希望，但願這是好徵兆。且看陽光閃耀，微風輕拂，還有綠意盎然的森林，這似乎是充滿善意的一天。這裡於瑪美洛河口上方，地勢起伏、河岸陡峭，還有無數小河灣，對我這新手來說，要分辨主河道的走向有時十分困難。

我甚至能看見遠方高聳入雲的巴西栗樹。我從全新的角度觀看這一切。要是家人在大自然中因孤立無援而喪命，大自然還是美麗的嗎？我想大自然之美是出於我們的主觀認知，要是沒有人說它是美的，它就不美。但是老天，大自然還真美。無論是河水的源頭、河面上微風吹起的漣漪、擺盪的樹枝、淺藍色的天空、我雙臂蘊藏的健康與力量、我明亮的雙眼、堅定的決心，這一切都是美麗的。我感受到自己在奮力求生的天性中與自然合而為一。

終於我看見波瓜依瑪多的水灣，將這艘閃亮的小船駛入這小型峽灣。我看見一塊空地、一片深棕色、一片木薯田，以及一間茅屋。河岸坡度約六十度，高度則超過三十六公尺，他們的勤勉、清潔和整齊，都讓人印象深刻。沿岸的巴西人將家裡和村子都保持得很乾淨，他們的勤勉、清潔和整齊，都讓人印象深刻。爬上頂端後，我喘著氣，四下張望。每一階都有木條框邊，每階高八公分左右。

有幾個人坐在茅屋地板上，顯然正在吃飯。

我完全顧不得一般卡波克魯人的禮節，劈頭就問：「你們知道怎麼到聖塔路奇亞嗎？」他們一般會先自我介紹，小聊一下，然後才順勢提出要求。

角落有個母親正在餵奶，一個男人在挖空的葫蘆中攪拌魚肉與木薯，吊床整

整齊齊綁在低矮屋頂的樑柱上。儘管這些茅屋的位置高出河面很多，但地板、牆面和百葉窗都是木製。此處雖天氣炎熱，但由於害怕動物、神靈和小偷，巴西原住民入夜仍會緊閉門戶。

大家都瞪著我這皮膚泛紅、眼神狂亂的外國人。有個男人回我說：「這附近沒有這個地名。」

我又試著解釋：「但是文森，就是和荷西神父一起工作的那個人——你們知道荷西神父吧？他跟我說聖塔路奇亞有條小徑可以從瑪美洛河通往馬德拉河。」

後方有名婦女說：「噢，他講的一定是『聖塔路西亞』，那兒有條小徑。」

此時眾人也齊聲附和：「噢！對！就是那裡！」

一絲曙光出現！他們說聖塔路西亞就在下游，航程約三十分鐘，過了那戶養龜人家後再下去一點。由這往下游前進，雖然會被一塊與河流平行的狹長地所遮蔽，但一直往左看就會看到。我邊跑下河階，邊回頭向他們大喊：「非常感激你們！」回到船上，克莉絲蒂和蓋勒博乖乖坐在船裡說話，夏儂則抱怨她整個人就要燒起來了，凱倫則說她要跳進河裡降溫。我全速駛離這地方，六點五匹馬力的引擎在我們身後留下微弱的水痕。

不到三十分鐘，我在左舷方向看見水灣，差點錯過。此處河岸有五十五公尺高，同樣有人工砌出的台階，頂端則是塊空地。我把船停泊在台階底部，跟夏儂和凱倫說會馬上回來接她們，然後一手抱著克莉絲蒂一手抱著蓋勒博跑上河岸，又急又喘地找尋人跡。

第三章 跟隨耶穌的代價
THE COST OF DISCIPLESHIP

這地方同樣非常整潔有序，房屋顏色明亮，四周有寬敞的道路和整齊的空地。瑪美洛河岸邊聚集著六間屋舍，中間是教堂，樹下則有厚木板長椅。從這角度望去，藍黑色的瑪美洛河就在三百公尺外。微風加上林蔭，這些長椅想必能讓人舒服休息。但我沒這個時間。

我看見四十五公尺外的樹下有婦女在聊天，於是快步走向她們。她們早已往我這方向看過來，而且想必正在討論我們這些從上游來的老外到這裡來幹嘛。這次我也沒浪費時間客套，還沒走到她們面前就開口發問。

「這邊是不是有路通往馬德拉河？」

一位婦女回答：「對！路就在那邊。」

我跟她說船上還有兩個人生了重病，請她們幫忙帶到馬德拉河那頭。於是她讓一名小女孩去通知父親，我則跑回河邊將夏儂抱上岸，就在我爬上河岸頂端時，看見了一幅美麗景象：一群身強體壯的男人正前來要幫助我這無能絕望的老外，這名老外從沒幫過他們什麼忙，但他現在極需幫助。我這才知道，這些卡波克魯人會隨時伸出援手，甚至不惜兩肋插刀。

當我正要開口說些什麼時，巨大的水聲傳來，接著一名婦女尖叫：「噢！老天！她跳進河裡！」

凱倫這會兒人在河裡，試著要爬回船上。我跑到她身邊。

她說：「這水好涼，我太熱了。」

我將她抱在懷裡，第三度跑上河岸，將她安頓在樹蔭下，跟夏儂、克莉絲蒂

別睡，這裡有蛇！

DON'T SLEEP, THERE ARE SNAKES

70

還有蓋勒博坐在一起。我心想，凱倫說話沒那麼語無倫次了，也許她腦袋已經清楚了些。

此時凱倫坐在美麗的芒果樹下，用葡萄牙語跟周圍的人說：「我記得這地方。那邊有大象，另一頭有獅子。我小時候爸爸帶我來過這裡。」

所有人都望著她，再轉頭看我。他們知道她是在妄想，於是只說了一句：「可憐的小東西。」

男人走進森林，幾分鐘後帶回兩塊厚十五公分、長兩公尺半的木頭，中間掛了張吊床。我們將凱倫和夏儂安置在吊床上，四個男人兩兩一組，帶著她們上路。我把所有行李捆在一起，然後拜託一個人幫我看顧文森的小船（不過後來有人趁我回來之前以不當的燃料使用這艘小船，結果毀了引擎）。我請他們轉告荷西神父，請他派艘船到皮拉哈村落接文森。我身上背著二十五公斤的背包，再加上蓋勒博，然後要克莉絲蒂跟著，一起前往小徑。

克莉絲蒂沿途撿拾叢林裡的花朵，自己唱唱跳跳，唱起了「耶穌愛我」，我們前進的速度也因此變慢了。凱倫幾天前幫她紮的髮髻已經鬆開。她穿著短褲、短袖上衣和網球鞋，一聞到花香便笑開，而我也忍不住跟著笑，雖然雙臂因為蓋勒博和行李的重量而極度疲累。克莉絲蒂一直是我生命中的小太陽，那天她散發出的光芒確實讓我免於絕望。蓋勒博問我，那些人要把媽咪和姊姊帶去哪裡。蓋勒博向來心思敏銳，而他母親也一直是他生命中最重要的人。

這條通往馬德拉河的小徑覆滿了樹葉，空氣十分涼爽。步行四十分鐘後，我

我們來到一塊空地。我看見數間彩色吊腳木屋、一間大教堂、小店家，以及幾條相互平行的骯髒道路。這裡就是奧西莉亞朵拉，已經脫離村落的規模，開始有小鎮的雛形。小鎮規模不大，顯然找不到出租的房子，於是我請他們把凱倫和夏儂安置在樹下，然後動身四處探詢。我找到一間素雅的房子，那是在麥西河上做生意的高多佛來德．蒙泰羅及妻子希莎莉亞的家。我知道這對夫妻住在這裡，因為有回我們在麥西河上航行時，兩人就邀請我們到奧西莉亞朵拉作客。這房子有著卡波克魯人住家典型的木板牆和木板地，也有非常乾淨的木板台階。屋頂則是半茅草半鋁片。房子漆成白色，上面有綠色點綴，房子正面則漆著綠色的大寫字「蒙泰羅之家」。從屋子前方就能看見後院的廁所，顯示兩人很重視衛生，畢竟此處大多數的人是把叢林當洗手間用。

當時已是傍晚，而我們看起來顯然很累，希莎莉亞說她可以幫我們把吊床掛起來。

高多和希莎莉亞歡迎我們寄住在兩人小小的家，所以我把凱倫和夏儂帶來這裡。

我疑惑問道：「吊床？」我原以為我們可以睡在床上或地板上。

她回答我：「丹尼爾先生，在這裡，即便是牧師也只睡吊床。這裡的人不睡在床上。」她又進一步解釋，在這裡，人們即使搭船遠行，也都是睡吊床。

「我們沒帶吊床。」眼下這情況，再加上想到自己行前缺乏規畫，讓我更加沮喪。夏儂和凱倫的吊床也是借來的，屬於聖塔路西亞那邊某個我不認識的人。希莎莉亞馬上出門，在半小時後帶回五張跟鄰居借來的吊床。她開始料理晚

別睡，這裡有蛇！

DON'T SLEEP, THERE ARE SNAKES

餐，並表示她可以幫忙看顧凱倫，然後要我帶孩子到馬德拉河沐浴。這時的馬德拉河可不像乾淨的小麥西河，既湍急又泥濘，直逼密西西比河，漲潮時從奧克西莉亞朵拉到對岸，寬度應該超過一點六公里。高多的家離河邊約兩百七十五公尺，河岸粗估有五十五公尺高，是我見過地勢最高的聚落。我先走到河裡清洗自己，試著不去想這泥濘的水中是否會有寬吻鱷（一種黑色鱷魚），也不管寄生鯰（一種超級小型魚類）是否會往我身上的孔洞鑽。我不去想混濁的馬德拉河中有南美水虎魚、水蟒、刺魟、電鰻和其他外來物種，因為我渾身髒透了。但輪到蓋勒博和克莉絲蒂時，我考量到這些潛藏的危險，只在兩人身上倒些水，抹上肥皂，然後入河快速沖一下。洗澡後我們看起來還算乾淨，但爬過陡峭的河岸返回住處後，我們又滿身臭汗髒兮兮。天就要黑了，馬德拉和麥西西河不同，河畔飛滿蚊子。希莎莉亞為我們借來一張房間大小的蚊帳掛在客廳，這樣雖擋住蚊子，但也擋住了涼風，讓房間變得很熱。但這層保護我無緣消受，因為高多想跟我聊聊天。我們坐在屋前台階上，我努力表現出輕鬆不憂慮的模樣，然後不停打蚊子，皮膚長滿蚊子叮咬的腫包。

我抱怨：「這裡的蚊子太恐怖了！」

高多回答：「是嗎？今晚外頭沒什麼蚊子啊！」語氣帶有一絲為小鎮辯護的意味，雖然我看到他手上拿著件短衫，不時往四周拍打。

我們坐下，共進晚餐。那是用洋蔥、鹽、油和胡荽葉調理的重口味豆子，再

73　　第三章 ◆ 跟隨耶穌的代價

CHAPTER THREE　　THE COST OF DISCIPLESHIP

加上米飯和一些魚肉。我身上沒有錢可以支付這頓大餐,我們是靠救濟窮人的物資過活。

村民幫我打聽到開往烏麥他的船隻還要過兩三天後才會經過這裡,我們要被困在這地方了。但至少凱倫跟夏儂可以休息,也有人幫我們洗衣服跟準備食物。我們也希望她們可以撐到就醫的那一刻。

我提出問題::「那我怎麼知道船何時到?」

得到的是謎樣的回答::「丹尼爾先生,我們老遠就能聽到船聲。」

我能在他們聽到船聲之後及時打點家人和行李,趕到河邊伸手招船嗎?我再度懷疑自己放棄等補給飛機而提早離開是否正確。

凱倫把我叫到吊床旁,她想返回皮拉哈等候補給飛機。她看起來元氣恢復了許多,思緒也清楚些,所以我考慮隔天就返回村裡。但就在當夜兩點,高多把我叫醒。

「丹尼爾先生,遊船來了。」(「遊船」二字我現在聽到了還是會頭皮發麻。)

亞馬遜河流裡的寬吻鱷魚。

我準備打包，並叫家人起床，但高多說：「放輕鬆，遊船還要一會兒才到，我們先來杯咖啡吧！」

我一邊喝咖啡，一邊緊張地想著遊船可能就這樣開過去，而我們全家人會被困在這裡一週。不過我還是喝完了咖啡，然後聽到屋外有聲音，原來是村民自發前來幫我把家人帶上船。大夥聊了約十五分鐘，等我整理好行李，幾個男人把吊床掛在竿子上，直接扛著凱倫和夏儂走。希莎莉亞抱起蓋勒博，我懷裡摟著克莉蒂，還有個人幫我提行李，一行人在潮濕黑夜靠著煤油燈和手電筒穿越蚊子的重重黑幕，走向港口。我們在一片漆黑中來到岸邊，遠處看到遊船的探照燈在河流與兩岸間來回照射，查看是否有損害船身的浮木，以及把船弄沉的暗礁。我們睜大眼，就著手電筒的亮光在黑暗中一路跟蹌步下河岸。突然間我聽到有人絆倒滾下台階，那是抬著凱倫吊床後方的男人，但他還未鬆手，另一個人就已經接手，所以就連凱倫也沒發現。

我們將手電筒開開關關，對著遊船發出搭船的訊號。星月無光的黑暗中，一艘超過六公尺高、二十公尺長的遊船駛向我們，巨型探照燈往河邊射來，仔細查看我們這群孱弱而古怪的外地客。

他們把夏儂和凱倫安置在這三層遊船的底層，我則把克莉絲蒂、蓋勒博和其他東西弄上船。遊船開動，突然間所有奧克西莉亞朵拉的朋友消失在亞馬遜的夜色中。我還會再見到他們嗎？接下來會發生什麼事？我掛起從奧克西莉亞朵拉借來的五張吊床，心裡極度擔心克莉絲蒂和蓋勒博可能會掉入河中，而凱倫和夏儂

75　　　　　　　　　　　　　　　　　第三章 ♦ 跟隨耶穌的代價

CHAPTER THREE　　　　　　　　　　　　　　THE COST OF DISCIPLESHIP

就這樣睡在甲板上，會不會被人一腳踩過，還有，要是我們那少得可憐的行李被偷了怎麼辦？掛好吊床後，我將家人和行李全移到第二層甲板，把所有行李放在吊床下方，安頓好家人，然後試著入睡。我讓全家人緊靠在我身旁，以防他們醒來或需要我協助。

最上層甲板是遊船的餐飲區，底層甲板下方則是倉庫。遊船很髒，地板塗上厚厚一層棕色油漆，四周則是約一公尺高的白色欄杆。船身漆成藍色，其他部分則是白色。我在書上看過這類遊船，但這是我頭一次如此貼近它。船上有近百名乘客。

無論是在巴西、秘魯、哥倫比亞或其他國家，亞馬遜流域的遊船建造方式都很類似。建造時都從船身支架開始，建材是七或十公分厚的防水木板，主要是樟木這類結實的硬木。尺寸較小的船隻約為十公尺長，三公尺寬，船身則由五到七公分厚的木板組成，再用大頭槌和鑿子把繩索或其他纖維緊緊敲入中間的縫隙，然後塗上油灰和油漆。這種船身結構在雨季要禁得起浮木撞擊（浮木有時比船身還大），在旱季則要能在沙地或岩石上拖磨的。

船艙底部靠近船首的部分是倉庫，靠近船尾處則是引擎和傳動軸，上方通常還會有兩層甲板，每層甲板高約一百八十公分。為了因應炎熱氣候，這些客艙一般都沒有隔牆，只有欄杆或支柱，至少大型客船是如此。天花板上常設有木條供乘客懸掛吊床，而為了因應下雨，船身兩側還可張開塑膠帆布。這些船隻雖然會漏水，但依舊相當可靠實用。整個亞馬遜流域上的這類船隻，在設計、引擎或操

別睡，這裡有蛇！

DON'T SLEEP, THERE ARE SNAKES

作上都已標準化，所以只要不做更動，就能輕易找到船隻零件或駕駛人員。擅自改裝或使用少見的引擎是在自找麻煩，因為船隻一故障或需要技術協助時，可沒人理你。

委製船隻的客戶通常都是相當富有的商人，拿來當遊船或商船。他們會用火柴、奶粉、罐裝肉、銼刀、開山刀、鋤頭、鐵鏟、針線、紙捲香菸、烈酒、魚鉤、槍枝彈藥與小船，來跟原住民或當地巴西居民交換叢林生產的物品。許多生意人都擁有船隊，停靠的港口大多是波多韋柳、馬瑙斯、聖塔倫、帕林廷斯和貝倫等亞馬遜流域的主要城市。這些船員向皮拉哈人、騰哈里人、阿普里納人、納德布人*以及卡波克魯人等原住民購買叢林出產的原物料，然後以商船源源不絕地運送出柯拜巴脂**、巴西核果、硬木、乳膠等物資。

船員通常是卡波克魯人，通常有二到四人，工作包括操作引擎、掌舵、修理船身等等。船隻航行期間，船員可以稍微放鬆，只要引擎正常運作，船員就能在吊床上休息或坐著聊天。一旦船隻靠岸，他們就要開始工作，將貨物搬上運下、修理引擎、潛入船底修補裂縫、修理船隻的傳動軸或螺旋推進器等。這正是馬克吐溫筆下頑童流浪記主角哈克的生活，充滿大量勞動。

船員的生活有一種固有的矛盾。儘管他們友善大方，許多人其實都有暴力

* Nadeb，巴西亞馬遜原住民族，沿普如斯河（Prurs）居住，人口約兩千五百人，分居二十多個村莊。
** 取自南美豆科樹木的樹脂，可用於製作油漆。

犯罪背景。某些人因無法融入城市生活而來到這裡：婚姻失敗、負債累累、仇家尋仇、警察通緝。亞馬遜流域這化外之地充滿了暴力，要在此生存得要有一定能耐。

我正要入睡，凱倫就說她要上廁所。她和夏儂依舊嚴重腹瀉。這趟旅程中，我協助她們使用夜壺的次數難以計算（還好我有把這東西帶在身上），我得先用塊毛毯圍住她們，然後提著夜壺穿過這群盯著我們看的人，到船尾的廁所洗淨夜壺。等我洗完夜壺回來，夏儂對我說：「對不起，爸爸，對不起。」

我問她：「怎麼啦？」

我一走近就知道發生了什麼事。她把自己拉得全身都是，連吊床都沾滿了排泄物。她滿臉歉意又大感羞愧。我應該要好好照顧她的。我提來一桶水，在她吊床上掛件毛毯，遮住她，接著幫她清洗，換上衣服。我又把吊床洗乾淨，上面再墊條毛毯，這樣夏儂就不會覺得濕濕的。她一直感到很愧咎。接著我把她的衣服洗乾淨，掛在甲

亞馬遜流域的遊船，都是統一規格。船身藍白相間，共有三層甲板。

板欄杆上晾乾。

隔天，蓋勒博和克莉絲蒂都說他們睡得不錯。午餐時間我努力餵所有人吃飯。我讓蓋勒博和克莉絲蒂坐在甲板欄杆邊的長椅上，給他們一人一小盤船上供應的豆子和米飯，而我才轉身要吃點東西，就聽見盤子掉落破碎的聲音。兩歲的蓋勒博不小心摔破盤子，又是一臉歉咎。我只好再拿一些食物給他，並將地上的碎片和食物一腳掃進河中。我問凱倫需要些什麼？她只想來點冰可樂，於是我到上層甲板的零食櫃檯買了一瓶。等忙完進食，我又開始擔心下一件事。

我們搭上遊船的隔天早上，我前往會見獨臂船長費納多。他身高大約一百七十五公分，腳上穿著常見的夾腳拖鞋，袒露胸膛，肌肉不多，卻有巴西人的大肚子。他看上去雖然並不特別嚇人，但在這他就是老大。

希莎莉亞和高多跟我提過費納多。根據他們的說法，費納多很難相處，而且不怎麼同情窮人。他不會費心幫助別人，有些人還很怕他，以及那二十名對他完全服從、面貌凶惡的船員。我先在腦袋裡把話演練一番，希望能用流利的葡萄牙語說服他幫忙。

「哈囉！我太太生了重病，我得盡快送她去看醫生。如果能用掛在船尾的那艘汽艇送我們全家到烏麥他，無論多少錢我都付。」

他粗暴地回答：「我的汽艇不租借。」連看也沒看我一眼。

「好，那要是這艘船能直接開往烏麥他，中間不停下來載客，無論多少錢我都給你。」我已經管不了有多少人的醫療和三餐都靠這艘船，也沒心思理會要是

第三章 ♦ 跟隨耶穌的代價

THE COST OF DISCIPLESHIP

費納多接受我的提議，會讓多少人陷入跟凱倫一樣的命運。

費納多回我：「聽著，朋友，如果你太太注定先走一步，你是留不住她的。事情就是這樣，我不會為你加速前進。」

要不是我勢單力薄，我可能已經出手揍他。我回到家人身邊，陷入前所未有的煩躁不安。正當我思索著眼下的情況並禱告時，遊船慢了下來，停靠在幾間屋子附近，想必是為了搭載更多乘客吧，但引擎竟然也停下來，我想或許是引擎出問題。但接下來的事情簡直讓我不敢相信自己的眼睛，我看見費納多與所有船員穿著整齊劃一的足球隊服下船。河岸丘陵上有塊空地，更多身著不同足球隊服的人在等著他們。大多數乘客也跟著下船。在那該死的兩小時內，我腦中不斷想著要如何殺死這些無視我妻女正在船上垂死掙扎的足球隊員。要是我懂得駕船，我一定會偷偷把船開走，把他們全都丟下。我腦袋閃過所能想到最惡劣殘忍的手段。我承認，這不是聖靈充滿的傳教士該有的念頭，而是我那在酒吧跟人幹架的莽撞老爸會有的盤算。

大家終於回到了船上，笑笑鬧鬧，繼續往烏麥他前進。這些人究竟有什麼問題？他們沒有一絲人類的同情心嗎？多年後，當這趟旅程帶給我的創傷漸漸淡去，我才能理解這些巴西人的想法。

對我來說，我所經歷的是十分不尋常的困境，但對其他乘客而言，這就是他們的人生，是每天都在發生的不幸事件。即使情況再艱難，面對人生時都不應慌張，而應接受並獨自面對。巴西人雖樂於助人，但至少卡波克魯人最終還是堅信

別睡，這裡有蛇！ 80

DON'T SLEEP, THERE ARE SNAKES

自己的問題自己解決。這邏輯像是「雖然我樂於助人，但我不會向別人求助。」

在遊船上的這段經歷，是我生命中最漫長的時刻。我像是被困在流動監獄。為了讓自己放鬆，我坐在凱倫吊床邊的長椅上，觀看岸邊動植物隨著遊船每小時十一公里的速度緩緩從眼前流逝。其他乘客一直盯著凱倫和夏儂，她們一點隱私也沒有，這讓我很難受。儘管人們相當友善，但卻以旁觀的角度不停討論，彷彿我不在場，讓人難以忍受。

一名婦女對著另一個人說：「她就要死了，對吧？」。

「當然。那個老外怎麼會笨到把家人帶來這裡。她們得了瘧疾。」

當我聽到她們說凱倫和夏儂染上瘧疾時，心裡還掠過一陣得意與優越感，因為這些人不知道她們其實是得了傷寒。

「她的臉曬傷得好嚴重。」

「你看他們的皮膚都好白！」

「我敢打賭他一定很有錢。」

這類指指點點不停出現。

離開奧克西莉亞朵拉的第三天晚上，遊船繞過馬德拉河的彎道，我在船右側看見燈光，在此之前我已有數週沒見到任何電力設備。烏麥他的燈光穿越黑暗叢林，讓我想起麥西河和皮拉哈人之外的那個世界。更要緊的是，這些燈光是文明乃至醫生存在的證據。船身放慢，開始穿越馬德拉河，前往一兩公里外的城市。

大約凌晨三點，船隻抵達河岸。船隻與岸邊還有一段一百二十公分寬的距離，船

81

CHAPTER THREE

第三章 ◆ 跟隨耶穌的代價

THE COST OF DISCIPLESHIP

員拋下一塊又窄又有彈性的木板。沒人主動開口要幫我提行李或照顧小孩，在這緊急時刻我發揮動物本能，提起行李，帶著克莉絲蒂和蓋勒博跨越木板，來到河岸頂端的廢棄建築，旁邊有幾輛等著載客的計程車。

我交代年僅四歲的克莉絲蒂：「待在這兒等我，坐在行李上不要走開，也別讓人拿走我們的行李。妳看著蓋勒博，我要去接媽咪和夏儂，知道嗎？」

現在是凌晨三點半，克莉絲蒂原本睡得正熟。

她回我說：「知道了，爸爸。」一邊揉著惺忪睡眼，一邊四處張望想搞清楚自己身在何處。

我跑回船上卸下所有吊床，先讓凱倫躺在躺椅上，然後把夏儂帶到克莉絲蒂那兒。她痛得發抖呻吟。我又折回船上，抱起凱倫，她的體重更輕了。我帶她爬上河岸，直接走向計程車。司機幫我把行李丟進後車廂，我則將凱倫和孩子擠進後座，然後車子往醫院直奔。

醫院就位於小鎮邊緣，至今還在。我把所有行李從計程車卸下，前往接待室。天花板掛著一盞燈，接待櫃枱空無一人，整個地方彷彿被人遺棄。這地方不大，大概只有五十張病床，但畢竟是家醫院！我跑到大廳找人幫忙，有個穿白色制服的人睡在診療枱上。

他慢慢起身說：「傷寒？這附近很少有人得這病。」

「我太太生病了。我想她得了傷寒。」

他走到凱倫和夏儂身邊，注意到兩人正發燒。「嗯，我想她們是染上了瘧疾，

別睡，這裡有蛇！　　　　　　　　　　　　　　　　82

DON'T SLEEP, THERE ARE SNAKES

做些切片檢查就知道了。」

他把切片放在顯微鏡下，咯咯笑了起來。

我氣憤地問：「你在笑什麼？」

「她們確實是染上瘧疾，而且還病得不輕。」

他是在笑我的無知，同時也是因為他每天都在治療瘧疾病患，但凱倫和夏儂是他生平所見最糟糕的。毫無疑問這是因為我太愚蠢，一開始就用錯了藥物。而我、克莉絲蒂及蓋勒博就睡在她們房裡。隔天早上凱倫醒來，虛弱地要水喝，狀況明顯已經好轉。夏儂似乎也好了一點，跟我要可樂喝。凱倫想找個東西把披散的長髮紮起來。當時她的髮長及腰，我在離開村落時竟然忘了這件事。這間醫院是由當地天主教會和政府共同經營，櫃檯有兩位修女，於是我詢問其中一人有沒有東西綁頭髮。

結果她對著接待室裡的所有人大喊：「大家看看，這老外把我們這當商店，跟我們要東西給他太太綁頭髮。」

我並不是在宗教環境中長大，因此不清楚某些天主教徒對新教的恨意。她刺傷了疲倦又無助的我。我知道貧窮會使人猜忌有錢人，這名修女大概認為我比她富有，而且所有人都認為美國人都有種族歧視。這些是我在書上讀到的，但從未親身經歷過。這是我第一次受偏見之害，而這在往後幾十年不斷重演。在烏麥他，我找不到人說話。諷刺的是，每個人都以為我很富有，但我身上的錢其實即將用盡。醫院沒有提供我們床舖，我和克莉絲蒂、蓋勒博無處可睡，於是就在凱倫和

83
CHAPTER THREE

第三章 ◆ 跟隨耶穌的代價
THE COST OF DISCIPLESHIP

夏儂床邊坐著打瞌睡，同時心裡也盤算著，醒來後就得到波多韋柳去。

我發現上午十一點有公車開往波多韋柳，便決定先帶著克莉絲蒂和蓋勒博前往，然後隔天一早再回來接凱倫和夏儂。

的事，因為瘧疾引發的疼痛，凱倫幾乎無法移動身軀，夏儂整個人也痛得厲害。當時要帶著凱倫和夏儂搭公車是不可能在醫院有人餵她們吃東西、幫她們打點滴並提供治療瘧疾的藥物。我告訴凱倫和夏儂，我會在隔天早上回來接她們。

夏儂抽泣著：「爸爸，拜託你不要走，你不在這裡我會害怕。」

凱倫也認為我最好盡快將全家人都帶往波多韋柳。當地有商用機場，必要時我們可以從那裡前往美國。我們都知道我無法透過電話求援，因為傳教總部並沒有架設電話。在一九七九年的巴西，你幾乎不可能弄到電話，就連在城裡，架設家用電話也要花一萬多美元。所以我們無法聯絡二十公里以外的語言暑期學院傳教中心。

我離開醫院一沿路找尋巴士站。少了叢林林蔭，熱帶艷陽直射下的烏麥他熱得像烤箱。這座城市又髒又沉悶，看起來不過是馬德拉河畔的一塊空地，至於「巴士站」，則是主要道路外的一間房子，在一家人看電視之處的前方弄了個櫃枱。我回去接克莉絲蒂和蓋勒博，並和凱倫以及夏儂道別。

我光是購買三張波多韋柳的車票，就幾乎用盡身上所有的錢。

我在那一週總共只睡了十五小時，體力和情緒都徹底透支，但那時我沒想到這些。我、克莉絲蒂和蓋勒博搭上老舊的生鏽巴士，努力在將近五小時的車程中

別睡，這裡有蛇！　　　　　　　　　　　　　　　　　　　　　　84

DON'T SLEEP, THERE ARE SNAKES

讓自己舒服些。車子抵達波多韋柳時，已將近下午四點。我叫了計程車，三人疲憊上車，完成最後這段旅程。計程車司機就跟所有人一樣，一直盯著我們三個髒兮兮全身美軍粗呢背包的白人。我要他載我們到語言暑期學院傳教中心。

我們沿著麥西河畔的叢林道路前進，四周都是野生動植物。抵達傳教中心之後，我跑向最靠近入口的房子，請傳教士幫我付車資並打電話找人（其功能僅限於聯繫傳教中心各棟屋子）。很快地，所有傳教士都為凱倫和夏儂禱告，並提供協助。有人願意馬上開車去接她們，但凱倫和夏儂都太虛弱，而且我得睡一下，我已經撐不住了。我請傳教中心的護士貝蒂·克魯格以及飛行員約翰·哈門在隔天早上和我一起飛返烏麥他。

隔天早上七點，我們三人從波多韋柳機場出發。在這一小時的航程中，約翰表現得像是在飛例行航班，似乎是在暗示狀況沒有我所說的那麼急，貝蒂則試著安撫我。她待過美國大型醫院急診室，我相信她足以勝任這次任務。我們降落在烏麥他機場，一輛計程車已經敞開車門等著我們，司機滿臉微笑幫我們提行李。我和貝蒂前往醫院，約翰則留下看守飛機。我不知道接下來會面臨何種狀況，整個人陷入極度焦慮緊張。夏儂或凱倫要是有個萬一，我要怎麼活下去？我不能再想下去，否則就會崩潰！我全身緊繃，又得強忍淚水。

計程車在醫院前停下，付完車資後貝蒂跟著我直接衝向凱倫病房。凱倫和夏儂雖然虛弱，但看上去還好。意外的是，她們雖然已經服了整晚的藥，仍舊高燒不退。我現在才注意到她們臉上的曬傷有多嚴重，皮膚紅腫脫皮。我把妻女送進

第三章 ● 跟隨耶穌的代價

85

CHAPTER THREE　　　　THE COST OF DISCIPLESHIP

救護車後座時，貝蒂的表情非常嚴肅。她立即為凱倫和夏儂注射暈機藥，並讓她們服用止痛退燒藥。到了機場，我們打開救護車後車廂，貝蒂先爬出車門。約翰原本只是在一旁輕鬆地看著，但在我們把凱倫拉出來之後，態度突然認真起來，以前所未見的速度將飛機後座座椅拆下，快速安置好凱倫和夏儂。不消幾分鐘，我們已經起飛。

我們抵達波多韋柳，把凱倫安置在貝蒂的床上。貝蒂希望能二十四小時看顧凱倫，而傳教中心另外還安排了一名護士來照顧夏儂。行筆至此，想到這群好心又專業的飛行員、護士和工作人員，我不禁淚水盈眶。我一生中沒遇過這麼好的人，以後也不知道會不會再有。

貝蒂派我和她先生狄恩到鎮上去找名聲卓越的馬塞度醫生。我跟狄恩按著貝蒂指示，在小巷中找到他的辦公室。

馬賽度醫生膚色黝黑、身形精瘦，智慧與自信在言談間顯露無遺，而且不久前還是朗達尼亞州的衛生署長。他答應立即出診，平常三十分鐘的車程，我們不顧雨季路況不佳，不消二十分鐘就到了。馬賽度醫生探視凱倫之後表示，凱倫血壓太低，十分危險，瘧疾的症狀也非常嚴重，一般門診醫療無法處理。

他下達指令：「我們得立刻把她送到醫院。」

從我們踏進房間起，貝蒂便顯得憂心忡忡。醫生說凱倫需要緊急輸血。凱倫的血型是 O 型陽性，要找到捐血者並不難。傳教中心有許多人透過內部電話網路知道這個消息後，紛紛表示願意捐血。

馬塞度醫生把拉我到一旁，說：「聽著，情況很不樂觀。你妻子太晚送醫，體重只剩下三十四公斤。瘧疾症狀也很嚴重，我想她可能撐不過去。如果她有親人，你應該通知他們。」

我望著醫生，目送他離開，然後轉身問貝蒂：「凱倫的情況到底如何？」

貝蒂眼眶泛淚光回答我：「丹尼爾，她快要不行了。」

我跟她說，等我們到了鎮上，我要到電話公司打電話給凱倫的父母，艾爾和蘇。兩人住在貝倫，已在當地傳教數十年。

救護車在一小時內抵達，貝蒂坐在後座陪著凱倫，我則和夏儂坐上另外一輛傳教中心的轎車。夏儂仍舊全身疼痛，且高燒不斷，不過情況已經好轉。一路上我失魂落魄，無法相信凱倫會就此撒手人寰。十一歲時我失去了母親，當時她才二十九歲；十五歲時我年僅六歲的弟弟溺斃。這不管對誰來說，都已經太過悲慘，而我怎能又在此時失去妻子？我們一到鎮上，凱倫便被安置在波多韋柳中心一家破舊私人診所的陰暗房間，護士為她輸血。血液就儲放在診所大廳一台舊冰箱內，冷冰冰的血液注入凱倫的血管，她痛得大叫。他們也從靜脈施打奎寧。幾小時後，我讓貝蒂留下來陪伴凱倫，我則回去照顧夏儂、克莉絲蒂和蓋勒博。

隔天，凱倫的父母從貝倫趕來波多韋柳。她的母親蘇一共停留了六週，奮力幫助凱倫度過難關。經過幾週密集的照護，醫生向我保證凱倫不但已經脫離險境，甚至有機會完全恢復健康。蘇幫了大忙，她不辭辛苦地幫助凱倫，也讓我和孩子在傳教中心的住所有了家的感覺。兩人的病情起起伏伏，最後夏儂康復得比

第三章 ◆ 跟隨耶穌的代價

CHAPTER THREE　　　　　　　　　THE COST OF DISCIPLESHIP

凱倫還快。

有天下午夏儂身體狀況不錯，我讓她跟其他孩子在住家附近騎腳踏車。不久後我聽到腳踏車倒下，還有夏儂「唉呀」的一聲以及緊接而來的哭聲。她返家時額頭上多了個需要縫合的腫包。我看著她纖細的四肢，這才明白她的體力只能讓她多走兩步路。因此等凱倫和夏儂的身體狀況稍微恢復之後，我便把她們連同克莉絲蒂及蓋勒博送往貝倫休養，我則獨自返回皮拉哈。

在休養了將近六個月之後，她們已經大為康復，便一起回到皮拉哈。她們的體重增加，體能也很好。凱倫等不及要重新挑戰皮拉哈語。

我們一家人獻身皮拉哈的三十年歲月，就此展開。

CHAPTER FOUR

SOMETIMES YOU MAKE MISTAKES

第四章

孰能無過

在凱倫和夏儂罹患瘧疾而瀕臨死亡之際，我才發現，關於皮拉哈人，還有一些重要的事情是我尚未了解或無法認同的。皮拉哈人毫不憐憫我當時的處境，令我深感受傷。

那時我不知道，這折磨我的危機，對皮拉哈人來說只是日常經驗。每個皮拉哈人都曾經歷至親離世。他們都曾看著、觸摸著至愛家人冰冷的身體，然後將家人埋葬在離家不遠的森林裡。大多數時候，他們無法就醫。若皮拉哈人病到無法工作，即便這疾病對西方醫學來說只是小病，病患還是極有可能死亡。鄰居和親友不會幫忙準備葬禮食物，因此無論過世的是母親、小孩還是丈夫，你都得出門狩獵、捕魚和採集食物。沒有人會幫你，生活不會因死亡而寬待你。皮拉哈人借不到汽艇，無法帶著家人向外尋求幫助，而就算他們真的到鄰鎮求助，也不會有人幫助他們（其實大部分皮拉哈人也都不會接受陌生人幫助）。

皮拉哈人不知道西方人的平均壽命是他們的兩倍，而且西方人不只想活得更久，還覺得自己有權長壽。美國人尤其無法像皮拉哈人那樣堅忍。皮拉哈人對死亡並非全不在意，父親還是會劃上好幾天的船，只要他認為這樣幫得了孩子。我曾半夜被皮拉哈人喚醒，他們帶著絕望的神情，請我立刻去救他們生病的孩子或配偶。他們臉上的痛楚與關懷和其他人沒兩樣。但我沒見過有哪個皮拉哈人會認為全世界的人都有義務要幫他，或覺得一有人生病或命在旦夕，自己就應該停下手邊工作。這不是麻木不仁，而是實際，只是我還沒學會這點。

別睡，這裡有蛇！

DON'T SLEEP, THERE ARE SNAKES

雨季時，船販每天都會沿著瑪美洛河逆流而上，到麥西河來尋找巴西核果、玫瑰木還有其他叢林物產，數十年如一日。打從老遠我就能聽見他們柴油引擎「噗噗噗」的聲音。有時他們只是路過，但通常都會停留一陣。我很怕這些人，因為他們總是打斷我的研究工作。他們總是把最好的語言老師帶走，一口氣為他們工作好幾天甚至好幾週。他們的船從我的屋子邊開過，若信號鐘發出「叮」的一聲，我就知道他們即將停泊，那是駕駛通知引擎減速的訊號。接著還會有「叮─叮」幾聲，這就表示他們正在倒船，找一個完美的角度駛入我屋前的船塢（我在那兒蓋了一個小木筏，以連結碼頭，也兼當洗澡台）。

大部分這類船隻抵達時，我都等著他們停好船。皮拉哈人會衝上船看看有什麼貨品，然後到我屋子來，跟我說話。

之前我就了解，拒絕這類邀請很無禮——即便有時一天會有三到六艘商船，而每個船販都會花至少半小時跟我聊生意和經歷。我介意的不是跟這些人交談。相反地，跟他們以及同行的家人聊天，是很愉快的事。不管以何種標準來看，他們都是堅強的開路先鋒，硬漢一條。

他們喜歡跟我交談，原因有幾項。首先，我幾乎是他們見過膚色最白的人，而且我有長長的紅鬍子。其次，我說話很可笑。我的葡萄牙文口音比較像是聖保羅那邊的人，而不是亞馬遜一帶的腔調，再加上我不時夾雜著美語的母音，就更難聽懂了。第三，我手邊藥物齊全，而且他們知道，要是生病了來跟我討藥，我不會跟他們收錢。最後，他們以為我是皮拉哈人的頭目。對這些船販而言，即便

第四章 孰能無過

CHAPTER FOUR　　SOMETIMES YOU MAKE MISTAKES

我言語滑稽，但身為會說葡萄牙語的白人，就足以證明我的領導地位——這些人都有種族歧視，認為皮拉哈人是次等人類。

我曾試圖說服他們相信，皮拉哈人和他們沒兩樣。

「皮拉哈人比你們還要早來這裡，大約五百年前從秘魯那邊過來。」

「什麼叫做他們是從別的地方過來的？我以為他們就像猴子，是這森林裡的動物。」那些人大約是這麼回答。

他們總拿皮拉哈人跟猴子相比。把人降格為猴子，大概是全世界種族偏見者的標準作法。在這些商人眼裡，皮拉哈人說話像雞叫，動作則跟猴子沒兩樣。我努力想改變他們的觀念，但只是白費工夫。

他們以為我是皮拉哈人的頭目，找皮拉哈人工作時，自然會先問我。但我不是頭目，所以請他們直接去問皮拉哈人。

皮拉哈人跟這些商人溝通的方式，包括身體語言、少數葡萄牙文句子、還有雙方都略知一二的「通用語」，又稱「好語言」（Good Tongue），是一種以葡萄牙語和圖皮語（曾流行於幾乎整個巴西海岸的原住民語言，不過現已絕跡）為基礎發展的語言。

某天晚上九點，孩子都已上床，我和凱倫也將要就寢，一艘從未見過的船開進村裡。皮拉哈人對著我的臥室大喊船長的名字「羅納廷侯」。他想要見我，這很正常，所以我起身上船會他。他的生意從一開始就很可疑，船上一件貨品也沒有，而且船身相當大，約十五公尺長、四公尺寬，貨艙上方還有片寬廣的甲板。

我和羅納廷侯分據船的兩頭對坐，皮拉哈人則坐在甲板兩側。

他說：「我想知道我是不是可以帶著八個人，跟我到上游採巴西核果。」

「你不必問我，這真的與我無關。你去問皮拉哈人。」

他對我眨眨眼，一副你知我知的模樣，彷彿我這麼說只是做做樣子。然後我又加了幾句，說巴西國家原住民協會的波多韋柳辦公室主任要我轉告幾件事，「法律只規定一件事，要他們幹活，就得經過他們同意，而且你得依照目前行情支付工資，或至少付最低工資。」

羅納廷侯回答：「但我身上沒有錢。」

我建議道：「對皮拉哈人來說，給錢或許未必適當。你可以付貨物。」

他不置可否地咕嚕道：「好吧。」

我又四處張望，也許貨物就堆放在甲板下的儲藏室。

我又警告他：「但你不能用『卡夏沙』（甘蔗酒）跟他們交易。巴西國家原住民協會主任說，要是你賣酒給他們，你就要坐兩年牢。」

羅納廷侯向我保證：「喔，丹尼爾先生，我絕對不會賣酒給他們。其他人或許會這麼做，但是老天爺，我不是這種不誠實的人。」

我心想，聽你鬼扯，但我只說我要上床睡覺了。

我離開時跟他道了聲：「晚安。」

他也回我一聲：「晚安。」

我回到屋裡，很快就入睡了，雖然船上傳來的笑聲不時干擾我的睡眠。我很

93　　第四章　孰能無過

CHAPTER FOUR　　SOMETIMES YOU MAKE MISTAKES

確定這個人給了皮拉哈人卡夏沙，但我不想當糾察隊長。我很累，而且我覺得自己有點無能為力。

午夜時分，一陣喊叫將我從沉睡中吵醒。驚醒我的那段話是：「我才不怕殺死那個美國人。那個巴西人說，殺光他們，他會給我們新獵槍。」

「所以你要殺死他們？」

「對！我要趁他們睡覺時射殺他們。」

這串對話從我屋外不到一百尺處的漆黑叢林中傳來。大多數村民都醉倒了，但羅納廷侯不只給我屋外卡夏沙，還唆使他們殺了我全家，開出的條件是一把全新獵槍。我在床上坐起，身旁的凱倫也已醒來。

這是我們第二度造訪皮拉哈，在村裡一連待上七個月，我的皮拉哈語程度就足以讓我明白他們正商量要殺掉我們。我知道他們正互相慫恿，我還知道要是我不採取行動，事情很快就會發生。孩子還睡在吊床上，一點都不知道父母讓他們置身險境。

我拉開蚊帳，沒有拿手電筒，在黑暗中悄悄離開屋子，以免引起注意。我小心穿過叢林，到他們醞釀殺人情緒的小屋。除了緊張，我還擔心在這樣的夜裡會踩到蛇，雖然這段路才幾十公尺。

我無法預料皮拉哈人會怎麼做。他們的對話讓我十分震驚，我覺得我其實並不了解他們。也許他們一見到我就會痛下殺手，但我不能等著皮拉哈人前來獵殺。他們聚在文森所蓋的小屋。我在漆黑的叢林裡，透過棕櫚木條牆面的縫隙偷

別睡，這裡有蛇！

DON'T SLEEP, THERE ARE SNAKES

94

看。他們坐在閃爍的煤油燈光中，那是亞馬遜地區常見的小型煤油燈，裡頭放著幾十公克煤油，棉質燈芯從狹窄的開孔中冒出，看起來就像阿拉丁神燈。晦暗不明的橘色燈光下，眾人的神情更顯得毛骨悚然，臉上映著幽微的光線，比伸手不見五指的狀況好不了多少。

我在屋外屏息，腦中想著要如何進去才能避開衝突。最後我臉上掛著微笑走進去，秀出我最流利的皮拉哈語：「嗨，大家在做什麼？」

我一邊講話，一邊在屋內走上一圈，收拾弓、箭、兩把獵槍和幾把開山刀。皮拉哈人一言不發，用喝茫的眼神盯著我瞧。他們還來不及反應，我就已經拿起傢伙不發一語快步走入黑暗中，成功讓他們繳械。當然，我不會天真地以為我們全家這就安全了，但這的確稍稍減緩眼下的威脅。我把武器鎖在儲藏室裡，至於那個提供卡夏沙的生意人，他的船還停靠在我屋前，人則在船上睡覺。我決定把他趕走，但在這之前，我得先安頓家人。

我讓凱倫和孩子待在儲藏室，那是我們家裡唯一有牆有門的房間。在這間黑漆漆的房子裡，我們曾打死至少一尾蛇、幾隻老鼠，以及一堆蜈蚣、蟑螂與捕鳥蛛。

接著我走向岸邊那艘船，每走一步，心中的怒火就越烈。就在這念頭閃過的剎那，科賀的聲音從我剛剛一直沒看見老師科賀和他的獵槍。就在這念頭閃過的剎那，科賀的聲音從我身後的灌木叢裡傳來：「我現在就要射殺你。」我轉身面向聲音來源，準備承受他那二十口徑的獵槍朝我臉上或胸口掃射。他從灌木叢中現身，搖搖晃晃朝我走來。不過我鬆了一口氣，他手中並沒有武器。

95

CHAPTER FOUR

第四章 ◆ 孰能無過

SOMETIMES YOU MAKE MISTAKES

我問他：「為什麼要殺我？」

「因為那個巴西人說，你付給我們的根本不夠，而且你告訴他，我們為他工作，他不用付錢。」

先前他是用很淺白的葡萄牙語威脅要殺我，現在我們則是用皮拉哈語交談。要是我當時還不會說皮拉哈語，可能就老命不保了。我們用充滿斷音的皮拉哈語交談（因為皮拉哈語有閉鎖子音，所以聽起來零零落落的）。我以前所未有的奮力和專心說清楚每個想法。我說：「那個外地人沒付你們報酬。他給的威士忌是便宜貨。」

科賀回答：「喔！那個外地人是小偷。皮拉哈人不要他。」

我又繼續說：「是那個巴西人不想付你們報酬，他只想用苦水（皮拉哈人對卡夏沙的稱呼）打發你們，因為這東西不值錢。我要他付麵粉、獵槍子彈、糖、牛奶等其他補給品給你們，但這比較貴。」

皮拉哈人並不真的了解這名巴西商人，他們只懂幾個葡萄牙單字，能進行的對話十分有限。

我們一邊交談，一邊走下河岸。羅納廷侯正站在船艙屋頂下往外看，看到我的時候顯得十分吃驚。

科賀突然對他咆哮：「皮拉哈人要殺死你。」

羅納廷侯的臉色一變，立刻躲起來，隨即啟動引擎，想要開船逃走。但驚慌中他忘記船繩還沒解開，所以怎麼開都開不走，而且有個皮拉哈人還睡在甲板

別睡，這裡有蛇！　　　　　　　　　　　　　　　　　　96

DON'T SLEEP, THERE ARE SNAKES

上。羅納廷侯將他推入河中，用開山刀砍斷繩子，然後迅速掉頭，駛入麥西河無盡的黑暗中。

被羅納廷侯推下船的是圖坎，他迷迷糊糊從河裡爬起。這時我聽到凱倫的聲音，她已經從屋裡走出來，要到岸邊了解情況。幾個男人（包括最大聲嚷嚷著要殺了我的艾侯比西）推擠著凱倫走向岸邊。我馬上站到凱倫身邊，此時我不再是傳教士、語言學家或好好先生，我已經準備好要大幹一場。這些男人逐漸退開，在酒精作用下喃喃說著沒頭沒腦的話，在黑暗中退入最近的屋子。我發現村子裡漆黑一片。通常屋子裡都會一直生著火，但那些婦女已經用土滅了火苗，跑到叢林裡躲避丈夫。

我把凱倫帶回儲藏室，拾起一把獵槍，確定裡面沒有子彈，然後坐在客廳板凳上保衛家人，即便當時我已疲憊不堪。

幾個男子盯著我的屋子，只要有其他人靠近，他們就會發出警告：「丹尼爾手上有許多武器。」不過這時走過來的男人都不是要來傷害我們，而是跟我討些物資跟罐裝肉品。他們知道自己現在很嚇人，想利用機會從我這裡要些食物。大夥都一副好勇鬥狠的模樣，隨時就要幹起架來。

突然間他們對我們失去興趣，互相吵了起來。我的另一位語言老師阿侯阿帕帝走向前來，為眾人威脅我們的事道歉。他含糊不清地說著醉醺醺的皮拉哈語：

「嗨！丹尼爾。皮拉哈人現在腦筋有問題。不不不要害怕，我沒沒沒瘋。」

他稀稀糊糊的糞便滲出短褲，有一大半還流到腿上，而右邊的臉上滿是濕黏

第四章　孰能無過

CHAPTER FOUR　SOMETIMES YOU MAKE MISTAKES

黏的鼻涕。阿巴吉則在我屋外揮舞著開山刀，準備要跟一名青少年幹架。屋前閃過一道箭影，一個我不認識的皮拉哈人攻擊黑暗中另一個面貌不清的皮拉哈人，不過沒有得手。沒有人將矛頭指向我。

清晨四點左右，我的身體已經撐不住，便撤守儲藏室，希望能睡上一兩個小時。我聽見皮拉哈人走進屋子，在屋前、屋後甚至儲藏室門口打架。但我累到只想睡覺，無法反應。

日出時我們小心翼翼從儲藏室往外窺探，晨光中看見每個房間的牆上都噴濺著鮮血，地上一灘灘血跡，白色床單布滿血漬。路上男人的短褲髒污不堪，滿臉血污，雙頰、眼睛布滿烏青，身上還帶著賀爾蒙混和酒精所帶來的戰果。男人在路上閒晃，卻刻意避開我們家，不肯過來。

當天稍晚，一覺醒來酒意盡退的皮拉哈男人上我們家道歉，女人則站在屋外，對著男人大聲嚷嚷，告訴他們該說些什麼。

科賀代表男人發言：「我們很不好，一喝酒就腦筋壞掉，盡做些壞事。」

這是真的，我心想。

經歷這種種，我不知道還要不要相信他們，不過他們看起來很真誠。女人則對著我和凱倫大喊：「別丟下我們。我們的孩子需要你們的藥物醫療。留下來，這裡有很多魚和野味，還有麥西河美麗的景色。」

最後我們都同意他們明智的見解：他們不該起意殺我們，因為我們是朋友。我說：「聽著，你們可以喝酒，你們想做什麼就做什麼。這裡是皮拉哈人的

地盤，這片叢林不歸我管，皮拉哈人才老大。但你們嚇壞了我的孩子。要我們留下可以，但你們不能威脅我們的生命，也不能嚇到孩子，知道嗎？」

他們齊聲回答：「知道！我們不會嚇你們或殺你們。」

雖然皮拉哈人滿口道歉和保證，但我知道重點是要搞清楚當晚事發的真正原因。他們為什麼會想要殺害我們全家？我是在皮拉哈作客，要是我踩到他們的底線而引來殺機，我得弄清楚是怎麼回事。

我決定跟幾個人好好談談。艾侯比西好像還在生我的氣，每回我走進他的屋子，都見他繃著一張臉。我得跟他談談，看看我做錯了什麼。

一天我拿著裝滿加糖咖啡的保溫壺、幾個杯子和一些餅乾去拜訪艾侯比西。

「嗨！狗兒別對我生氣！」皮拉哈人在走近別人屋子時，都會說這句話。

「要來點咖啡嗎？我在裡面加了很多糖喔！我還帶來一些餅乾。」

艾侯比西笑著招呼我進屋，對著狗嘟噥一聲，讓他們乖乖坐在腳邊。那是六條野狗，只有老鼠般大，卻十分凶狠勇猛（我看過僅有七公斤重的這種狗，為了保護主人而攻擊野貓和野豬）。這些狗對著我狂吠，只差沒撲上來把我吃下去。

我遞上咖啡和餅乾。

我問他：「你在生我的氣嗎？」

他喝了一口咖啡，回答我：「沒有，皮拉哈人不生你的氣。」（皮拉哈人常用群體的角度造句，即便只是表達個人意見。）

「可是那晚你好像很生氣。」

第四章　孰能無過

CHAPTER FOUR SOMETIMES YOU MAKE MISTAKES

「我那時是很生氣，不過現在不會了。」

「為什麼你會生氣？」

我承認道：「我是這麼說沒錯，巴西國家原住民協會跟我說，這裡不准販賣威士忌。你們的女人也告訴我，別讓人將威士忌賣給你們。」（由於該協會曾派幾個代表造訪此處，所以皮拉哈人知道這個組織，而且他們也發現，這個單位對地方上的巴西人具有某種權威。）

他表示：「你又不是皮拉哈人，你不能規定我不該喝酒。我是皮拉哈人，這是皮拉哈人的叢林，不是你的叢林。」艾侯比西已略動肝火。

於是我回答他：「好的。」同時希望皮拉哈語能有表示道歉的說法。「我不會告訴你該怎麼做，這裡不是我的叢林。但是酒醉的皮拉哈人嚇壞我和我的孩子，如果你想要我離開，我就走。」

他回答：「我想要你留下。皮拉哈人希望你留下。不過你不可以規定我們該怎麼做！」

我向他保證：「我不會規定你們該怎麼做。」我竟然給他這種印象，實在深感羞愧。

我們還談了些沒那麼沉重的話題，像是捕魚、狩獵、家裡的孩子，以及船販。

然後我起身，帶著咖啡杯和保溫壺回到十五公尺外的家。我終於知道自己誤解了皮拉哈人如何看待我的角色定位，我受到教訓，也感到羞愧。我原以為他們把我

別睡，這裡有蛇！　　　　　　　　　　　　　　　　　　　　　　　　　　　　100

DON'T SLEEP, THERE ARE SNAKES

這名傳教士視為保護者與權威。幾個喝酒喝最凶的皮拉哈婦女，伊百合（科賀比伊艾之妻）、依雅碧珂（卡布吉之妻）、麥姬波（艾侯比西之妻）還有雅可（艾凱比之妻）都跟我說，之前的傳教士阿爾羅·漢利希與史帝夫·薛爾頓都不許人販賣威士忌。

之後我跟阿爾羅及史帝夫談到這件事，他們笑著跟我說，皮拉哈人或當地巴西商人什麼該做什麼不能做。皮拉哈婦女這麼跟我說，顯然是因為她們不希望自己的丈夫喝酒，並相信只有我能杜絕此事。當然這根本不關我的事，皮拉哈人又不歸我管。我不過是順應婦女的要求，結果不但讓自己和家人置身險境，也損害我和皮拉哈男人的良好關係。我並不真的了解這些人。

幾星期後，另一名生意人給了他們一堆卡夏沙。我離開村落後我才發現這件事，因為所有男人都不見蹤影。幾個小時後，我聽到那些男人開始笑鬧鬼叫，吹噓著自己有多勇敢剽悍，「我可以打得你滿地找牙」之類的。他們的行徑就像世上的所有醉漢。我那莽撞的老爸酒醉後就跟這些皮拉哈人沒有兩樣。

但我並未因此覺得好過一點，我不要再成為他們酒後亂性的發洩對象。當時中午剛過，我和凱倫決定收拾一些行李，駕船到上游十五分鐘航程的阿皮吉歐家過夜。阿皮吉歐全家人都是阿普里納（Apurina）原住民，大約六十多年前，巴西政府將他的父母帶到麥西河這邊，協助政府與皮拉哈人溝通。我們還在打包，科賀突然就帶著大批獵槍和弓箭走進來。

他話裡夾雜酒氣，笑著說：「給你，現在你不必害怕了。我們手裡沒槍。」

101　　第四章　孰能無過

CHAPTER FOUR　SOMETIMES YOU MAKE MISTAKES

我感謝他的好意。但很顯然，皮拉哈人一喝起酒來，我們的存在就成了不定時炸彈。我們決定無論如何先到阿皮吉歐家，以減少皮拉哈人之間的緊張對立，並保護自身安全。我們沒想過會遇上皮拉哈人酒後亂性，這似乎是近年來才出現的狀況，因為後來有傳道士前輩跟我們說，他們沒看過皮拉哈人有酗酒或暴力問題。在我之前，這地方已有將近三年沒有傳道士服務，如果扣除我們全家在一九七九年的首次挫敗，以及更早之前我停留十天的紀錄，應該就有四年空窗期。也就是說，沒有傳教士駐守的這段時間，情況已經變了。

我一直沒去深思皮拉哈文化，我想，是因為我在一開始就感到失望。皮拉哈人不同於許多亞馬遜部落，他們不穿動物羽毛，不彩繪身體，也沒有精緻的儀式或其他特異而外顯的文化表現。我當時尚未明白皮拉哈人的文化和語言有多麼與眾不同，文化微妙卻有力地表現在傳統的價值觀及語言的組成上。但我當時還沒看出這些，只是一味自憐地想著「我應該要跟『有趣的民族』工作才對」。我常看到人們無所事事，就圍坐在火堆餘燼旁聊天、笑鬧、瞎搞，將煤灰下的烤番薯挖出來吃，偶爾互抓彼此的生殖器笑鬧，彷彿他們是世界上最早發現這種樂趣的聰明人。我原本以為會看到人類學課程中的那類聚落，像是巴西北部一帶的亞諾瑪米原住民（Yanomami），沿著空地建一圈茅草棚屋，或巴西東部桀人（Gê）的村落，一座座屋子圍成車輪狀。在我看來，皮拉哈人的村落毫無規畫。雜草過長，引來蟲子和蛇類。為什麼他們不至少清理清理村裡的樹叢和垃圾？我看過皮拉哈人在身上覆滿上百隻蟑螂的情況下入睡，也聽過皮拉哈人在捕鳥蛛爬滿全身時發

別睡，這裡有蛇！ 102

DON'T SLEEP, THERE ARE SNAKES

出心滿意足的鼾聲。

這樣的生活形態，想必蘊藏著我膚淺觀察所無法觸及的深意。我決定盡我所能對他們的文化作專業分析，方法是觀察與自我提問並行。首先，我依照手邊的人類學田野指南，觀察他們的日常生活、家族關係、房屋興建方式、村落配置、孩童的文化適應與社會化等面向。再來，我決定深入了解他們對神靈的信仰、神話與宗教。接著，我要探討他們的社會權力結構。最後，在我觀察的基礎上建構皮拉哈人自我認同的理論。我所受的人類學訓練相當有限，因此大部分時候我都是在黑暗中摸索。

第四章 ◆ 孰能無過

103

CHAPTER FOUR　　SOMETIMES YOU MAKE MISTAKES

別睡，這裡有蛇！

DON'T SLEEP, THERE ARE SNAKES

CHAPTER FIVE

MATERIAL CULTURE AND THE ABSENCE OF RITUAL

第五章

物質文化與儀式的缺乏

早從第一次遇見皮拉哈人起，我就希望能多了解他們的文化。我想，若從物質文化著手，會比了解他們的信仰或道德觀來得容易。他們大部分時間都待在茅屋裡，因此我希望能看看他們怎麼蓋房子。某天，機會終於來了，艾開比決定要蓋新茅屋，而且是兩種茅屋中較牢固的那種：女兒屋（kaii-ii）。

皮拉哈人的家非常簡單。除了女兒屋，另一種構造較簡單的是「棕櫚屋」（xaitaii-ii）。棕櫚屋主要蓋在河岸邊，提供遮蔭。屋頂是用簡單幾根木棍撐住葉子，雖然任何一種寬大的樹葉都可以當材料，但棕櫚葉最常見。棕櫚屋只用來為孩童提供遮蔽，大人會睡在河岸沙地上，或在刺眼陽光下坐一整天，偶爾也在身前沙地上插起一些樹枝遮蔭。雖然兩種屋子都經不起暴風雨吹襲，但是女兒屋還是比較堅固，通常一陣狂風就足以吹翻好幾個棕櫚屋，但要吹垮女兒屋，風雨要夠強。

從皮拉哈人的屋子可以看出強烈的文化差異。皮拉哈人的茅屋讓我想到梭羅在《湖濱散記》所提：一個人真正需要的東西，不過是一些足以保護自己並能塞進大箱子隨身攜帶的物品。皮拉哈人不需築牆禦敵，互助就是種保護。他們無需藉由屋子來炫耀財富，因為所有人都財力相當；不必利用屋子來保有隱私，隱私對他們來說並不重要。雖然他們也有性行為，上廁所或其他隱私上的需求，但四周就是叢林，同時他們也可以到獨木舟上辦事。屋子不需要安裝冷暖氣，因為叢林氣候近乎完美。屋子不過是遮雨避陽好睡覺的地方，或讓他們能養狗並放幾件家用品。所謂屋子，是由三條橫木架起的長方形建物，每條橫木各有三根支柱，中間那排橫木稍高，以撐起屋頂。

別睡，這裡有蛇！

DON'T SLEEP, THERE ARE SNAKES

艾開比首先準備支撐屋頂和睡覺處的支柱。他將六根防腐的木柱切割成約三公尺長，皮拉哈人認識很多樹種，而他使用的這種木頭，葡萄牙語是 quariquara，皮拉哈語的意思是「螞蟻不咬」。木柱平放在建地旁，然後以開山刀和雙手在地上挖洞，再把這些柱子插入地底約六十公分深。接著把一條橫木繫在三根柱子頂端，房子的寬度就出來了。綁著橫木與直柱的藤蔓已經事先劈開處理好，好加強彈性。

立在地上的柱子有兩種高度，左右兩排的四根支柱高度相彷，而支撐屋脊的柱子則略高一到兩公尺。木柱間彼此相距六十到九十公分，兩側柱子上有溝槽，以支撐跨過整個屋子的橫樑。

艾開比接著建造屋頂。他到對岸好幾公里外的樹叢收集一種皮拉哈人稱為「阿比西」的棕櫚樹黃色新葉，辛苦來回了好幾趟，然後在工地旁將整理好的阿比西攤開，於是這些三公尺長的棕櫚樹新葉便呈現一頭被綁起、另一頭散開的狀態。之後在每根直柱頂端用藤蔓或樹皮綁上三到

較為堅固的女兒屋，就是個能遮雨避陽好睡覺的地方。皮拉哈人就住在裡面。

四把棕櫚葉，再從屋頂底部開始，往屋脊方向依序鋪上棕櫚葉，每十五公分放一把。經他一番努力，防雨遮陽的屋頂完成了，而且還能消減雨聲。然而這種屋頂也有缺點。天氣乾燥時，屋頂很容易著火。此外害蟲也很喜歡躲在裡面，而且每隔幾年就得更換一次。

艾開比的屋子就要蓋好了，最後一步是在茅屋的一頭架起小小的高台。高台是以小型帕西烏巴棕櫚的堅硬樹幹構成，先將樹身一分為二，然後用藤蔓綑住。這個約莫一點二公尺寬的高台就是艾開比睡覺的地方。皮拉哈人的小屋涼爽，算得上堅固，火堆餘光照耀下也有家的感覺。我常和皮拉哈人並肩坐在高台上，閒聊這一天的捕魚或其他工作狀況，輕鬆學習生字與文法。這種氣氛愜意到即便談論的是在狩獵時遇見豹子，我也會頻頻打瞌睡。

他們的物質文明大概是世界上最單純的。他們製造的工具有限，幾乎沒有藝術或工藝品。最出色的工具，大概就是大而有力的弓（長度約兩公尺）和箭（長度約兩到三公尺）。製作一把弓得花上三天。男人製弓時，妻子、母親或姊妹就用柔軟的樹皮製弦，沿著大腿外側將弦揉緊。製作一根箭大約要花上三小時：第一天尋找材料，接下來兩天則用來為弓定型並拋光。製作一根箭大約要花上三小時：找尋製作箭身的材料，加熱後延展，然後製作適當的箭鏃，材料可以是竹子（用來獵捕大型獵物）、尖銳的硬木（捕抓猴子），或是一頭裝有尖銳釘子或骨頭的狹長木片（捕魚用）。羽毛則用手織棉布綁在箭上。我曾看過這些弓箭讓野豬開膛破肚。

皮拉哈人的工藝品都不耐用。他們會用濕的棕櫚葉編籃子，但用過一兩次後

別睡，這裡有蛇！　　　　　　　　　　　　　　　　　　　　　108

DON'T SLEEP, THERE ARE SNAKES

就會乾掉，變得脆弱，只能丟棄。其實只要選擇更耐用的材料（像是柳條），同樣的技術就能做出更耐用的籃子，但他們不這麼做。我相信是因為他們並不想要擁有這些東西。這種態度很有意思，這意味著他們只有在需要時才願意動手製作物品。

其他工藝品還包括項鍊。皮拉哈人用項鍊來避開神靈，並增加自己的魅力。婦人、少女還有男女寶寶都會佩戴項鍊。婦女會用種子和手工棉繩製作項鍊，上面再飾以獸牙、羽毛、珠子、啤酒罐拉環和其他物品。同地區的騰哈里族和帕里汀廷族則以美麗羽毛頭飾、豹齒項鍊、精緻編籃與濾網及挖木薯工具聞名，相形之下，皮拉哈的項鍊既不對稱又粗糙，絲毫不具吸引力。對皮拉哈人而言，項鍊的裝飾功能還是次要，佩戴項鍊的主要目的是避開每天都會碰上的惡靈。他們也喜歡在項鍊上裝飾羽毛跟色彩鮮艷的物品，讓自己醒目一點，以免驚嚇到神靈，畢竟神靈就和野生動物一樣，受到驚嚇時特別凶惡。皮拉哈人的

上　項鍊不具美學價值，
　　連啤酒罐拉環也可以當裝飾品。

右　佩戴項鍊的主要目的在於
　　讓自己醒目，以避開惡靈。

飾品具有直接的功能，幾乎不在意美學價值，例如對稱設計。他們顯然可以製作更耐用的裝飾品，但他們選擇不這麼做。

皮拉哈人懂得用樹皮製造一種獨木舟「卡嘎侯」(kagahoi)，但他們很少自己動手，而比較喜歡用偷竊或交易的方式取得較堅固的獨木舟，以及巴西人所製造的寬底獨木舟阿卡歐斯 (xagaoas)。皮拉哈人捕魚、運貨或在河上玩樂時都很依賴這類船隻，自己卻不願造船，這實在很有意思。船隻總是不敷全村使用，雖然獨木舟屬個人所有，不該說是公眾財產，但實際上獨木舟主人都會把船租借給兒子、女婿或村裡其他人。借用別人的船，表示漁獲也該分給船主。對皮拉哈人來說，要取得新獨木舟總是非常困難，所以當他們向我求助時，我並不訝異。

有一天，幾個皮拉哈男人在我家喝咖啡，突然對我說：「丹尼爾，你可以買一艘獨木舟給我們嗎？我們的獨木舟壞了。」

我問他們：「你們為什麼不自己動手造船？」

「皮拉哈人不造獨木舟，我們不懂得製造方法。」

我反駁：「但是我知道你們會用樹皮造船，我看過你們這麼做。」

「樹皮造的船沒辦法載重物，只能載一個男人和一些魚，就這樣。巴西人的船才好用，皮拉哈人的船不行。」

我問：「這一帶有誰懂得造船？」

眾人幾乎同聲回答：「波瓜依瑪多那邊的人會造船。」

看來他們不製造那種較堅固的獨木舟，是因為不懂製造方法，所以我決定協

別睡，這裡有蛇！

DON'T SLEEP, THERE ARE SNAKES

110

助他們學習造船。當地最好的造船師傅住在波瓜依瑪多,也就是搭汽艇還得在瑪美洛河行駛好幾個小時才能到,因此,我決定找造船師傅來皮拉哈待上一週。波瓜依瑪多的重要造船人辛布里喬答應幫這個忙。

辛布里喬到達時,所有皮拉哈人都聚在一起,熱切跟他學習。我跟辛布里喬的約定是,他不自己動手造船,讓皮拉哈人自己操作,他在一旁監督並仔細教導。密集工作五天後,皮拉哈人驕傲地向我展示他們製造的美麗獨木舟,我也為他們購買工具,以建造更多的船。但辛布里喬離開沒幾天,皮拉哈人又開口跟我討船。我說他們已經懂得如何造船了,他們卻丟下一句:「皮拉哈人不會造船。」然後就走了。就我所知,皮拉哈人之後再也沒造過阿卡歐斯。這次經驗讓我知道,皮拉哈人不輕易引進外來知識或採用外來的工作方法,無論我們覺得這些知識對他們多麼有用。

皮拉哈人知道如何保存肉類,但他們只有在前往可能會遇到巴西人的地方時,才會用鹽(如果他們手上有鹽)或煙燻來保存肉品,至於自己吃的肉,則從不做保存處理。我見過的亞馬遜流域部落都會常態性地做鹽醃或煙燻肉品,但皮拉哈人則是立刻吃掉狩獵或採集而來的食物。他們不會為自己保存食物(食物都是吃光為止,即便是已經開始腐壞的肉)。他們對待食物就像籃子一樣,重視當下的享用。

從某些方面來看,皮拉哈人的食物觀之所以有趣,在於他們不像我們那麼重視食物。當然他們要進食才能活,而他們也很喜歡吃,只要村裡有食物,他們就

一掃而空。但不同的生命看重不同的東西，食物的重要性也隨族群及社會而異。皮拉哈人跟我說過，有時他們即使肚子餓也不出門狩獵或捕魚，而是玩著抓鬼遊戲、玩弄我的手推車，或躺著聊天。

我問：「你們怎麼不去捕魚？」

有個人這麼回答：「我們今天就留在家裡。」

「你們不餓嗎？」

「皮拉哈人不用每天進食。皮拉哈人強壯。美國人吃得多，皮拉哈人吃得少。」

皮拉哈人認為挨餓是鍛鍊自己的有效方法。少吃一兩頓或整天不進食也沒什麼大不了。我曾見過他們在沒有儲糧時連跳三天舞，中間只有短暫休息，沒有人外出狩獵、捕魚或採集食物。

皮拉哈人對一個人該吃多少自有一套與眾不同的看法。第一次進城的皮拉哈人，總是對西方人的飲食習慣感到訝異，特別是一天三餐的進食傳統。離開部落後的第一餐，大多數皮拉哈人都會狼吞虎嚥，大量攝取蛋白質和澱粉。第二餐也是如此。但到了第三餐，他們開始顯得不適應，一臉疑惑地問：「還要『再吃？』」他們只要有食物就會一次吃完，但這種飲食習慣在都市行不通了。

皮拉哈人到城市旅行三到六週之後，通常體重會多個十五公斤，肚子和大腿則多出一圈肉。但只要一個月就會恢復正常體重。皮拉哈男女的平均體重約在四十五到五十七公斤之間，身高一百五十到一百六十公分，精瘦結實。有些男人的體態讓我想到環法賽選手。女性稍微重些，但也是健康強壯。

皮拉哈人吃魚、香蕉、野生動物、蛆、巴西核果、電鰻、水獺、鱷魚、昆蟲、老鼠、蛋白質、油脂、澱粉類和醣類食物，只要能弄到手，都吃。不過他們通常不吃爬蟲類或兩棲類。飲食約有七成來自麥西河的漁獲，多半會混合著木薯粉（這是他們多年前跟外界接觸時學來的），再配著乾淨的麥西河水吞下。

一天中不同時段能捕到不同魚類，所以無論是清晨三點、下午三點或是早上六點，都有皮拉哈人在捕魚。這也表示，白天與黑夜只有看得見跟看不見的差別，此外無他。我在夜裡行船時，曾多次以探照燈照亮熱門魚場，好看清皮拉哈男人坐在獨木舟上如何捕魚。夜間捕魚的方法之一，是以手電筒照向河中，吸引魚類靠近，再用弓箭獵捕。只要工作四到六小時，就足以供應一家人一整天的蛋白質。要是家裡的兒子年紀夠大，家人就會輪流在不同日子出門捕魚。清晨三點捕的魚，清晨三點就會吃光。魚一捕回來，全家人就會立即起床用餐。

採集主要是女人的工作。一週大約花十二小時，就能供應皮拉哈人典型的四口之家。採集和捕魚這兩項工作加起來，一週要工作五十二小時，若平均分攤給父親、母親和孩子（偶而還加上祖父母）每人每週只需「工作」十五到二十小時。而且皮拉哈人享受這些活動，不像西方人視之為勞務。

皮拉哈人也會透過交易從外界取得開山刀、挫刀、鋤頭和斧頭，好清理木薯田。他們會在每年旱季一開始找來開山刀、挫刀、鋤頭和斧頭，好清理木薯田。木薯名列世界上最普遍的食物，是亞馬遜地區的原生植物，也是理想的澱粉來源。木薯只要埋在土裡就能生長。一塊數年未採收的土地，能挖出一公尺長的

113　　第五章　●　物質文化與儀式的缺乏

CHAPTER FIVE　　　　　　　　MATERIAL CULTURE AND THE ABSENCE OF RITUAL

木薯塊莖。由於木薯含有氫化物，生吃會致命，所以蟲子和動物都會避開，只有人類才知道要先浸泡、晾乾、過濾，以繁複的程序去除氫化物。清理耕地是史帝夫努力引入的，但是耕種需要外來工具，而大部分皮拉哈村落都無法取得。然而我也發現，即便這些工具對皮拉哈人來說十分重要，他們卻很輕忽。孩童將新工具丟進河裡，大人將工具留在田裡，要是有外地來的商販，他們就用這些工具換木薯吃。

所以我發現了一個模式：皮拉哈人不懂得保存食物、不會好好照顧工具，製作的籃子也不耐用。這一切似乎都指出，他們的文化價值就是不在意未來。皮拉哈人工作認真，所以他們並不是懶惰。

皮拉哈人對於珍貴的工具這麼漫不經心，實在很有趣。畢竟他們取得外來物資的唯一方式，就是收集叢林物產，與船販進行交易。而這只有少數幾個村落能辦得到，因為船販不會進入麥西河深處，這裡的自然物產有限，不值得走一趟。所以麥西河畔的皮拉哈人，最後都是和這幾個村落裡的皮拉哈人交易。

皮拉哈人物質文化上的其他特點，也讓我越來越相信一件事，就是皮拉哈人認為享受眼前的每一天比規畫未來更重要。東西可以用就行了，他們絕對不會花心思提升效能。

皮拉哈人不分日夜都會小睡片刻，從十五分鐘到兩小時不等。村人徹夜大聲交談，結果就是讓外來者很難入睡。我認為皮拉哈人真的相信自己所說的：「別睡著了！小心有蛇！」在叢林裡沉睡可能真的很危險。例如皮拉哈人曾警告我打

別睡，這裡有蛇！　　　　　　　　　　　　　　114

DON'T SLEEP, THERE ARE SNAKES

呼這檔事,他們興高采烈地對我說:「豹子會認為這表示附近有豬,然後就跑來吃了你。」

每當我提到皮拉哈人單純的物質文化,總會引來好奇關心。畢竟當我們定義工業化文明的成功時,至少有一部分是指在科技上持續進步。但皮拉哈文化看不到這種進步,他們也沒有追求進步的欲望。

為什麼皮拉哈文化的物質層面如此單純?有些人跟我說這可能是十八世紀接觸歐洲文明所帶來的創傷。的確,美洲原住民在接觸歐洲人之後,都間接(在染上傳染病或取得貿易品時)或直接(面對面)受到傷害。許多時候,這些傷害導致文化崩離、傳統知識佚失、文化孤立,以及整個族群邊緣化。要是說這種「接觸後創傷」所產生的文化特徵能平實反映文化的真實樣貌,那真是錯得離譜。

另一方面,要是這種創傷真的改變了文化,在一段時間後,我們也必須視這種改變為文化的一部分。當今英國文化無疑是早期歷史積累的結

弓箭是皮拉哈人最出色的工具,弓長兩公尺,箭長二到三公尺。
製作一把弓得花上三天。(Martin Schoeller攝)

果，但我們不能光強調騎士精神。近三百年前，穆拉人及皮拉哈人於一七一四年第一次與歐洲人接觸，我們可以從當時的記載得知，皮拉哈文化在這三百年來沒多大改變。例如寇特‧尼木恩達如*在他的論文「穆拉人與皮拉哈人」中提到：

皮拉哈族顯然總是居住在南緯六度二十五分和七度十分之間，沿著麥西河下游而居……皮拉哈人是最後一支受到同化的穆拉部落，但我們所知都是來自簡短的記載和未出版的紀錄，而作者都是為了撫平帕里汀廷人而於一九二二年與他們進行幾次短暫接觸。（《南美原住民手冊》Handbook of South American Indians, U.S. Department of State and Cooper Square Publishers, 1963, pp. 266–67）

尼木恩達如還討論了皮拉哈物質文化的幾個面向，並引用稍早的資料支持他的發現，大部分都與我的主張相同。

不是所有現象都與特定的文化價值相連。皮拉哈人的衣著很簡單，甚至不穿，顯然是因為亞馬遜地區的燠熱氣候，這點就不需多做解釋了。

除了上述提到的物品及工藝品，皮拉哈家庭通常有一到兩個烹飪鋁鍋，另外還可能有湯匙、幾把叉子、一兩樣外來的小型工藝品，以及當地的手持紡紗機。

本書書名其實也可以叫做「水的部落」，因為河水在他們的社會與生活中十分重要。皮拉哈村落總盡可能蓋在河邊。旱季時（皮拉哈人稱之為「淺水」），麥西河水下降，露出大片柔軟白色沙岸，他們就搬到最大的河岸，直接睡在沙上，

別睡，這裡有蛇！　　　　　　　　　　　　　　　　116

DON'T SLEEP, THERE ARE SNAKES

幾乎不用遮蔭，只有一兩間養育嬰兒的棕櫚屋。每年這時節，糧食充足，夜間氣溫也遠比雨季涼爽，村裡所有人會同吃同睡（沙灘上會聚集五十到一百人），當然一家人還是會一起睡。

旱季時水量減少，魚群較為集中，村落可以供養較多人口。但若是住在叢林深處，旱季卻是挨餓的季節，因為大型野生動物會走出森林，尋找水源。但對皮拉哈這種居住在主河道邊的原住民而言，旱季是豐收時節。

我記得有一次河邊聚集了一群皮拉哈人。河邊有一棵樹橫跨河面，僅靠著少許樹根附著岸邊，而樹幹僅高出水面三十公分。樹上的葉子看來被重物壓過，而當時有個皮拉哈人埃侯阿歐吉就在附近，於是我閃過一個念頭。

我問：「誰睡在這邊？」

他一臉惺忪回答：「是我。」

顯然他並不擔心從這僅僅二十公分寬的床上跌落河中，也不擔心蟒蛇、鱷魚等動物可以輕易爬上床咬他或將他扯入水中。

雨季來臨時（皮拉哈人稱之為「深水」），全村會以核心家庭為單位獨居。踏進村落那天我就注意到，雨季時，屋子在叢林掩蓋下沿著河邊相隔十到十五步一字排開。雨季時，家戶的規模比夏天小，通常僅有一對年長夫妻、成年兒女及其

* 譯注 Curt Nimuendajú，原名 Curt Unckel，民族學者與人類學家，探索巴西原住民族的先驅人物，特別是瓜拉尼原住民族，他後來的名字即來自後者，意思是「把這裡當家的人」。

117　　第五章 ♦ 物質文化與儀式的缺乏

CHAPTER FIVE　　MATERIAL CULTURE AND THE ABSENCE OF RITUAL

儀式是一套帶有文化象徵意義的既定動作。對某些西方人而言，皮拉哈文化特出之處在於相對而言缺少儀式，我早年工作時也是如此認為。我們預期可以在某些領域發現儀式行為，卻無法真正找到。

當有人死去，皮拉哈人不會將屍體棄置在自然環境中，而會加以埋葬。此處，我們預期會出現儀式活動，但實際上卻少有稱得上儀式的發現。我親眼見過幾次村民死亡。關於葬禮，是有幾項可有可無的傳統，但這些不是儀式。屍體偶爾會以坐姿下葬，一旁擺放死者遺物（不會超過一打，或都是小東西，畢竟皮拉哈人一生中少有物質積蓄）。死者通常面朝下。要是手邊有木板和釘子（生意人或我所留下的），極少數時候他們也會試著弄個西式棺木。我只看過他們為小嬰兒做過這麼一次，那時剛好有個巴西生意人在場。

配偶和小孩。屋子不需要全蓋在河流的同一側，有時近親也會將屋子蓋在對岸。

主要用來遮蔭的棕櫚屋，屋頂是用簡單幾根木棍支撐葉子所組成，一陣狂風就足以吹翻。

身型較大的死者通常會以坐姿下葬，因為這樣挖掘墳墓較不費事（這是皮拉哈人自己說的）。人一過世就馬上入土。挖墳由一兩名男性親人負責，地點在河邊，因為如此一來，幾年後墳墓就會被河水侵蝕乾淨。他們會先把屍體放入墓中，再來是死者遺物，然後在死者身上交叉擺放綠色樹枝，牢牢塞滿墓穴。接著再鋪上香蕉葉或其他類似的大片樹葉，最後用泥土填平洞口。偶爾他們也會模仿巴西人的墳墓放置十字架，並模仿他們刻字。

然而葬禮變化多端，我沒看過兩場完全相同的葬禮。葬禮並不講究，又很有效，讓人們不致於看到地面上有腐爛的屍體，因此我並不將之理解為儀式，雖然其他人可能不同意。

就我所見，皮拉哈人的性行為和婚姻也沒有儀式。雖然皮拉哈人不願意討論自己的性行為細節，但偶爾還是會以一般詞彙來表示。他們以「像狗一樣舔」來表示口交，不過這並無貶低之意，他們認為動物是生存的良好示範。性行為則被描述成雙方互食，「我吃他／她」表示「我和他／她發生性行為」。皮拉哈人享受並沉浸在性愛裡，也能自在談論他人的性行為。

性行為的對象並不僅限於配偶，但已婚男女則需遵守規範。未婚人士可以隨「性」之所至，但和已婚人士上床則會受到譴責甚至有危險，但若其中一方甚至雙方都是已婚夫婦或未婚情人會直接走到叢林裡發生性行為。如果兩人回來後還繼續在一起，就等於是跟原配離人士，通常會離開村落幾天。若是首次結婚，只要同居就算結婚。如果偷情的雙方不婚，與新伴侶成為夫妻。

第五章 ● 物質文化與儀式的缺乏

CHAPTER FIVE　　MATERIAL CULTURE AND THE ABSENCE OF RITUAL

願繼續交往,原配偶可以決定是否讓外遇的配偶返家。無論如何,一旦這對情人回到村裡,原配偶就不會再繼續討論或抱怨(至少不會公開抱怨),但在這對情人離開村子期間,配偶會四處尋找他們,對所有人大聲嚎哭抱怨。有時被拋棄的一方甚至要求我用汽艇載他們出外尋找失蹤的伴侶,但我從未答應。

皮拉哈人的活動中,最能稱得上儀式的,大概就屬舞蹈了。跳舞能凝聚村人,主要特色有雜交、說笑、大笑,全村同樂。跳舞時不需要樂器,就只是唱歌、拍手跟用腳頓地。

我第一次看到皮拉哈人跳舞時非常驚訝,他們唱歌、聊天、圍著圈子走,每個人都是那麼投入。科賀邀請我一起跳。

「丹尼爾,你今晚要跟我們一起跳舞嗎?」

我說:「我不知道要怎麼跳得像皮拉哈人。」希望能就此脫身,我實在不會跳。

但科賀並不死心:「史帝夫跟阿爾羅都曾加入我們的舞蹈。難道你不想學皮拉哈人跳舞?」

「我試試看,但不要笑我。」

跳舞的時候,一個皮拉哈女人問我:「你只跟一個女人睡覺嗎?還是你也想跟其他人睡覺?」

「我只要一個,不要其他人。」

於是她向大家宣告:「他不想要其他女人。」

「那凱倫想要其他男人嗎?」

「不,她只要我。」我是個好基督徒丈夫。

全村通常在滿月時跳舞唱歌,而且無論單身與否,都可以自由發生性關係。強暴也偶有所聞,至於暴力程度則輕重不一(凱倫見過一個未婚女孩遭到幾乎全村男性集體強暴)。但強暴並不常見,一旦發生也不會得到原諒。

皮拉哈人跟我提過一種會使用活毒蛇的舞蹈,但我從未見過。不過,在皮拉哈人驅逐彭多塞提(Ponto Sete)的阿普里納原住民之前,確實有相關的目擊紀錄。舞蹈開始之前,會有男人戴著布里提棕櫚葉做成的頭巾,以及窄型黃色帕西烏巴棕櫚葉製成的手環。他們聲稱這身打扮的人就是惡靈「阿咿陀伊」(Xaitoii,意思是「長牙」)。他會從叢林中走出,來到大夥聚集跳舞的空地,告訴所有人,他很強壯,不怕蛇,並說出他在叢林裡的居住地,還有當天他在做什麼。這些都以歌唱表現,而且邊唱邊把蛇拋向眾人腳邊,惹得大夥快速爬離。

在舞蹈中,扮演神靈的男性宣稱他遇見神靈並被附身。皮拉哈人的神靈都有名字與個性,人們也可以預料他們的行為表現。在這樣公開的場合進行模仿,再加上對該社群明顯具有價值與意義,這種舞蹈或許勉強可以算是儀式。作為儀式,舞蹈試著教導人們要堅強、要去了解周圍環境等等。

只要想到皮拉哈人活在當下的經驗原則,就可以想見在皮拉哈文化中,儀式為何如此少見。這套原則認為,應避免用制式的語言或行動(儀式)來表現非親眼目睹的事物。因此,倘若沒人親眼見過他們在儀式中扮演的神靈,這個角色就該禁演。皮拉哈人透過這套禁令來避免價值被制式符碼化,只有親身經歷、親眼

121　　　　　　　　　　　　第五章　●　物質文化與儀式的缺乏

CHAPTER FIVE　　　　　　　MATERIAL CULTURE AND THE ABSENCE OF RITUAL

見過，或是親耳聽過這些目擊者轉述的人，才可以透過行動和言語傳遞價值和資訊。因此，傳統的口傳文化和儀式沒有立足之地。

CHAPTER SIX

FAMILIES AND COMMUNITY

第六章

家族與社群

皮拉哈人笑所有事物。他們嘲笑自己的不幸：村裡有茅屋被暴風雨吹垮，屋主笑得比誰都大聲。滿船漁獲讓他們笑，一無所獲他們也笑。吃飽笑，餓也笑。只要沒喝醉，絕對不傷人或失禮。我在抵達部落的第一晚，就對他們的耐心、快樂和善良印象深刻。我很難解釋這種無所不在的幸福感，不過我相信是因為皮拉哈人對自己的應變能力充滿信心與安全感，所以能享受生活中的一切。但這絕不是因為謀生容易，而是因為他們做來得心應手。

他們喜歡用肢體接觸表達情感。雖然我沒見過皮拉哈人互吻，不過既然有接吻的單字，就表示他們一定有這行為。另外他們也常常碰觸身體。傍晚天色昏暗時，他們會來摸摸我，特別是幼童，他們喜歡摸我的手臂、頭髮跟後背。當他們摸我時，我不會望著他們瞧，因為那會讓他們覺得不好意思。

皮拉哈人對我很有耐心。他們清心寡欲，也會照顧老人與殘障人士。我注意到村裡的老人卡

皮拉哈人喜歡用肢體接觸表達情感，他們常常相互碰觸身體。

嘎（意思是鱷魚）走路姿態怪異，而且沒辦法捕魚或狩獵。他每天傍晚幫大夥收集柴薪。我問一個男人為什麼要給卡嘎食物，畢竟卡嘎從來也沒辦法回報。這人回答說：「我年輕時他給我食物，現在我給他食物。」

皮拉哈人第一次拿烤魚給我吃的時候，他們問我：「你知道怎麼吃這東西嗎？」這種問法很棒，如果你真的不想吃，只要說：「不，我還不知道怎麼吃。」就可以委婉拒絕。

皮拉哈人愛好和平，對我和其他外來者都沒有敵意，這跟我遇過的許多異文化人士截然不同。我沒見過他們內鬥。然就跟所有社會一樣，規則都有例外，但這麼多年來，我始終覺得皮拉哈人是愛好和平的部族。

在阿吉歐帕（Xagiopai，巴西人稱之為「巨叉」，因為麥西河在這裡匯入一座牛軛湖）這個村落裡，夫妻會住在女方娘家附近。但在其他村落，像是麥西河口附近的朋騰克斯（Pentecoste），妻子會跟著丈夫住在公婆的村落中。因此，有的村子是母系社會，有的則是父系社會，但也可能兩者皆非，因為某些村落看不出明顯模式。這種彈性可能是出自皮拉哈社會自由放任的特質，以及非常簡單的親屬系統。

皮拉哈人擁有世界上最簡單的親屬系統，稱謂只有以下幾項：

馬艾伊（baíxi）：指父母、祖父母，或某個你願意暫時或永久順從的對象。皮拉哈人想從我這裡得到東西時就這麼稱呼我，有時也會這麼稱呼商販。如果有人想要從某人身上得到某樣東西（例如漁獲），會這麼稱呼對方；小孩想從其他小孩身上得到東西時，也會這麼稱呼對方。這個稱謂男女通用，有時候也可以用

「堤—歐吉伊」（ti xogii，我的老大）取代。它還可以用來表示對長者的敬意。如果使用時需要區分性別，則會以「我的女性馬艾伊」來表示母親，以此類推。是不是在喊自己的親身父母，要看使用的場合。如果不是在喊自己的父母，或許就沒有必要區分男女。

阿亥吉（xahaigi）：指手足（兄弟或姊妹），也可以用來稱呼同輩。在某些與外來者相對的場合，可以用來指全體皮拉哈人，像是：「那個阿亥吉跟巴西人說了什麼？」

侯阿吉（hoagi）或侯伊塞（hoisai）：指兒子。侯阿吉也是動詞「來」，侯伊塞則是「走過來的那個人」。

凱（kai）：指女兒。

還有一個稱謂「皮伊希」（piihi），涵義較廣，包括「父母至少有一方過世的孩子」、「繼子繼女」，以及「最疼愛的孩子」。

這就是所有的親屬稱謂了。雖然有些不懂皮拉哈語的人類學家認為應該還有更多，但我清楚知道這是因為他們誤解了皮拉哈語句。最常見的錯誤，是將稱謂與前置的所有格加在一起，當作另一個獨立的親屬稱謂。例如有個人類學家認為「xi xahaigi」表示「叔叔」，但是這其實是「我的手足」。

長久以來人類學家相信，親屬系統越複雜，就越忌諱近親通婚，相對地，親屬稱謂越少，對親屬關係的限制也會跟著會在親人間分出親疏遠近。反之亦然：親屬稱謂越少，對親屬關係的限制也會跟著減少。皮拉哈人沒有堂表親的稱謂，皮拉哈人的社會就可以看到這種有趣的影響。

別睡，這裡有蛇！　　　　　　　　　　　　126

DON'T SLEEP, THERE ARE SNAKES

所以不禁堂表親通婚也就不令人意外了。不僅如此，可能是因為「阿亥吉」的定義模糊，我還見過有人迎娶同父異母（或同母異父）的姊妹。

亂倫禁忌舉世皆然，但對皮拉哈社會的影響非常有限，只限制親手足或直系血親之間的性行為。

然而這套親屬系統並不像表面上看起來那樣簡單。有些親屬稱謂所指涉的對象遠超出親屬關係本身。我前面提過的「馬艾伊」就能用來稱呼權威者或是親屬關係。

「阿亥吉」的概念也很有意思，所表達的關係看來已經超出親屬，而是一種團體價值觀。這個字眼不分性別與數量，可以用來指一個男人、一個女人、一群男人、一群女人，或是有男有女的一群人。雖然絕大多數皮拉哈人以核心家庭為生活單位，但是他們有強烈的群體意識，成員會負責彼此的身家安全。以「阿亥吉」來指稱社群成員，不僅是命名，更能強化群體意識。

「阿亥吉」最重要的涵義，是家人手足間的

伴侶關係不需要儀式，兩人一開始同居、養兒育女，就已是伴侶。

羈絆。這種情感在人數約莫三百名的皮拉哈人之間清楚可見。即便他們被寬達好幾公里的河流隔開，不同村落的皮拉哈人還是能互通聲息。皮拉哈人沿著四百公里的麥西河居住，彼此間傳遞消息的速度之快令人印象深刻。「阿亥吉」這個概念的重點在於，皮拉哈人重視彼此。面對外人時，皮拉哈人永遠站在皮拉哈人這邊，不管他和這名外來人士有多麼深厚的交情。不要期待皮拉哈人會以「阿亥吉」稱呼外來者，即使是我也不例外。（現在有些皮拉哈人會稱我「阿亥吉」，但絕大多數的人不會，即使是我最好的皮拉哈朋友。）

在皮拉哈人照料小孩和老年人時，你可以看到另一個「阿亥吉」的例子。父母不在身邊的小孩會有其他人餵養或照顧，至少是暫時照顧，若是遭遺棄的小孩，則可能照顧一整天。有一次，有位老人在叢林走失，全村不眠不休找了三天三夜。尋獲迷途老人時大夥的情緒非常激動，老人家雖然又累又餓，但他拿著削尖的竿子保護自己，性命無憂。大家稱他「馬艾伊」，笑著擁抱他，一回到村裡就馬上給他食物。這也是群體意識的展現。

所有皮拉哈人似乎都是好朋友，這無分村落。他們說起話來，一付跟任何皮拉哈人都熟到不行的樣子，我想這可能跟他們的肢體接觸有關。離婚並不可恥，也相當常見，而唱歌跳舞所伴隨的雜交行為以及成年或未成年人的性經驗也都告訴我們，皮拉哈人會和許多人有性關係。這表示皮拉哈人之間的關係是建立在一般社會（一旦上床就要互許終身的社會？）罕見的親密行為上。想像你和一大票鄰居上床，但輿論並不會攻擊你，彷彿你不過是試試不同食物。

我們全家每天都目睹皮拉哈人跟我們差異頗大的家庭觀。有天早上我看到一個蹣跚學步的小孩搖搖擺擺走向火堆。他母親離他只有兩步遠，卻只在他靠近火堆時咕嚷叫了他一聲，沒有伸手把他拉回來。小孩搖搖晃晃，摔了一跤，跌在火紅的煤塊旁，大腿與臀部都燙出水泡，痛得哇哇大哭。他母親猛拉他一把，開口責備他。

我知道這個母親很愛子女，但看到這一幕不禁感到疑惑，因為就我所見，這名母親並沒有事先警告她還在學步的孩子熱煤塊很危險，卻在他弄傷自己時責罵他。這件事引發另一個更深更廣的議題：皮拉哈人怎麼看待童年？他們養兒育女的目的是什麼？為了深入反思這個問題，我開始回想，就我觀察，皮拉哈人不會用童言童語跟小孩說話。在皮拉哈社會，孩子也是人，受到的尊重就跟其他成人一樣。他們並不覺得小孩需要特別呵護或保護。當然孩子的身型小，體能不足，這都能得到優待，但大多數時候，他們在本質上與成人並無二致。因此從西方人的觀點看來，皮拉哈人對待小孩的態度不僅奇怪，甚至還很嚴厲。但自從我開始認同大部分皮拉哈人的教養觀之後，許多令外來人士吃驚的育兒行為，便不再讓我感到驚異了。

舉個例子。一九九〇年，我和美國哥倫比亞大學心理學家彼得‧高登（Peter Gordon），一起在村裡與一個皮拉哈男子針對神靈的世界進行訪談，並以錄影機記錄我們與當地人的互動。當天傍晚，我們看了一段錄影帶，發現受訪者身後的小屋裡坐著一個兩歲大的學步兒，手裡玩弄一把二十三公分長的銳利菜刀。他揮舞

129

CHAPTER SIX

第六章 ♦ 家族與社群

FAMILIES AND COMMUNITY

著這把刀，刀子幾度就要掃到他的眼睛、胸口、手臂等沒人願意少塊肉或多個洞的部位。但真正引起我們注意的是，當他的母親卻一邊跟旁人聊天，一邊若無其事地撿起刀子，遞還給小孩，嘴巴停也不停。沒人告訴他要小心別讓刀子傷了自己。雖然這個小孩沒受傷，但我的確見過其他小孩玩刀子玩出重傷，我和凱倫已經幫好幾人塗過消炎的磺胺藥粉。

這裡的嬰孩，不管是割到、燙到或用其他方式傷到自己，都會受到責罵（及照顧）。孩子痛到哭出來，母親的反應是怒吼，發出深沉的喉音。她可能會一把抄起孩子，氣呼呼（但溫和地）安置在遠離危險之處。但父母不會摟著孩子，也不會對他們說：「可憐的寶貝！我好難過，讓媽咪親一個就不會痛痛。」皮拉哈人看到外人這麼做時會十分驚訝，甚至覺得滑稽。皮拉哈人就問過我：「難道他們不想要孩子學著照顧自己嗎？」

但他們這麼做，也不單是為了讓孩子長大後能獨立自主。皮拉哈人的育兒哲學，骨子裡就是達爾文那一套，這樣教出來的孩子強韌又具適應力，也不嬌縱。

皮拉哈人知道，人能夠活著，靠的就是個人能力與能耐。

旱季麥西河河床外露時，最常見的生產方式是孕婦自行（偶爾由女性親友陪同）走入河水中，讓水淹到腰際，以蹲踞的方式分娩，所以嬰兒會直接入河水中。他們認為這樣做對嬰兒和母親都比較乾淨健康。有時孕婦會由母親或姊妹陪同，但若沒有女性親友在村裡，她就得獨力分娩。

皮拉哈婦女臨盆時可能會直接躺在田邊林蔭下（或就地躺下），通常都是獨自一人。

別睡，這裡有蛇！

DON'T SLEEP, THERE ARE SNAKES

史帝夫曾告訴我一則故事：一名孕婦在河邊獨自產子，但出了狀況。孕婦極其痛苦，因為胎位不正，嬰兒頭上腳下。她大聲喊叫：「求求你，救救我！小孩不肯出來。」但皮拉哈人全都坐著不動。有些人面露緊張，有些人則若無其事地聊天。她又尖叫著：「我要死了！好痛！小孩不肯出來！」但沒人理她。到了傍晚時分，史帝夫向她走去，但他們告訴他：「不！她需要的不是你，她需要的是她父母。」這表示他不應該到她身邊去。但她父母並不在，也沒有其他人前往協助。夜幕低垂，她哭喊的聲音越來越頻繁，也越來越微弱，最後終於停止。史帝夫到了隔天早上才知道，該名孕婦和嬰兒在無人協助的情況下雙雙死在岸邊。

史帝夫記下這則意外，我重述如下。這段故事的價值在於以下兩點：首先，它所講述的不幸故事，有助我們洞悉皮拉哈文化，特別是它告訴我們，皮拉哈人讓一名年輕婦女在無人援助的情況下獨自死去，因為他們相信人必須堅強並獨力面對困難。

其次，這則故事也有助我們理解皮拉哈語的語法。句子結構簡單（但內容則不簡單），看不到任何複合句型。

歐比西的妻子奧吉歐索之死

史帝夫・薛爾頓記錄

故事摘要：這則故事說的是歐比西的妻子奧吉歐索之死。她在清晨死於難

產。當時她獨力於河邊產子，而她的姊妹拜吉波華西完全沒出手援助。阿巴吉（村裡一位老人，有時會在生產時提供協助）叫孕婦的繼子來幫忙，但那人沒有出現，至少沒有在孕婦死前出現。她死時，丈夫歐比西正在下游捕捉食人魚，所以身旁沒人照顧。

1. *Xoii hiaigiagásai. Xopísi hiabikaahaaga.*
歐伊說，歐比西不在這裡。

2. *Xoii hiaigiagaxai Xaogiosohoagi xioaakaahaaga.*
歐伊又說，奧吉歐索死了。

3. *Xaigia hiatitibii.*
嗯，有人叫他過來。

4. *Ti hi giaitibiigaoai Xoii. Hoihiai.*
我把歐伊叫來，就是那個歐伊。

5. *Xoii hi aigia ti gaxai. Xaogiosohoagi ioabaahoihoi, Xaogioso.*
於是我跟歐伊說，奧吉歐索死了。奧吉歐索。

6. *Xoii xiboaipaihiabahai Xoii.*
歐伊沒有到浮動船塢來看她。

7. *Xaogiosohoagi xioaikoi.*
奧吉歐索真的死了。

別睡，這裡有蛇！ 132

DON'T SLEEP, THERE ARE SNAKES

8. *Ti xaigía aitagobai.*
嗯，我真擔心。

9. *Xoii hi xaigíagaxaisai. Xitabígaí hiaítisi xaabahá.*
然後歐伊說，伊泰比該沒說過這件事。

10. *Hi gaxaisi xaabahá.*
他說她沒這麼說過。

11. *Xaogíosohoagí xihoisahaxaí.*
奧吉歐索已經死了。

12. *Ti xaigíagaxaiai. Xaogíosohoagí xiahoaga.*
然後我說，奧吉歐索，不要死！

13. *Xaabaoba ha.*
她不在這裡了。

14. *Xoii hi xi xobaipaihiabaxai.*
歐伊沒有到浮動船塢來看她。

15. *Xopísi hi Xiasoaihi hi gíxai xigíhí.*
歐比西，你是伊阿娑阿伊的丈夫。

16. *Xioaíxi Xaogíoso.*
奧吉歐索死了。

17. *Ti xaigíai hi xaitibíigaópai. Xoii xiobápápai.*

133

第六章 ● 家族與社群

CHAPTER SIX

FAMILIES AND COMMUNITY

18. Xaogíosogoagí xiahoagái.
嗯,我有叫歐伊,去看她。

19. Xaabaobáhá.
奧吉歐索已經死了。

20. Xaogíosohoagí hi xaigía kaihiagóhaaxá.
她不在這裡了。

21. Xoii ti xaigíagáxaiai. Xoii hi xioi xaipihoaipái. Xoii hi xobágataaxafhiabaxaí.
奧吉歐索要生產。

22. Xoii hi xaigíagáxaiai. Hoagaixóxai hi gaxisiaabahá Hoagaixóxai.
我有告訴歐伊。歐伊給了她藥。歐伊沒有再去看她。

23. Xaogíoso xiaihiábahioxoi.
然後歐伊說,華蓋歐艾什麼都沒說。華蓋歐艾。

24. Xi xaipihoaipaáti xi hiabahá.
奧吉歐索很難受,很難受。

25. Hi xai hi xahoaihiabahá gíxa pixdagixi.
沒人給她藥。

26. Xaogíoso hi xábahioxoisahaxaí.
他沒有告訴任何人,那個年輕人。

奧吉歐索,別變糟。

別睡,這裡有蛇! 134
DON'T SLEEP, THERE ARE SNAKES

27. *Hi gáaisiabahá.*
他什麼也沒說。

28. *Hi xabaasi hi gíxai kaisahaxai.*
你不幫別人。

29. *Xabaxai hoihai.*
她一切都要自己來。

這則故事從許多層面看來都很有意思。從語言學的角度看，關係最深的就是簡單的語句結構。但另一方面，皮拉哈人的故事與一般故事沒有兩樣，每個句子想表達的各層想法都有相當複雜的關係。故事想表達的想法會被包覆在另一些想法之中，即便句子跟語法結構無法適度展現這些想法。例如這段文字就可以分為四個子題：第一到五行介紹故事與主角，第六到十四行提到死者丈夫有失職責，第十五到十九行則以他人觀點再次提到死者丈夫有失職責，第二十行到最後則是文句次哀悼死者無人照顧。當然，所有句子構成一則故事，而每行句子各有其義。因此，故事中每個句子都具有兩層意義，一層是句子本身的文意，另一層則是文句故事的一部分，也構成故事，以反映這項感知。

這種不合語法的語句組成方式，語法學者大概不接受，但它們比較像是依照的認知分組（cognitive grouping）所形成的含意，亦即，說故事者認為所有句子皆為故事的一部分，也構成故事，以反映這項感知。這些句子顯示出一種思考過程，也就是將思維放入其他思維，而這想法來組成。

CHAPTER SIX　　　　　　　　　　　　　　　FAMILIES AND COMMUNITY

種作法呈現了許多語言學家所謂的「遞迴」（recursion）語法。雖然皮拉哈人故事中的句子組成並不合語法，但這種不合語法的用法依舊出現在皮拉哈所有的敘事中。所以他們和許多語言學家（但並非所有語言學家）所想的不同，皮拉哈人在敘事中把事物包覆在另一個事物裡的用法（例如一個詞包覆在另一個詞裡面，或是一個句子包覆在另一個句子裡面），跟語法毫不相干。

對於不是語言學家的人來說，上述討論看起來不過是晦澀難懂的學術論點，但這其實是現代語言學一大主要分歧。如果「遞迴」並不是出現在所有語言的語法中，而是出現在所有人類的思考過程中，那就表示它屬於人類普遍智識的一部分，而非喬姆斯基所主張的「語言本能」（language instinct）或「普遍語法」。*

就文化層面來看，這也是有趣的故事，因為說故事的人似乎想讓自己脫罪。就如同許多西方人的想法，故事呈現的是不理該名孕婦是錯誤的，但無論是說故事者或其他人，都沒有前往援救。這說明了雖然情況非常危急，眾人所表現出的仍舊是自掃門前雪的價值觀，即便整段故事並不支持這種觀點。說是一套，做是另外一套，這一點，皮拉哈跟其他文化沒有兩樣。

我的親身經歷則更令人震驚。有個少婦波珂生了一名美麗的女娃，母女均安。後來我們全家人到波多韋柳休假兩個月，等我們回到村子，波珂和一些皮拉哈人一如往常住進我們家。不過波珂變得消瘦憔悴，顯然是生了病，只是病因不明。她瘦骨嶙峋，虛弱到無法移動身子，只剩最後一口氣。由於分泌不出母乳，她的孩子也變得非常虛弱，其他母親都不幫她哺乳，因為她們說，她們得將乳汁

別睡，這裡有蛇！　　　　　　　　　　　　　　　　　　　　　　　　　　　136

DON'T SLEEP, THERE ARE SNAKES

留給自己的孩子。我們回來沒幾天,波珂就走了。我們沒有無線電通訊設備,無法幫她求助。不過她的孩子存活了下來。

我們問,誰會來照顧波珂的女兒。

他們說:「那孩子活不了。沒有母親會去餵她。」

於是我自告奮勇:「那就由我和凱倫來照顧她。」

皮拉哈人回答:「好,不過那孩子活不了。」

現在我已經知道,皮拉哈人只消一眼就能認出瀕死之人,但當時我是鐵了心要保住這個孩子。

我們的第一個問題是如何餵食。我們把舊床單和毛巾做成尿布,也試著用奶瓶餵奶(我們在村裡放了一些嬰兒奶瓶,以防有嬰兒患病),但孩子卻不肯吸食。當時她已近乎昏迷,而我決心要救活這孩子。我想到一個餵奶的方法:把奶粉、糖和一些鹽巴混合後加熱,然後將幾個體香劑的塑膠擠壓瓶清空洗淨,裡面的塑膠吸管也一一拉出來洗淨。接著我把自製的嬰兒「配方奶」灌入瓶中,再以醫療用膠帶將兩根塑膠吸管連在一起,一頭放進裝有牛奶的擠壓瓶,另一頭慢慢伸入嬰兒的喉嚨。小孩看起來只有一點點不舒服。接著我緩慢而小心地擠壓瓶子,將牛奶一點一滴送入孩子胃裡。

* 編注 喬姆斯基(Noam Chomsky)是語言學界重量級學者,提出的「普遍語法」(universal grammar)理論認為,人類所有語言都具有某些共同的組成規則,這反映出人類先天上的思考結構。

137

CHAPTER SIX

第六章 ◆ 家族與社群

FAMILIES AND COMMUNITY

一小時後，孩子看上去精神了些。我們不分日夜，每四小時餵食一次，其中有三天我們幾乎徹夜未眠。小孩看來恢復了健康，每一次餵食都讓她更有力氣、哭得更大聲，甚至腸胃也開始蠕動。我們非常開心。有天下午，我們想應該可以稍微擱下孩子，到簡易機場跑跑步，於是把孩子托給她父親。我們邊跑步邊想著，我們至少對一個皮拉哈人的生命做出實際而重要的貢獻。

但皮拉哈人確信這孩子活不了，原因有三：第一，她原本就瀕臨死亡。他們相信當一個人消瘦憔悴到某種程度，就像這孩子所經歷過的情況，那這個人就不可能存活。其次，他們也相信像這樣孱弱的嬰孩，若要活下來，就需要母親的照顧、餵養，但孩子的母親已經死亡，而沒有母親的孩子會為了餵養別人的孩子而讓自己挨餓。最後，他們不相信我們所提供的醫療協助能彌補上述兩點。對皮拉哈人而言，我們努力餵養孩子，不過是延長她的不幸，增加無謂的痛苦。

當我們跑步回來，幾個皮拉哈人正圍在我們家一角，空氣中瀰漫著強烈的酒味。他們瞪著我們，看起來像是有什麼共謀。有些人看似生氣，有些人貌似慚愧，還有些人往他們所圍起的那個地方看去。我一靠近，他們便往兩旁讓開。地上是波珂的孩子，而且已經死亡。

我抱起這孩子，淚水沿兩頰滑下。

我問道：「這是怎麼一回事？」眼淚已快決堤。

他們回答：「她死了。她很痛苦。她不想活了。」

我困惑又悲傷地自言自語：「他們為什麼要殺死這孩子？」

別睡，這裡有蛇！

DON'T SLEEP, THERE ARE SNAKES

我們用先前買進的舊木箱做了一具小小的棺材，然後我和孩子的父親在麥西河上游河岸挖了個墳，一旁就是波珂埋身的地方。我們將孩子放入墳中，覆上泥土，另有三到四名皮拉哈人前來觀禮。之後我們到河中沐浴，將身上的泥土灰塵洗淨。返家後我陷入沉思。

我反覆思索這件事，越發了解皮拉哈人是做出他們認為最好的選擇。他們並非冷血無情。他們對生、死和疾病的看法跟我們西方人極為不同。皮拉哈人活在一個沒有醫生的地方，因此深知一個人若不夠強悍就只能等死，再加上他們比我常目睹親友離世或瀕死，因此能從一個人的眼神和健康狀況看出他的大限。他們確信這孩子撐不下去，所以孩子的父親自己動手強灌酒精，進行安樂死。我知道有其他喪母的小孩活了下來，這些孩子雖失恃，卻夠健康強壯。過是折磨孩子、延長她的痛苦，並且感受到小孩正在受苦。

皮拉哈人一視同仁，把兒童也當成社會成員。沒有什麼是只有大人能做而小孩卻不能做的，反之亦然。社會上絕對沒有年齡偏見，認為小孩「有耳無嘴」。皮拉哈孩童吵鬧又野性，而且在自己覺得必要時非常固執己見。他們可以自行決定是否要順應群體期望，最後他們會得到教訓，知道父母的話最好多聽一點。

我特別喜歡小男孩派塔，他是我好友科賀的兒子。科賀悠閒又懶散，跟他在一起也會變得懶洋洋。他從不發脾氣，就算是在罹患肺結核而垂死之際，也總是面帶笑容。而科賀的兒子就完全是個皮拉哈童。

一天下午，派塔往我這走來。他總是渾身髒兮兮（讓我想起史努比漫畫裡的

人物乒乓），歪著頭看人，咧開嘴笑。由於戶外滿地泥濘，他的腳和腿都沾滿泥巴。但引起我注意的是，這個三歲小男孩正抽著一支大大的手捲菸——筆記本紙張捲著氣味濃烈的菸草。這顯然是他老爸弄給他的。此外，派塔身上還穿著女裝。科賀在派塔身後不遠處跟著走來，我笑問：「你兒子怎麼了？」我指的是抽菸這件事。

科賀回答說：「喔，我喜歡他穿女生的衣服。」

對科賀而言，他兒子看起來不尋常，但那跟抽菸無關。皮拉哈人知道長期抽菸會影響健康，但這並不妨礙他們讓小孩抽菸。首先，沒有一個皮拉哈人的菸癮會大到足以危害健康，因為要取得菸草得等上好幾個月，而且每次得到的量還不夠他們抽上一天。其次，如果大人甘冒抽菸的風險，小孩自然也可以這麼做。當然，從給男孩穿女裝這件事來看，大人受到的對待還是有所不同，但他們不會禁止小孩從事在西方社會中通常只有大人才能做的事。

有一回，一個販子給了皮拉哈人一堆卡夏沙，量大到足以灌醉整個部落，果然村裡無論男女老幼都醉倒一地。要看皮拉哈人喝醉並不難，但見到六歲小童走路搖搖晃晃、說話含含糊糊，對我來說可是件新鮮事。皮拉哈人的看法則是，大夥必須共度生命的艱辛，自然也有權共享生活中的美好。

皮拉哈孩童一出生就承襲了一整套社會關係，這點跟歐洲社會的孩子並無二致。然而最大的差別是，鎮日在部落閒逛的皮拉哈孩童跟村裡每個人都有點關係，所以大家多少都得擔負起照顧之責。皮拉哈人的生活大都採取核心家庭的型

別睡，這裡有蛇！

DON'T SLEEP, THERE ARE SNAKES

態，而家庭成員固定包括父親、母親和兄弟姊妹（同父同母、同父異母或同母異父、養子養女）。父母都很關愛小孩，常與他們交談且態度尊敬，極少教訓他們。

就像大多數狩獵採集社會，皮拉哈人的工作內容也會依性別畫分。女性的主要工作是採集叢林中的地產、根莖類食物或是自家園子裡的食物；男性則負責狩獵、砍樹，以及清理叢林園地。小孩主要由母親照顧，若母親外出到田裡工作、到叢林採集果實、帶著狗兒獵捕小型野生動物，或是撿拾柴薪或捕魚，父親也常會待在家裡照顧小孩。（有趣的是，女性只用魚鉤和魚線捕魚，獵殺小動物時也只出動獵犬；男性則會用上弓箭。弓箭是男性專屬工具。）

原則上，皮拉哈的父母不打罵孩子，但我會。兩者值得在此做個比較，因為最後我相信皮拉哈人對待小孩的態度，在許多方面都比當年的我來得健康。夏儂出生時我才十九歲，是不成熟的小爸爸，再加上基督教的教養觀念，我認為體罰不僅合宜也很有用，一如聖經所指示，若不忍心杖責孩子，是在放縱他。長女夏儂是這句話的最大受害者，因為我這輩子懲罰最多的就是她。有一天，夏儂在村裡對我說了些我覺得應該要受罰的話，我拿著細樹枝要她到房間等我。夏儂開始大叫說她不要打屁股。此時皮拉哈人快速趕到，每回我們吵架他們都會這樣。

幾個婦女問我：「丹尼爾，你在做什麼？」

「我，嗯……這個……」我答不出來。我到底在做什麼？

總之，我又想起聖經的教導，所以我告訴夏儂：「好，我不在這裡打妳屁股。妳到機場的跑道盡頭等我，路上再撿一根細樹枝。五分鐘之內見！」

第六章　家族與社群

141

CHAPTER SIX　　FAMILIES AND COMMUNITY

夏儂一離開屋子，皮拉哈人馬上問她要去哪裡。

「我爸爸要在機場那邊打我。」她的回答混雜著忿怒與竊喜，因為她知道這句話的效果。

我離開屋子時，身後跟著一大群皮拉哈大人和小孩。我輸給皮拉哈的習俗了。

皮拉哈人沒有打屁股這碼子事。這場勝利讓夏儂既得意又開心。

皮拉哈人的教養方式對孩子有何影響呢？皮拉哈的青少年就跟所有青少年一樣，愛開玩笑、愛搞怪又粗魯。他們會對著我的大屁股指指點點，也會在我們準備開飯時在餐桌旁放屁，然後像喜劇演員一樣哈哈大笑。顯然青少年的怪異舉止是舉世皆然。

但我沒見過這裡的青少年悶悶不樂、睡到日上三竿、敷衍塞責，或以離經叛道的態度生活。就皮拉哈人對生產力的要求而言（好漁夫、出力維護安全、提供食物等），這些青少年極具生產力，奉守社群習俗。在皮拉哈的年輕人身上，你看不到少年維特式的煩惱、沮喪或不安。他們不會想要找尋答案，他們已經有答案了。也少有人提出新疑問。

這種平衡狀態毫無疑問會扼殺西方兩項重大價值：創意和個性。如果我們認為文明演進是件好事，那皮拉哈人的文化就沒有值得學習之處，因為文明演進需要衝突、不滿和挑戰。但是，如果人人生活無虞，社群中的成員都滿意現狀，為什麼還會渴望改變？事情還能怎麼改進？特別是你所接觸到的外人，看起來都比你更不滿意生活，過得更煩躁。在我早期傳教那幾年，我曾問皮拉哈人是否知道

我為何來此，他們回答：「你到這兒來，因為這裡是美麗的地方。水好食物好。皮拉哈人都是好人。」他們到現在仍如此相信。生活很美好，而人人都應自幼學習自立的教養觀，孕育出這樣一個人人滿意的社會。這一點你很難反駁。

儘管皮拉哈人擁有強大的社群意識，村民之間卻幾乎沒有社群默許的壓迫行為，這點我覺得很有意思。即使是在親子之間，皮拉哈人也很少下命令。當然這樣的情況偶爾也會發生，但通常都會引來不悅或反彈，從旁人議論紛紛、臉上表情或是觀看的姿態就可以看出。記憶中，我也沒看過有人以違反社群規範之名阻止另一個人。

卡布吉是我主要的語言老師，有一天我想找他一起工作。在前往他家的路上，我注意到卡布吉的兄弟卡巴西正喝著卡夏沙，然後對著卡布吉的小白狗大吼，要狗別吠了。我繼續走了幾步，看見他舉起獵槍，對著狗的腹部射擊。小狗尖叫著跳了起來，血流如注，腸子從腹部傷口流出，然後倒在地上抽搐哀嚎。小狗布吉奔向小狗，將牠抱起，當小狗死在他懷裡時，他哭了。我擔心他會射殺卡布西的狗或攻擊卡巴西。

村人安靜地看著卡巴西和卡布吉，除了狗吠，聽不到一點聲音。卡布吉坐在地上摟著狗，眼泛淚光。

我問他：「你會對卡巴西做什麼嗎？」

卡布吉不解地問：「什麼意思？」

「我的意思是說，他射殺你的狗，所以你會對他做出什麼事嗎？」

「我什麼也不會做，我不會傷害我的兄弟。他的行為像個孩子，做了壞事。」

但是他喝醉了，腦袋不清楚。他不該傷害我的狗，這狗就像我的孩子。

即使像這樣受到挑釁，他們也都會回以耐心、慈愛和體諒。這種處理方式不同於我接觸過的任何文化。皮拉哈人並非和平主義者，也稱不上完美，但以和為貴，至少跟族人相處是如此。這並不意味著他們絕不會破壞規矩，畢竟這種事情每個團體都會發生。在此我只是要強調他們這種互助的社會規範，而這在其他文化相當少見。

不過，倘若涉及自身與家人的生死存亡，皮拉哈人也是自私的。自己和家人的生存是首要之務。但如果對方有需要幫助，例如身體有病痛、太小或太老以致無法照顧自己，而自己又幫得上（若距離太遠他們就不考慮了），他們也不會讓族人餓死或受苦。除此之外，每個人都得為自己負責。如果一個男人不能為妻小提供食物或棲身之所，家人可能就會遺棄他，去尋更有能力的人。如果一個女人懶不到叢林撿拾柴薪、採集木薯和果實，一旦年老色衰或無法生育，她也會被拋棄。

不過所有皮拉哈人之間仍瀰漫著一股親密而安全的歸屬感。皮拉哈人很快就發現外面的人缺乏這種特質。他們眼見巴西人彼此欺騙，惡意相待，也看到美國父母打小孩屁股。最令他們不解的是，美國人竟大動干戈殺害許多異族人士，還有美國人和巴西人也會自相殘殺。

別睡，這裡有蛇！　　　　　　　　　　144

DON'T SLEEP, THERE ARE SNAKES

科賀就曾說:「我父親告訴我,他看過他的父親殺害其他原住民。但是我們現在不這麼做,這是壞事。」皮拉哈文化還有其他有趣的概念,但最重要的是他們對暴力和戰爭的觀點。

例如婚姻以及其他關係,有時也會被歸到「卡集」(kagi)這概念下。我很難確定這個字的用法。如果皮拉哈人看到一盤米飯和豆子(皮拉哈人自己並不生產這兩樣東西,這是我、巴西販子或政府工作人員帶到村裡來的),他們可能會說盤子裡有米飯及其「卡集」。如果我和孩子或妻子一起出現,皮拉哈人可能會說:「丹尼爾和他的『卡集』來了。」如果有人帶著狗兒去狩獵,他們會說:「他跟『卡集』一起去狩獵。」所以「卡集」到底是什麼意思?跟婚姻又有什麼關係?這個字不容易翻譯,但它代表「可預期的連結」。這是由文化上的友好親近與價值觀所決定的期待與連結。依照習慣,你的配偶就是預期會和你一塊出現的人。婚姻就像米飯和豆子、狩獵跟狗、父母與小孩,是在文化上相連的兩方所組成的關

「卡集」(kagi)就是預期會和你一塊出現的人,就像米飯和豆子、狩獵跟狗、父母與小孩一樣會伴隨出現。

係。不過,並沒有文化壓力逼著人們維持同一「卡集」。如同我先前所提,結成伴侶不需要儀式。如果雙方都單身,關係就算成立。如果雙方各有婚配,兩人會一起離開村落三到四天,那麼只要同居,可以開始新的同居生活;但如果這段關係只是一時沖昏頭,兩人就會回到各自配偶身邊。幾乎沒有人會報復配偶,男女間的關係總是真誠熱烈,通常還會有各種程度的調情。

性行為也是如此。成人可以跟兒童發生性行為,只要兒童是出於自願並且未受到傷害。我記得有回我跟一個年將四十的皮拉哈男人伊薩歐伊聊天,那時他身旁站著一個大約九到十歲的女孩。我們聊天時,那女孩就淫蕩地以雙手在他的胸膛和背部之間來回搓揉,最後隔著他薄薄的破舊短褲撫摸他胯下。雙方顯然都很陶醉。

「她在做什麼?」我的問題很多餘。

他滿不在乎地回答:「喔,她只是在玩。我們一起玩。她長大會做我太太。」

確實,女孩一過青春期,兩人就結婚了。

皮拉哈人的婚姻跟所有文化一樣,都有一組規範,只不過實踐方法不同。例如常有人問我,皮拉哈人如何處理婚姻中的不貞。像是這對老夫少妻會怎麼面對出軌?兩人的處理方式就跟其他皮拉哈人一樣,而且就我看來,可謂十分文明。解決外遇的方式甚至可以非常幽默。有天早上我到科賀家,想請教他一些語言上的問題。我走進他屋子,一切看來都很平常,他的太太伊百合坐著,他則將

別睡,這裡有蛇! 146

DON'T SLEEP, THERE ARE SNAKES

頭枕在太太腿上。

我問他：「嘿，今天你能教我一些皮拉哈單字嗎？」

他想抬頭回答我，但我注意到伊百合抓住他的頭髮，把他的頭往後猛扯，然後撿起身旁的棍子在他頭頂亂敲一通，偶爾也會擊中他的臉。他大笑，但也沒辦法真的盡情大笑，因為他的頭只要一扭動就會被扯。

他咯咯笑著說：「我太太哪兒也不許我去。」

他太太不自然地笑了笑，然後馬上收起笑容，更用力打他，有好幾下打得非常重。看來這不是跟科賀談話的時機，所以我離開去找另一個教我語言的好老師艾侯比西。他說他能跟我一起工作。

在我們相偕走回我家，路上我問道：「科賀怎麼了？伊百合抓住他的頭，又用棍子打他。」

艾侯比西哈哈大笑：「喔，他昨晚跟別的女人鬼混，所以今天早上他太太對他發火。他今天哪兒也去不了。」

艾侯比西哈哈大笑：「喔，他昨晚跟別的女人鬼混，所以今天早上他太太對他發火。他今天哪兒也去不了。」

身為勇敢的獵人，強壯如科賀竟然整天躺臥，任由太太毆打（三小時後我又去找這對夫妻，兩人姿勢依舊），顯然有部分原因是他心甘情願地贖罪。但還有另一個原因：這是皮拉哈文化為這類行為開出的解套法，後來我也見過其他男人遭受這種責罰。

事發隔日，一切看來風平浪靜。之後有好一陣子我都沒再聽聞科賀的風流事蹟。我認為這是解決婚姻問題的妙招，當然這招並非每次都奏效，畢竟皮拉哈人

147
CHAPTER SIX

第六章 ◆ 家族與社群
FAMILIES AND COMMUNITY

也會離婚（一樣沒有儀式），不過這個方法的確可以有效懲罰犯錯的另一半。妻子可以具體表達忿怒，丈夫則整天任由妻子打頭，以表歉意。值得注意的是，過程中沒有人吼叫或怒目相向，反而嘻嘻哈哈，因為皮拉哈人認為發脾氣乃滔天大罪。女人出軌所受到的懲罰也差不多。丈夫會出外尋找太太，也可能辱罵或威脅讓他戴綠帽的男人。但不管對象是小孩或成人，皮拉哈人都不會以暴力相向。

身為基督徒，皮拉哈人的性行為表現給我更大的衝擊。有天下午，我從屋子後面的房間走到屋子正中央。我們的房間都以木條隔開，而這塊區域沒有牆面，因此皮拉哈人比我們更常使用這空間。那時，夏儂正眼睜睜看著兩個男人躺在她前方。兩人把短褲褪到腳踝，一邊抓著對方的生殖器，一邊彼此拍背，笑鬧著地上打滾。當我走進時，夏儂咧著嘴對我笑。美式文化中的恐性教育讓我對眼前景象震驚不已。我憤怒地大吼：「嘿，不要在我女兒面前做這種事！」

他們停止笑鬧，抬頭望著我：「不要做什麼事？」

「就是**那個**，你們正在做的事，互抓對方陰莖。」

他們滿臉疑惑，說：「喔，他不喜歡看到我們一起玩。」於是拉上褲子，馬上改變話題，問我有沒有糖果。

我從不需要教導夏儂和她的弟弟妹妹關於人類生殖、死亡或其他生理運作的知識。他們只要觀察皮拉哈人就能清楚了解。

別睡，這裡有蛇！　　　　　　　　　　　　　　　　　　　148
DON'T SLEEP, THERE ARE SNAKES

皮拉哈人的家庭生活，跟西方人就比較相近了。他們會大方流露親子之情：擁抱、撫摸、微笑、玩耍、聊天、一起開懷大笑。這是皮拉哈文化最明顯的特色之一。觀看皮拉哈人的親子互動，會讓我告訴自己要做個更有耐心的父親。除非有外力壓迫，皮拉哈人不打小孩，也不會命令他們做事。嬰兒和學步階段的孩子（指四歲以下或尚未斷奶的幼兒，因為斷奶表示孩子的人生開始了）則備受嬌寵，父母的關愛之情溢於言表。

家中有新生兒誕生，母親就會讓前一個小孩斷奶，通常會是在三到四歲。斷奶對孩子來說是創傷的經驗，原因至少有三：失去大人關注、挨餓，以及必須開始工作。每個人都得工作，出力維持部落生計。小孩一旦斷奶，就要進入成人世界，開始工作。除了談天和笑鬧的聲音，晚上也常有小孩哭泣尖叫，因為斷奶。

曾有個醫生來到此地跟我一起工作。某天晚上他把我叫醒。

「丹尼爾，有個小孩聽起來好像生了重病，非常痛苦。」

我向他保證：「沒事。」然後想繼續睡覺。

他堅持：「不，這不可能沒事！這小孩生病了。」

我說：「好吧，去瞧瞧。」但我心裡想的是，這醫生應該去睡覺，而不是到處管閒事。

我們走到傳出孩子哭鬧聲的屋子。醫生舉起手電筒，看到有個三歲小男孩坐在地上尖叫，而小孩的父母和兄弟姊妹顯然正在睡覺。

醫生問我：「這麼吵，他們怎麼睡得著？」

149　　第六章 ◆ 家族與社群
CHAPTER SIX　　FAMILIES AND COMMUNITY

我回答:「他們只是假睡,他們現在不想跟我們討論孩子的事。」

但醫生堅持道:「我只是想確定這孩子了沒事。問問他們小孩怎麼了。」

於是我問小孩的父親:「阿伊,孩子是不是生病了?」

他沒有回答我。

我說:「他們現在不想談這件事。」

醫生要求:「再問問他,拜託!」他實在很討厭。

我又問了一次:「阿伊,孩子是不是生病了?」

阿伊的聲音跟動作都流露出怒氣,他抬頭望著我粗暴地說:「不是,他只是想喝媽媽的奶。」

我翻譯他的回答。

醫生又問了一次:「他沒有生病?」不確定要不要相信阿伊。

「對,他沒生病。我們回去睡覺吧。」

我們返家回到吊床上。

只有尚未斷奶的嬰兒享有特權,一旦斷奶,
表示他要跟所有皮拉哈人一樣餓肚子。

那斷奶的孩子已不再是嬰兒，不再享有特殊待遇。他不能再睡在母親身邊，而是要跟兄弟姊妹一起睡在離父母好幾步遠的地方。斷奶表示他要跟所有皮拉哈人一樣餓肚子，這點只有還在喝母奶的嬰兒例外。就如我先前所提，餓一下對皮拉哈人來說不算什麼，但這對剛踏入成人世界的小孩卻是個衝擊。

這孩子不再有人餵食，也不再備受父母嬌寵。幾年內，當父母姊妹到田裡採集或狩獵時，他也得學會出門捕魚。

小孩的生活是愉快的。如果手邊有的話，他們會玩玩具，特別喜歡布偶和足球（雖然村裡沒人知道怎麼踢足球，但他們就是喜歡這些球）。我印象深刻，每當我問有沒有人需要我從城裡帶東西回來，只有科賀與伊歐伊塔會要求我幫孩子帶玩具。皮拉哈人知道怎麼製造旋轉陀螺、哨子和玩具船，也知道如何雕刻娃娃，但他們只有在外人請他們製作時才會動手，所以很難說這些東西是皮拉哈的文化產物。這可能是從外界學來的，也有可能是他們的傳統技藝，但如今已不再受歡迎。

當然事情也有例外。自從部落出現飛機之後，男孩就開始收集一種南美洲輕木來製作飛機模型。

這裡每個人都喜愛這些不時造訪的飛機。他們見過的飛機有三種：水陸兩用飛機、附帶浮筒的水上飛機，還有西斯納206。水陸兩用飛機的單一引擎位於機艙上方，以機腹降落河面；另外兩種飛機的引擎則裝設於機首。飛機來時，皮拉哈男孩會用開山刀雕刻木頭飛機模型，偶爾還會塗上紅色的烏魯昆染料（一種有紅色種子和油脂的豆莢），甚至也有人刺傷自己的手指，將血塗在模型上，當

然這種情況較為少見。

還有一些男孩雖然沒見過飛機，但幾天後手裡也拿著飛機模型。他們會跟親眼目睹飛機的男孩學做飛機模型。造訪部落的飛機都只有一個螺旋槳，但這些飛機模型卻有兩個螺旋槳：一個位於機艙位置上方，另一個在機首，融合了他們所見過的兩種飛機類型。

要觀察皮拉哈文化，得長時間與他們相處。我們停留最久的一次，應該是一九八〇年，幾乎全年待在部落。那時我發現屋況很差，樹葉屋頂和木頭地板都需要更換。因為我們不在時，皮拉哈人喜歡在我做研究的那半邊屋子睡覺，而他們喜歡觀星，所以在屋頂弄出好些洞來。

不過正是因為修補屋頂的問題，我才開始進入皮拉哈人的真實世界：叢林。而我對他們的評價，自此也變得更為正面。我才發現，他們不管身在何處，都會是最足智多謀、最機敏的生存者，只要看過他們在叢林裡的表現，就會了解村裡的

他們都喜愛這些不時造訪部落的飛機，男孩甚至開始製作木造的飛機模型。

生活不過是他們的客廳活動，村落是他們放鬆的場所，而單靠觀察休閒生活，是無法了解任何人的。叢林和河流才是皮拉哈人的辦公室、工作室、工廠和遊樂場。

我詢問皮拉哈人是否能幫我取得修補屋頂的葉子和修復地板破洞的木料（皮拉哈人在我們屋子裡升火煮飯所燒出的洞）。事實上，即使我已經和皮拉哈人一起生活月餘，我還不曾深入叢林，因而錯失進一步了解他們的機會。

除了努力伏案工作，好的語言學家還必須花時間與人相處。我決定和皮拉哈人一同前往叢林採集修補材料，除了幫一點忙、學點東西，也參與他們的活動。

於是我開始為出發做準備。我在軍用皮帶上掛了兩個一公升軍用水壺，水裝得滿滿，又帶上一把長長的墨西哥阿卡布柯開山刀。同行的五個皮拉哈人，一共只帶了一把斧頭和幾把開山刀，然後嘲笑我一身的長袖、長褲、靴子、帽子、水壺，以及那把超大型開山刀。一路上他們談笑風生，我則不斷鏗鏗鏘鏘，因為每走一步路，水壺和開山刀就會互撞一下，而且開山刀一撞到樹木，刀柄就會壓到我老二。

行進大約三十分鐘後，灌木叢越來越少，叢林則越來越高、越來越濃密。空氣變得稍涼，蚊子嗡嗡作響，而且我還聽到更多亞馬遜叢林特有的悅耳聲響，也就是尖聲傘鳥的高音鳴叫。此外，我發現我的同伴動作變了，他們將雙手交叉置於胸前，看起來就像大大的字母 X，而且前行速度之快，我得不時跑步才跟得上。他們盡量縮小身體，腳步輕盈踏實。

我們越過長滿苔蘚的樹幹，然後來到小溪。皮拉哈人一下子就涉水過溪，而

第六章　家族與社群

CHAPTER SIX　　FAMILIES AND COMMUNITY

153

我才踏出兩步就滑跤摔倒。我手腳並用,迅速爬上岸(這類小溪裡有許多危險生物,像是刺魟、水蟒和寬吻鱷),又慌又笨拙地找到皮拉哈人的足跡,趕忙跟上。他們假裝沒看到我摔倒,好意不伸手幫忙,以免我覺得更糗,等到我跟上時才一起大笑,表示那沒什麼大不了,無需感到丟臉(當然,他們自己絕對不會跌成那樣,他們的孩子、狗、祖父母或是身障者也絕對不會跌成那樣。)最後我們找到帕西烏巴棕櫚樹。我幫他們砍倒棕櫚樹,但很快就發現,即便我使出渾身解數,皮拉哈人砍出的缺口就是比我深。他們比我懂斧頭,動作更有效率。我已經全身濕透,喝光了整壺水,皮拉哈人卻一身乾爽,半口水也沒喝。

大夥認為砍得差不多了,便把棕櫚木和樹葉捆綁成堆,一人扛一到兩捆,走回幾公里外的村子。來程路線似乎非常清楚明確,但現在我卻對回程的方向感到疑惑,因此小心翼翼看著皮拉哈人。他們見狀便停了下來,竊笑著說:「你走前面,你來帶路。」我努力認路,卻一直拐錯彎,

叢林和河流是皮拉哈人的工作地點,他們大斧一揮所砍出的缺口是又大又深。(Martin Schoeller攝)

把大夥帶到沒有出口的灌叢裡。這舉動逗得他們很開心，因此儘管在我的帶領下，返家時間不斷延遲，皮拉哈人還是高興地讓我領路，沒人催促。最後我終於找到一條比較明確的主道路，但也開始覺得吃不消了。我每走一步，身上的棕櫚木不是勾到樹枝就是撞到樹幹，我還被地上凸出的樹根絆倒，也因為踩上黏糊糊的樹葉而跌跤。正當我累得氣喘如牛，卻發現皮拉哈人看上去一派輕鬆。在村裡，皮拉哈男人對於搬運重物總是能免則免，每次我要求他們幫忙搬運箱子桶子，他們總是心不甘情不願。我以為他們體弱缺乏鍛鍊，也是有氣無力，我輕鬆就能抬起的物品他們都搬不太動。我不想在人前顯現自己不懂如何處理這些物品，他們尤其不喜歡我要求他們幫我做他們認為是我分內的工作。所以這跟耐力或體能沒有任何關係。

我一路走著，發現自己疲憊不堪，渾身是汗，覺得可能無法扛著這捆木頭走回村子。這個念頭才剛冒出，科賀便笑著走到我身旁，輕輕說了一句「你不會扛」，然後就把我身上那捆二十多公斤的棕櫚木移到他肩上，連同原本的擔子一起扛著。在滿布低垂植物的狹隘叢林小徑走上好幾公里的路，二十多公斤可是沉重的負擔，但是科賀現在所扛的至少有四十多公斤。我知道這對他來說並不容易。我和皮拉哈人就這樣一起流汗、互相嘲笑，在這趟叢林之旅堅定了彼此的友誼。

我

希望能了解皮拉哈主要的文化價值，而其中一個面向就是統治術：皮拉哈社會如何讓成員各司其職。

人們普遍認為，絕大多數美洲原住民都有領袖或某種地方性的權威人物。這種想法是錯誤的。許多美洲原住民社會傳統上是人人平等（而且數量遠超出我們所知），人們的生活不須服膺任何領袖。我們之所以認為大多數美洲原住民社會具有集權結構，原因有很多。

首先，我們習慣將自身社會的價值、機制及做事方法投射到其他社會上。我們很難想像社會中沒有領袖，那些習慣生活在社會強制規範下的人民更是如此。或許，我們也很難想像會有存在已久且運作良好的社會是沒有這些規範的。

其次，許多西方人對這類社會的觀點深受好萊塢和小說的影響。電影中的原住民社會總是會有個性鮮明的領袖。

最後，可能是最重要的一點，西方社會喜歡美洲原住民有個領袖，以方便他們談生意。要是沒有這樣的代表人物，就幾乎不可能合法使用甚至取得原住民的土地。巴西新谷地區以及美洲其他地方就常捏造領袖，賦予他們虛構的權力，以便取用原住民財產。

他們認定所有部落都有領袖，因為他們認為社會需要控制，而一般人比較容易理解的控制形式是中央集權，而非許多美洲原住民社會所採行的分權制度。十九、二十世紀法國社會學先驅涂爾幹就曾寫道，集權統治是建構社會的根本，而人們信奉這樣的說法。無論何種社會，都是以團體價值、規範以及多數意見將成員結合起來，在這些價值所畫出的疆界內生活（罪犯與瘋子是兩個明顯反例：他們是犯規者，是社會中的邊緣分子）。

別睡，這裡有蛇！　　　　　　　　　　　　　　　　　　　　　156

DON'T SLEEP, THERE ARE SNAKES

總之，皮拉哈人確實建立起一個社會，而倘若涂爾幹等社會學家是對的（也就是倘若常理為真），就會有約束人們的方法，以確保眾人循規蹈矩。畢竟這對社會本身以及社會成員都有好處，至少能帶來安全感。那麼，皮拉哈社會的集權制度在哪裡呢？

皮拉哈社會缺乏「正式」的集權制度，沒有警察、法院或領袖。然而集權制度確實存在，且就我所觀察，其主要形式是「放逐」和「神靈指示」。要是有人舉止異常，干擾到大多數人，他或她就會漸漸被放逐。我剛在皮拉哈工作時，就遇到一個老人何阿皮，他和妻子離群索居，住處離其他皮拉哈人相當遙遠。我見過他兩次，第一次他划著船來看我，船是自製獨木舟卡嘎侯，而非巴西人的小船。我見他身上僅著腰布，沒有攜帶任何西方物品，這表示他置身於皮拉哈社會與外界的正常貿易關係和社會網路之外。他抵達時比我還引人側目，而且手上還帶著新傷。這我倒是樂於提供，他們說他很惡劣。時至今日，我還是不明白他們為什麼這麼說，不過這名皮拉哈人提吉才剛用弓箭攻擊過他。他不是來尋求醫療，而是咖啡和糖，另一名皮拉哈人提吉才剛用弓箭攻擊過他。他不是來尋求醫療，而是咖啡和糖。雖然他看上去像個老好人，但皮拉哈人不希望見到他，能因此見他一面，十分划算。

還有另一種放逐形式，較不戲劇化，但更為常見，就是拒絕分享食物。這種排斥行為可以維持一至數日，但很少比這更久。不少人曾跑來跟我說，因為種種原因，某某人在生他們的氣，所以他們無法使用小船捕魚，或是沒人願意跟他們分享漁穫。接著他們就會請我居間調停或給他們食物。前者我從不應允，以免給

157

第六章 ● 家族與社群

CHAPTER SIX　　　　　　　　　　　　　　　FAMILIES AND COMMUNITY

人介入村民爭端的印象；後者則沒什麼問題。

神靈會告訴村民做錯了什麼事，或是有哪些事他們不該做，或直接跟眾人表示他的意見，而皮拉哈人則會仔細聆聽，並遵循神靈考埃波吉的規勸。神靈可能會說出「我們不要耶穌，他不是皮拉哈人」、「明天不要到下游狩獵」等指示，或是「不要吃蛇」等共享的價值標準。皮拉哈人的社會規範是透過神靈、放逐、分享食物等規定來執行。以其他眾多社會的標準來看，皮拉哈社會的集權程度不高，但似乎已足以控制社會成員的偏差行為。

身

「看」這個世界，並為這個世界的發展做出貢獻。我所有孩子第一次見到皮拉哈人時，都大喊這是他們見過最醜的人。皮拉哈人很少用肥皂洗澡（他們沒有這種東西），女人不梳頭（她們沒有梳子），一般小孩皮膚則布滿一層厚厚的塵土、鼻涕和血漬。但當他們認識皮拉哈人之後，態度有了轉變。約莫一年之後，有名巴西軍官造訪此處，並評論皮拉哈人外貌醜陋，我的孩子大為光火。他們百思不得其解：「怎麼會有人說皮拉哈人醜？」他們忘記自己原先的看法，如今認為皮拉哈人是美麗的人種。此外，他們也學著同時以美國人、皮拉哈人和巴西人的方式思考。夏儂和克莉絲蒂很快就交到朋友，若她們不需做功課，會一早就跟同齡的皮拉哈女孩出門，搭乘小船往麥西河上游或下游走，傍晚才帶著莓果、核果和其他叢林美食返家。

別睡，這裡有蛇！

DON'T SLEEP, THERE ARE SNAKES

我的孩子也跟皮拉哈人學會如何應付自然界的危險。有一次，我和夏儂跟著皮拉哈男人一起出去獵水蟒。我的好友兼語言導師科賀要我駕駛汽艇，跟著他和他的兄弟波歐伊往上游前進。四分鐘後到達該地，他要我關掉引擎，將船划向河岸。我照做，科賀與波歐伊則靜靜地將船划向河右岸，該處上方垂掛著茂密的枝葉。科賀轉身問我和夏儂：「你們看到牠在水面下的洞穴嗎？」

我們回答：「沒有。」我什麼也沒看見。

他說：「瞧！」

科賀拿起他的弓，約兩公尺長的弓，伸入水裡探了幾秒鐘。

他笑著說：「這會讓牠生氣，看到了嗎？」

我回答：「沒有。」當時仍是雨季，我和夏儂除了混濁的河水，什麼也沒瞧見。

科賀大聲嚷嚷：「在泥漿那邊，正在移動。」

我的確看見河中有泥漿滾成漩渦狀，但在我還來不及確認位置，科賀已經站了起來迅速張弓。咻！咻！兩支箭接連射向水中。

三公尺長的水蟒幾乎同時衝出水面，頭部和軀幹插著兩支長箭猛烈擺動。

科賀對我和笑咪咪的波歐伊說：「幫我拉進船裡。」

我拉住水蟒的身體，並努力抓住牠的尾巴，一起把牠抬上船，夏儂則在一旁瞠目結舌。我問科賀：「我們要怎麼處置牠？」我知道皮拉哈人不吃水蟒，所以不明白為什麼要把這痛苦扭動的龐然大物帶上船。

科賀笑著說：「我們要拿去嚇女人。」

第六章 ◆ 家族與社群

FAMILIES AND COMMUNITY

我們就這樣帶著水蟒回去。一抵達,我就發現蟒蛇又開始移動,便用船槳猛敲牠的頭部,還弄斷船槳。這舉動讓科賀與波歐伊放聲大笑,大概是沒想到我竟然會擔心一條頭上還插著箭的蛇。之後我們拿掉箭,把蟒蛇放在女人沐浴的河岸附近。

科賀與波歐伊邊笑邊從河岸跑上來,說:「這會把她們給嚇壞的!」我將船停好,卸下外舷,跟夏儂爬上岸邊。夏儂跑在前頭,要回村裡去告訴媽媽和弟妹剛剛看見的事情。

結果沒有成功。女人早看見我們帶著蟒蛇回來,我們一離開河岸,她們就衝下來,把蟒蛇拖離河岸,手裡抓著蛇大笑。

這種皮拉哈式的幽默之所以奏效,是因為他們擁有強大的社群感(xahaigi)。他們可以互相嘲笑,或是開這種嚇人的玩笑,因為他們連結強、信任度高。(但還不到完全信任,畢竟還是有偷竊和不忠,不過總體來說,他們相信所有人都能互相了解,並分享相同的價值觀。)

這種社群感是建立在核心家庭上,他們也是在此首度學習到絕大多數的價值觀與語言。家庭是皮拉哈社會的重心。我們可以這樣說,所有皮拉哈人都互為手足,但核心家庭是他們最緊密的聯繫。

CHAPTER SEVEN

NATURE AND THE IMMEDIACY OF EXPERIENCE

第七章

自然與當下的經驗

要了解皮拉哈人，一定得認識他們與自然之間的關係。要對皮拉哈人的價值觀與整體文化有全面了解，理解這層關係就跟理解他們的物質文化和社群意識同等重要。當我對皮拉哈人與自然的關連進行更仔細研究，我發現去掌握他們與環境相關的概念與用語，有助我去看待自然界各種事物的關係，以及自然與人類的關係。這就是有助我們了解皮拉哈人世界觀的兩個重要詞彙：米基（*bigí*）和歐一（*xoí*）。

我在某日雨後對「米基」這個字有了新的認識。我先是記下了一個描述地面濕答答或泥濘不堪的詞彙「*bigí xihoíxaagá*」，然後我指著陰沉沉的天空，想知道多雲天空該怎麼說。結果指導我的皮拉哈人只是重覆滿地泥濘這個詞彙（*bigí xihoíxaagá*）。我想可能表達得不夠明確，畢竟地面和天空是截然不同的東西。於是我又向其他皮拉哈人請教，但所有人給我的答案都是一樣的。當然，有可能所有的皮拉哈人給了都是「你是白痴」或是「這是你的手指」這類不是答案的答案。但我還蠻有自信情況並非如此。

這些概念在不同情境裡都很重要。最有意思的是它們有助我們理解皮拉哈人對疾病的看法。早些時候，我在與科賀聊到他的女兒伊比的病情時學到了這一點。當時我正試著向科賀解釋為何伊比會得到瘧疾。我從蚊子和血液開始談起。科賀打斷我的話：「不、不，伊比是因為踏到一片葉子才生病的。」我回答：「你在說什麼？我也踏在葉子上，卻沒生病。」他對伊比瘧疾的解釋讓我大惑不解。

別睡，這裡有蛇！

DON'T SLEEP, THERE ARE SNAKES

「那是一片由上而來的葉子。」這個說法讓我更加困惑。

「什麼由上而來的葉子？」

「沒有血液的那位從上層米基來到下層米基並留下一片葉子。要是皮拉哈人踏上來自上層米基的葉子就會生病。這些葉子跟我們的葉子長得一樣，只是它們會使你生病。」

我問：「那你怎麼知道這是來自上層米基的葉子？」

「因為當你踏上這片葉子你就會生病。」

我就這點進一步追問科賀，並和其他皮拉哈人談論此事。最後得知，對皮拉哈人來說，宇宙彷彿一個有層次的蛋糕，不同層次之間由「米基」這種邊界劃分來。天空之上與大地之下又是兩個不同的世界。雖然並不盡相同，但我察覺這和亞諾瑪米人認為宇宙層次分明的信念類似。

正如米基所代表的意義超乎我想像，另一個與環境相關的重要用語「歐一」也是如此。一開始我相信歐一就是「叢林」的意思，因為大部分

對皮拉哈人來說，宇宙彷彿一個有層次的蛋糕，天空之上與大地之下是兩個不同的世界。

的時候它都用來表示叢林。後來,我才知道它其實指的是米基之間的整個空間,也就是說它可以用來表示「生物圈」或是「叢林」。就像我們會用 earth 這個字來指稱整個地球,也會用來指稱地表的土壤。如果你進入叢林,你會說:「我要進入歐一。」如果你要人別動,例如當那個人坐在獨木舟裡或是有咬人的昆蟲掉落在他身上時,你會說:「在歐一裡待著別動。」若是碰上萬里無雲的日子,你可以說:「這真是美麗的歐一。」所以這字的涵義比叢林廣得多。

這些用語給了我啟發,讓我得以從不同角度去思考環境。但是更大的驚喜還在後頭。

首先皮拉哈人顯然缺乏算數和表示數目的字詞。一開始我以為皮拉哈人有「一」、「二」、「許多」這種全世界幾乎都通用的系統。但我後來才知道,我和先前的人以為代表數字的字,其實不過是相對量詞。我是在皮拉哈人問我飛機何時會再度來訪時(他們很喜歡問這個問題),才注意到這件事。我之所以會發現,是因為他們竟然對於我能確切掌握飛機的造訪日期大感神奇。

我會舉起兩根手指說「Hoi日」,這是我原本以為他們用來表示「二」的用語。我滿臉疑惑。經我更加仔細觀察,我發現他們從未用手指、任何身體部位,或是外在物品來進行算數或計數。我也注意到他們會用我原先認為是「二」的字,來指兩條小魚或是一條比較大的魚。因此這個字如果用來表示「二」就不太對,反而意味著可以用數字來表示相對體積。兩條小魚跟一條中等大小的魚在體積上約莫相當,但兩者都小於一條大魚,所以後者需要另一個不同的「數字」來表示。

別睡,這裡有蛇!

DON'T SLEEP, THERE ARE SNAKES

最後，我和幾位心理學家進行了一連串實驗，並進行多次發表，最後證實皮拉哈人完全沒有數字概念，也不用任何形式進行計算。

然而，在進行這些實驗之前，我就已經掌握經驗性證據，證實皮拉哈人的語言中缺乏計算的詞彙。

一九八〇年，我和凱倫在皮拉哈人的熱情催促下，於傍晚時分開設一系列算數和識字課程。我們全家都投入其中，夏儂、克莉絲蒂和蓋勒博（九歲、六歲和三歲）也和皮拉哈的男男女女坐在一起學習。整整八個月的時間，我們每天傍晚努力教導皮拉哈人用葡萄牙文從一數到十。他們之所以想學，是因為他們知道自己對金錢完全不了解，而希望能學會分辨是否被船販騙了。我們每天辛勤努力，而且每次上課都是皮拉哈人主動前來，從不需三催四請；但最後皮拉哈人的結論是，他們永遠無法學會，最後放棄了這個課程。在這八個月中，沒有皮拉哈人學會如何從一數到十，也沒有人學會如何計算三加一甚至一加一這樣的問題。（針對第二個問題，只要能夠多次反覆以書寫或口頭回答「二」，我就當作他們學會了）。只有偶爾幾次，有幾個人會答對。

無論皮拉哈人無法學會算術的原因為何，有一點我相信很重要，就是他們完全不在乎葡萄牙人（或是美國人）的知識。事實上，他們非常抗拒讓某些葡萄牙文化進入他們生活。他們追問有關外來文化的問題，主要是為了娛樂自己。要是有人跟我們最初在數學課時一樣，告訴他們每個問題都應該有個特定答案，他們不僅不會接受，還可能乾脆就改變話題，甚至大發雷霆。

關於這點還有更進一步的例子。我以為皮拉哈人有辦法在紙上「書寫」故事,為此我在他們的要求下提供紙張。他們的書寫充滿一堆相同、重複、通常看起來像是打圈圈的記號。但是寫故事的人會對著我朗讀這些故事,告訴我他們一天的生活或是某某人生病等等,並表示他們是在閱讀這些標記。他們甚至會在紙上做記號,模作樣拿著紙張,唸出葡萄牙文的數字,然後裝然不介意他們的符號看來都是一個樣子。他們全為書寫有所謂的正確與錯誤。我若要求他們同一個符號再寫一次,他們從來沒有正確達成。他們卻不覺得和我的書寫記號有什麼差別。在課堂上,我們必須嚴正教導才有辦法讓皮拉哈人畫出直線;而要他們跟上我們的筆畫,則需更多嚴正的教導。他們這麼難教,部分原因是他們認為這種「訓練過程」很有趣、樂在其中;另外,所謂的「正確筆畫」,對他們來說是完全是陌生概念。

這些都是有趣的現象,我開始猜想由此可以連結到更多關於皮拉哈文化的事實,只是當時我

我們花了整整八個月的時間教導皮拉哈人算數,但最後連一數到十都沒人學會。

還不知道那會是什麼。

接著我注意到，皮拉哈人沒有用來描述顏色的單字，也就是說，如果有描述顏色的字詞，都是由其他單字組成的。我也和凱倫、史帝夫以及阿爾羅討論了這個現象。一開始我接受史帝夫的分析，認為皮拉哈人有顏色用字。史帝夫的顏色列表中，有表示黑色、白色、紅色（也指黃色）還有綠色（也指藍色）的用字。

然而最後我發現這些都不是單字而是片語。經過更精準的翻譯，即可看出它們的意思：「骯髒的血」表示紅色；「這是可看穿的」、「這是透明的」表示白色；「這個目前還未成熟」表示黃色。

我相信表示顏色的字詞，在特性上至少有一點是和數字相同的。數字是概念化的結果，是將個體依數理特性分組，而非依個別、直接的特性分組*。同樣的，心理學家、語言學家和哲學家經過大量研究後也證實，表示顏色的字詞與其他形容詞或單字的差異在於，它們也涉及特殊的概念化過程，是在可見光的光譜上設立人為分界**。

這不表示皮拉哈人無法感知顏色或不懂得如何表示它們。他們跟所有人一樣，都能感知身邊的顏色，但是他們不會使用固定且概念化的單一用字來表達他們看到的顏色。他們使用片語。

* 譯注　例如若以尾數來計算漁獲量時，會以五尾或十尾的方式計數，而忽略種類與尺寸上的差異。

** 譯注　例如我們以紅色代表光譜上某個區段，這劃分並不精確，但是有助於人們溝通。

167　　第七章　自然與當下的經驗

CHAPTER SEVEN　　NATURE AND THE IMMEDIACY OF EXPERIENCE

沒有數字、沒有計算、也沒有表達顏色的字彙。對這一切我仍舊摸不著頭緒，但是在收集一些證據，我開始有些靈感，特別當我對皮拉哈人的對話和長篇敘事做了更多研究之後。

接著我發現，皮拉哈人也缺乏許多語言學家認為是普世共通的某類字彙，也就是「全部」、「每一」、「所有」等量詞。

要了解這一點，可以看看皮拉哈人最接近這類量詞的用語（以粗體字表示）：

Hiaitíhi hi **ogi** xáagaó pió kaobíi.
大多數人去游泳／洗澡
（字面義：人們的「大」去游泳／洗澡）

Ti **xogi** xáagaó tíii isi **ogi** ó xi kohoaibaaí, koga **hói** hi hi Kóhoi hiaba.
我們吃了**大多數**的魚。
（字面義：我們的「大」吃了魚的「大」，然而有魚的「小」我們沒有吃。）

下面這個句子是我所能找到最接近「每一」（each）這個量詞的使用方式：

Xigihí hi **xogiáagaó** xoga hápii. Xaikáibaísi, Xahodápati pío, Tíigi hi pío, **ogiáagaó**.
每一個男人都到田裡去。

別睡，這裡有蛇！

DON'T SLEEP, THERE ARE SNAKES

168

(字面義：男人的「大」都到田裡去，艾開拜、阿侯阿帕提和提吉他們的「大」去了。)

Gátahai hóihii xabaxáigio aoaagá xagaoa koó

(字面義：仍相連的鐵罐的「小」一起放在獨木舟的腸子裡。)

外國人的獨木舟有**幾個**鐵罐。

然而，他們也常用兩個單字來指稱吃掉或是想要的份量，最貼近的翻譯是「全部」(*báaiso*)與「部分」(*gíiái*)，這兩個字也可以視作量詞。

(字面義：小孩想要「完全」吃。)

小孩想要吃**全部**東西。

Tiobáhai hi báaiso kohoaisóogabagai

(字面義：小孩想要「那邊」吃。)

小孩想要吃這東西的一部分。

Tiobáhai hi gíiái kohoaisóog abagaí

且不論字面義，我們不能將這兩個字視為量詞是有理由的。首先，它們有些

169　　　第七章　自然與當下的經驗

CHAPTER SEVEN　　NATURE AND THE IMMEDIACY OF EXPERIENCE

用法,真正的量詞是不會這樣用的。接下來的例子就顯示出這種對比。有人剛殺了一頭水蟒,此時科賀說了第一句話。接著我買下這頭水蟒,然後有人取走其中一部分,此時科賀又說了第二句話,並且同樣使用「báaiso」這個字。這對英文來說是不可接受的。

Xáoói hi paóhoá'aí xisoí báaiso xoaboíhaí.
「那個外國人會想買整尾蟒蛇皮。」

Xaió hi báaiso xoaobáhá. Hi xogió xoaobáhá.
「是的,他買了整個東西。」

然後你付錢買下這一整塊肉。

要證實皮拉哈人不使用量詞,得先理解這種轉換,我們先以類似的英文情境來比較,就可以知道個中原因。假想有個店家老闆跟你說:「沒問題,我會把整塊肉賣給你。」

結果店家在打包之前,在你面前取走一部分的肉,只給你剩下的部分。此時你可能會認為店家不誠實,因為在英語裡,「all」(全部)表示沒有部分是排除在外的,每個部分或是每一份子皆囊括在內。對於有「全部」這類用語的語言來說,都不會描述店家賣出的是全部的肉,頂多是描述成賣出一大部分的肉。語言學家

對皮拉哈文化的種種發現，激發我更仔細觀察他們社會中較為隱晦的價值觀。我主要是透過研究他們的故事。

皮拉哈人對社會信仰和價值觀的實踐無疑是全面的，因此我不能單靠觀察文化現象，還得花費大部分的時間來研究皮拉哈人的對話和故事。從他們的故事題目也看得出來，他們不談論沒有經驗過的事情（例如很久以前或很久以後會發生的事），也不談論虛構的話題。

我很喜歡卡布吉告訴我的一個故事。那天他獵殺了一頭黑色的美洲豹，重量約莫一百四十公斤（我是根據豹頭大小來估算，牠重到連四名皮拉哈人都無法整

和哲學家將這些量詞的特徵連結到他們的真實情況。而所謂真實情況，就是說話當事的人依照當下情境所決定的用字。因此這些用字當然有可能不同。小孩可能會說：「所有小朋友都會來參加我的派對。」但無論是小孩自己或是他們的父母，都不會真的相信全世界或全國或整個城市的小孩都會出席，出席的不過是這個孩子的一些朋友。在這裡，小孩使用的並不是「全部」這個字最精確的意思，而只是可接受的用法。因此我要指出的是，對皮拉哈語而言，真實情況永遠不會有其他語言中對於「全部」一詞那種精確而具備數量的意義。

我們從上面的例子便知道這一點：儘管有人取走了部分蟒蛇皮，皮拉哈人還是會再三說：「他買下了整尾蟒蛇的皮。」如果 *báaiso* 真的表示「全部」，這個句子就不可能成立。所以，皮拉哈語並不具備量詞。

171　　第七章　🌢　自然與當下的經驗

CHAPTER SEVEN　　　　　　　　　　NATURE AND THE IMMEDIACY OF EXPERIENCE

隻運回村裡）。他將豹頭和腳掌放入籃子，然後帶回村裡給我看。

卡波吉在向我展示豹頭和豹掌之後，鉅細靡遺告訴我整個故事。他告訴我當時他正出外打獵，他的狗聞到氣味便往前狂奔。接著，他聽到狗兒大聲咆哮，然後突然就沒了聲音。他跑向前一探究竟，發現狗兒的身體已經分處一截樹幹的兩側。正當他趨近打算看個仔細，右眼眼角卻瞥見一團黑影。他身上帶著我去年買給他的二十八口徑單發獵槍，便拿著這把小得可憐的武器轉身開火。子彈射進豹眼，豹子往一邊倒下，並打算再站起來。因為這柄獵槍不能自動退出彈殼，卡波吉便迅速以棍子敲出空彈殼然後重新上膛。這頭豹子的頭比我的大很多，腳掌也大到可以蓋過我的手，爪子則有我的半根手指長。至於那象牙色的豹牙，連根拔起後整個長度超過七公分。

我要卡波吉坐下來在錄音機前訴說這故事，他所講的內容就記載在下面幾頁。不過我移除了大部分語言學上的技術性細節，好讓故事更為流暢。從這篇故事我們可以看到，與不同文化背景的人交談，涉及的不僅是字義的正確理解。我們可以正確翻譯出每個單字，卻仍舊無法理解整篇故事。這是因為我們的故事隱含了我們的文化所預設的世界觀。我為每個句子標示號碼，以利閱讀。

獵殺美洲豹

1　*Xakí, xakí ti kagáíhiaí kagi abáipí kodi.*

別睡，這裡有蛇！　　　　　　　　　　　　　　172

DON'T SLEEP, THERE ARE SNAKES

豹在這裡。* 襲擊了牠,殺了牠。

2 Ti kagáíhiat kagi abáipi koái. Xai ti aiá xaiá.
豹在那裡襲擊了我的狗,殺了牠,這是發生在我身上的事。

3 Gai sibaibiababáopiiá.
豹在那裡殺了我的狗,以襲擊的方式。

4 Xi kagi abáipisigíai. Gai sii xisapikobaóbiihai.
說到這件事,豹襲擊了我的狗。我想我看見了這件事。

5 Xai ti xaiá xaki Kopaiai kagi abáipáhai.
然後我,就這樣,豹襲擊了我的狗。

6 Xai Kopaiai kagi abáipá haii.
然後豹襲擊了我的狗。

7 Xai ti gáxaiá. Kopaiai xdaga háia.
然後我就說。這是豹(幹的好事)。

8 Xai kopai ti gái. Xaki xisi xisapi kobabáopiihai.
然後我要講豹的事。我想我看見了(牠往這裡來)。

9 Mm ti gáxaiá. Xaki xisaobogáxaiá xai.

＊譯注 請想像卡波吉訴說這則故事時,對著眾人比手畫腳的樣子。「這裡」「那裡」的用法,要放回他說故事的當下情境才有意義。

173　　第七章 ● 自然與當下的經驗

CHAPTER SEVEN　　NATURE AND THE IMMEDIACY OF EXPERIENCE

10 我說，呃。豹接著跳上樹幹。

11 Giaibaí, kopatai kagi abáipáhaíi.
至於我的狗，豹襲擊了牠。

12 Kopatai xíboaikoaisaagáhai.
豹殺了我的狗，以撲擊的方式。

13 Xai kapágobaósobáthóhoagáixíigá xai.
然後我對豹開槍，牠倒了下來。

14 Kaapási xai. Ti gaí kaapási kaxíowí kobáatahai.
我對卡帕西說。丟個籃子（給我）。

15 Xí kagihoi xóbáatahai. Kagi abáipí.
丟個籃子給我。我要（用它）裝狗。

16 Sigiáíhí xai baóhoipaí. Xisao xabaabo.
那頭貓也是一樣。牠襲擊了我的狗。

17 Kopátai xisao xabaabáhátaío. Xaí xabaabáátaío.
那頭豹襲擊了狗。牠讓牠不存在。

18 Xí kagigía xiowí hi dobísigío. Kagigía xiowí.
把豹跟狗裝進同一個籃子。

19 Hi aobisigío xabaabátaó. Hi agía sóxoa.
把牠跟狗放在一起。牠讓狗不存在。所以牠已經（死）了。

19 Xisagía xtigáipaó. Kagíhoi xodobahá xaí.
你已經把豹裝進籃子。把籃子放在你頭上。

20 Giaibáihi xaí xahoaó xittógixaagahá xai.
這樣狗在晚上就一定可以聞到牠的氣味。

21 Kagi xi gií bagáihi kagi abáboittaá hiabá.
牠就在狗的正上方。牠襲擊了狗並殺了牠。

22 Kagi aboíboittaósogabaisai hiaba.
牠襲擊了那狗。

23 Xaí ti gáxaiá xaí Kaapási hi isi hi....
然後我正說到,然後卡帕西他,動物,他......

24 Káapí xoogabisahaí. Kapáobiigaáti.
別老遠就開火。一定要把牠擊落。

25 Xi ti boittáobíhaí. Xkoabáobahátaío xisagía.
我很快移動到樹幹上。(我)殺了牠,所以牠變成(死了)。

26 Xi koabáobiigáhataío. Xíkahapíí hiabahátaío.
牠快死了。所以牠沒有辦法離開。

27 Xígixaí xí koabáobátatío. Xaí koabáobiiga.
好,然後,牠就要死了。

28 Xaí Kaapási, xigía xapáobisáihi.

175

CHAPTER SEVEN　　第七章 ♦ 自然與當下的經驗
NATURE AND THE IMMEDIACY OF EXPERIENCE

29 然後卡帕西,好,他向牠射擊。

Xaí sagía kodbáobaí. Xisagía sitodopaó kahápitá.
然後那動物因此改變而快要死了。那動物站了起來。牠再度離開。

30 *Koábáobáísai.*
牠一直還沒死。

31 *Ti xagía kapaigáobitahat. Xitofiió xtáihixaí.*
所以我又對牠開槍,打斷牠手肘。

32 *Ti í kapagáobitahat. Xaí ti giá kapáobiso.*
然後我又對牠開槍。我然後又對牠開槍。

33 *Koabái. Koabáigáobihaá xaí. Xisaitaógi.*
牠就要死了。牠就要死了。牠的毛皮很厚*。

34 *Xí koaií. Hi abaátaogtisai. Xisaitaógi.*
牠還沒死。(我說⋯)「那個外國人,你(丹尼爾)這個外國人,還沒有看過死掉的(豹)。」

35 *Koaí hi abikwi. Gaí xáowí, xáowí gíxai, kobaihiabikwí.*
所以牠就要死了。牠不動了。牠真的很強壯。

36 *Xaí pixaí xí kaapíkwí pixáxtiga.*
然後立刻,(我)移動牠,馬上。

37 *Xaí baóhoipaí so Xisaitaógi sowá kobai.*

別睡,這裡有蛇!

DON'T SLEEP, THERE ARE SNAKES

176

然後貓,伊塞陶吉(史帝夫·薛爾頓)已經看過。

38 *Xaki kagáhiái, Xisaitaógi hi i kobaihiáhiigá.*

這裡豹(他已經看過),只有黑豹史帝芬薛爾頓還沒看過。

現在,皮拉哈人剛剛射殺(一頭豹),就是現在。

39 *Pixái soxóá hiaitíhí kapíkwi pixáixtiga.*

然後皮拉哈人非常害怕豹。好,我說完了。

40 *Xai hiaitíhí baaiowí. Baóhoipaí Kopaiaíhi. Xigíai.*

卡波吉獵殺一頭豹的故事,在幾個面向上皆饒富趣味。我們知道這是個完整的故事,因為故事一開始就介紹主角豹子出場。故事以 *xigíai* 做結,這個皮拉哈單字的字面意義是「這是結合在一起的」,通常用來表示「好」。在這裡表示故事已經結束。

對於不懂皮拉哈語的人來說,這故事在許多地方不斷重複,像是開頭幾行就重複說著豹子殺死了狗。然而這類重複有著修辭學上的目的。首先,它表達一種興奮之情。但它也能確保儘管背景嘈雜(例如有許多皮拉哈人同時在說話),聽眾還是能知道發生了什麼事。重複也是皮拉哈的一種「風格」,他們喜歡故事裡夾雜許多重複。

* 皮拉哈人的說法,表示牠很強悍。

「獵殺豹子」是訴說當下經驗（immediacy of experience）的典型的文本。所有皮拉哈故事都有這項重要特徵。皮拉哈的故事總是訴說著當下經驗，注意到這點後，我學到一個新單字。而皮拉哈許多讓人百思不得其解的面相，竟然就從這個單字來解開。

這個字就是「伊比皮歐」（*xibipíío*）。我記得第一次聽到這個字是有人提到有獵人從叢林歸來。當伊波吉（大概是皮拉哈最優秀的獵人）走出叢林，回到村落，好幾名皮拉哈人大喊：「Xipoógi hi xibipíío xaboópai.」（伊波吉他伊比皮歐抵達了。）

我第二次注意到這個字，是科賀到下游捕魚（就在麥西河口外的瑪美洛河）之後他划著獨木舟返家。有個小孩一見到他出現在河的彎道附近，便興奮大喊：「科賀正伊比皮歐抵達！」

但我最常聽到這個用字，則是當飛機抵達和離開村落時。我第一次在這種情況下聽到，是在和家人一起待在村落數週後，有天早上起床我心情亢奮地等著飛機。我對著科賀喊話：「科賀，當太陽到我們頭頂正上方時，飛機就會到了！」他的小屋位在我家往上游方向的路上，他從他家向著我大聲回話：「我喜歡看飛機！」然後轉身對著村裡其他人大喊著：「丹尼爾說今天會有飛機！」然後村裡所有皮拉哈人都開始等著。有些關於飛機抵達的假消息傳出，主要都是小孩子調皮。他們大叫：「飛機來了！」然後笑著承認他們其實在亂講。

午時分，村裡所有的人就幾分鐘前，全村的人幾乎同時大喊：「*Gahióo, hi soxóá xaboópai.*」（飛機已經來了！）然後跑到最近的空地上，張大眼睛，希望自己

178

別睡，這裡有蛇！

DON'T SLEEP, THERE ARE SNAKES

成為第一個看到飛機從雲端現身的人。而他們幾乎是同聲大喊：「Gahióo xibipíío xaboópai.」（飛機來了！）

但是當飛機要返回波多韋柳，皮拉哈人見飛機消失在地平線時，也喊著同樣一句：「Gahióo xibipíío xaboópai.」

這些觀察讓我開始去猜想這個字的意思。它的意思似乎是「現在正要」，所以可以用在「它現在正要抵達」或是「飛機現在正要離開」。這樣猜想似乎沒錯，我也開始在話中使用這個字，皮拉哈人看來也懂得我在說什麼。

後來，有一天晚上，艾開拜、阿巴吉還有一名剛從上游村落搬過來的老人來訪。就在他們造訪前幾分鐘，我的煤油燈剛好燃盡，為了省事我沒重新點燈，而是打開手電筒。不過當我們聊天聊到一半，手電筒的電池也開始沒電。就在電池耗盡時我到廚房裡找出火柴，然後和艾開拜與阿巴吉在漆黑的夜裡繼續談話。突然間，阿巴吉一不小心把我遞給他的魚鉤掉在地上，於是我點燃火柴好讓他在地上尋找珍貴的魚鉤。沒多久火柴的光線開始閃爍，此時他們說：「火柴正伊比皮歐。」

還有一天晚上，村裡的營火將熄時，我也聽到有人這麼使用這個單字。在以上種種情況，皮拉哈人並不是把這字當作副詞使用。

噢，所以這個字指的並非「現在正要」，有天下午我終於想通了這點。這單字是用來描述有東西進入視線或是離開視線。所以，一旦有人來到河道彎曲處，他們正好進入視線範圍，而飛機消失在地平線時，正好離開視線。

但我還是覺得這樣的理解不夠完整，一定有更普遍的文化概念可以同時包括

179　第七章 ◆ 自然與當下的經驗

CHAPTER SEVEN　　NATURE AND THE IMMEDIACY OF EXPERIENCE

「進入視線」與「離開視線」。我想到伊比皮歐也可以用來描述某人的聲音正好介於聽得見和聽不見之間。像是每當我用對講機和波多韋柳的傳教中心通話，告訴他們我們的狀況並提出補給品清單時，偷聽我說話的皮拉哈人可能會說，那天早上聽到有人的聲音從對講機傳來，那個外國人正「伊比皮歐說話」。

每當有獨木舟來到河道彎曲處，剛好在村子附近的皮拉哈人都會跑到岸邊，看看是誰來了。我以為這是天生好奇心作祟，想知道究竟是誰來到村落。但有天早上科賀出發前往捕魚，我注意到有群孩子咯咯笑著看他滑動船槳。當他正好消失在河道彎曲處那一刻，孩子齊聲大喊：「Kóhoi xibipíío!」（科賀消失了！）每當有人來到或是離開村落，總是有幾個皮拉哈人會說：「他消失了！」在他們從河道彎曲處回來時也是如此。皮拉哈人感興趣的不是出現或消失的對象，而是消失與出現的現象。

Xibipíío 這字眼在英語裡似乎沒有一個明確

即將進入或是離開感知範疇的活動，那跨越經驗界線的一刻，是皮拉哈人感興趣的現象。

對應的文化概念或價值觀。當然,任何一個說英語的人都可以造出像是「約翰不見了」或是「比利才剛出現」這樣的句子,但這不能相提並論。首先,我們用不同的單字(也就是不同的概念)來表示出現與消失。更重要的是,說英語的人關注的是出現或離開的對象,而不是某人進入或離開我們感知範疇的這個事實。

最後,我終於理解這個字指的是「經驗的閾限」,就是正要進入或是離開感知範疇的活動,亦即跨越經驗界線的那一刻。閃爍的火苗是反覆出現與消失在經驗或感知範疇的火光。

這是個可行的翻譯,對我而言它成功解釋了使用「伊比皮歐」這個字的適當時機。(在單一語境做研究的人,最希望的就是找出可行的翻譯。)

「伊比皮歐」這個字也加強並肯定了我個人一直以來對皮拉哈人價值觀所作的研究,這個普遍存在的價值觀,似乎也規限了皮拉哈人談論從目擊者那裡看到或聽聞的事。

要是我的假設正確,有關「米基」、其他層次的生命體、神靈等知識,一定都是由尚在人世的目擊者所提供。雖然這乍聽之下違反直覺,但真的有人親眼見到不同層次的宇宙。宇宙的分層是肉眼可見的,像是大地與天空。我們也同樣能看見居住在不同層次的生命,因為其他層次的生命會穿越界限,由天而降在我們的叢林行走。皮拉哈人不時目睹祂們的蹤跡。根據目擊者的說法,皮拉哈人甚至能看到這些生命體,像是鬼魅般潛伏在叢林暗處。對皮拉哈人而言,夢是真實與當下經驗的一在夢裡皮拉哈人也能夠穿越米基。

第七章 ♦ 自然與當下的經驗

CHAPTER SEVEN　　NATURE AND THE IMMEDIACY OF EXPERIENCE

延續，也許其他層次的生命體也出現在他們的夢中。無論如何，這些生命體確實穿越了界限，皮拉哈人也看過祂們。

有天清晨三點，一群皮拉哈人一如往常睡在我屋子前方的房間裡。此時，伊薩比突然坐起身來並開始唱歌，高唱他剛剛才在夢裡見到的叢林。「我來到高處，這裡十分美麗」等等，描述他到了更高的層次，也就是天空，甚至更高更遠之處。歌聲將我吵醒，我卻不覺得受打擾，因為歌聲美得令人難忘。回音從麥西河對岸傳回來，皎潔明亮的滿月將他映照得清清楚楚。我起床走向正在歌唱的伊薩比，在他身後一公尺處坐下。在我們身旁約有二十來個皮拉哈男女老少睡在木地板上，除了伊薩比沒有人移動身子。黑色樹影上方掛著一輪明月，銀色的月光灑滿平靜的麥西河面。伊薩比清楚聽見我坐在他身後，卻沒理會我，他面向明月，注目著河的對岸。他身披一條舊毛毯，毯子蓋住他的頭，露出臉龐大聲歌唱，不管身旁正在睡覺（或至少假裝沉睡）的人們。

隔天我和伊薩比談起他的夢。我一開頭就問他：「你為什麼在一大清早唱歌？」

他回答：「我艾皮派（xaipipai）。」

「什麼是艾皮派？」

「艾皮派是你睡覺時出現在腦袋裡的東西。」

我這才知道艾皮派就是做夢，但意思和我們一般的理解不同，皮拉哈人不認為夢是虛構的，夢當作真實的經驗：你就是自身夢境的目擊證人。皮拉哈人將做清醒與沉睡時所看見的東西不同，但兩者都是真實的經驗。我也認識到，伊薩比

用音樂式的說話方式來談論他的夢，因為這是他的新經驗，而皮拉哈人總是以音樂式的說話方式來描述新的經驗，因為這種方式能充分利用皮拉哈所有字彙中的固有聲調。

先前我提到皮拉哈人多半僅談論當下經驗的文化價值觀，在做夢這件事情上，他們也沒有違反「伊比皮歐」的法則。夢裡發生的事就跟清醒時一樣都是當下的經驗，皮拉哈人因而能夠以直接而當下的經驗，來理解我們認為顯然是虛構的宗教世界與神靈。假設神靈在夢裡解決我的問題，而我在夢中的經驗就等同於我神智清醒時的觀察，那麼神靈就在我當下經驗的範疇內，我的伊比皮歐。

當我試圖理解這種種一切，我也開始好奇，伊比皮歐在文化或語言中是否還有其他應用。我尤其開始重新思考皮拉哈文化中一些較不尋常的面向，並且自問，是否能用伊比皮歐這個當下經驗的概念來解釋這些不尋常之處？我第一個想到的就是皮拉哈人表示數量的方式。

過去幾個月來，在我腦袋和筆記本裡積累的種種關於皮拉哈人與我們之間的差異和特殊情況，我相信都可以用當下經驗來解釋。它可以解釋何以皮拉哈人缺乏數字概念和算數能力，因為這都要運用超越當下經驗的概念化技巧。數字和算數本質上就是抽象的，因為它們牽涉到用概念化的詞彙來分類。既然超越經驗層面的抽象化過程會違反當下經驗這項文化原則，它就不見容於皮拉哈語之中。不過，這項假設看似有理卻仍不夠完備。

同時，我又想起其他事蹟，似乎可以支持當下經驗這項價值觀。例如，皮拉

183　　　第七章　♦　自然與當下的經驗

CHAPTER SEVEN　　　NATURE AND THE IMMEDIACY OF EXPERIENCE

哈人不儲糧、只計畫當天要做的事、不討論長遠的未來或是久遠的過去，他們似乎只注重此時此刻，他們的當下經驗。

這就對了！有天我豁然開朗，原來連結皮拉哈語言和文化的，就是他們不會討論那些超越當下經驗的事物。這項限制可以敘述如下：

皮拉哈人的陳述內容只與此時此刻直接相關，可能是談話者本身所經歷的事件，或是談話者生命中接觸過的人親眼目睹之事。

換句話說，皮拉哈人只討論與他們談話當下而非其他時間點所發生的事。這並不表示一旦有人過世，皮拉哈人就會忘記所有他說過的事。偶爾他們也會向我提到從某個已過世者那裡聽來的親身經驗，但這很少發生，而且通常只有能熟練駕馭語言的皮拉哈人會這麼做——他們已經發展出能夠從主動語態抽身的能力，而轉用客觀觀點來評論事情。這對世界上任何一種語言使用者而言都是罕見的。所以這項當下經驗法則的確偶有例外，但情況不多。皮拉哈人的日常生活幾乎從來不會違反這項法則。

這也表示他們會使用簡單的現在式、過去式和未來式，因為這些都和說話的此時此刻相連。但他們就不使用完成式或是插入句這種無法表達自身意見的用法。像是這個英文句子「When you arrived, I had already eaten.」（你抵達時，我已經用過餐了），動詞「arrived」（抵達）的時態是相對於我們說這個句子的此時此刻，這個動作就發生在說出這個句子之前，因此該時態與當下經驗法則完全相容。但是「had eaten」（用過餐）這個動詞的時態並非相對於說出這個句子的此時此刻，而是

別睡，這裡有蛇！　　184

DON'T SLEEP, THERE ARE SNAKES

相對於「arrived」的時刻。「had eaten」發生在「arrived」之前，而「arrived」則發生在這個句子出現之前。再來看另一個例子，「When you arrive tomorrow, I will have eaten.」（明天你抵達時，我已經用過餐了）。在這句子當中，用餐仍舊發生在你抵達之前，只是你的抵達會發生在說出這個句子之後，也就是在我們說話當下之後。所以根據當下經驗法則，皮拉哈人不會使用我們在文法課所學到的完成式。

同樣的，皮拉哈人也不會說出「那個高個子的人在房間裡」(The man who is tall is in the room.) 這樣的句子，因為「高個子」並不表示說話者的主張，而且也與說話的此時此刻無關。

當下經驗法則也作用在皮拉哈人簡單的親屬關係系統。親屬關係稱謂不會超出使用者的生命週期，也就是說基本上僅限於使用者能親見的對象。一般皮拉哈人四十五年的生命週期中會見到他的祖父母，但曾祖父母就不可能了。他們有機會看見別人的曾祖父母，但也不是所有人都看過。因此他們的親屬系統也反映一般皮拉哈人的經驗，沒有曾祖父母的稱謂。

這項法則也解釋了皮拉哈人何以缺乏歷史、創世故事和民間傳說。人類學家通常會斷定所有文化都有所謂的創世神話，以解釋他們與世界從何而來。我因而相信皮拉哈人也會有關於樹木、皮拉哈人、水和其他生物的創造故事。

所以我提出了諸般問題：誰創造了麥西河？皮拉哈人從何而來？是誰造了樹？飛鳥從何而來？我借閱並購買語言人類學有關田野方法的書籍，仔細遵循他們的方法，試圖記錄我認為所有文化都應該會有的故事與神話。

185

第七章 ◆ 自然與當下的經驗

CHAPTER SEVEN　　NATURE AND THE IMMEDIACY OF EXPERIENCE

但我一無所獲。我也問過史帝夫、阿爾羅和凱倫，沒有人曾經收集到或聽過創世神話、傳統故事、民間傳說，或是任何超出談話者當下經驗或目擊者轉述的敘事。

由當下經驗法則來看，這似乎頗有道理。如果說，皮拉哈人會藉由說故事來維繫群體（因為他們幾乎每天都會從自身的特定觀點來講述親眼所見的事物），那麼這些故事的確達到了神話的功能。本書中所記錄那些不斷重複訴說的故事，像是獵殺美洲豹、婦女難產而死等故事，從這個觀點來看都稱得上神話。但是皮拉哈人沒有民間傳說，所以「每日故事」以及日常對話便扮演著重要角色。他們沒有虛構的故事型態。他們的神話缺乏大多數神話的共同特徵，也就是說，如果目前活著的人沒有見過的事情，就不會出現在他們的神話中。這個差異雖小，卻很重要。皮拉哈人確實和其他人類社會一樣，有故事來維繫文化，但皮拉哈人注重證據，一個故事能被訴說、討論，一定是因為在說故事的同時，目擊證人尚在人世。

有次我和科賀坐著聊天，他聽了我的上帝之後問我：「你的上帝還做了什麼事？」

我回答他：「嗯，皮拉哈人說，他創造了星星，他創造了地球。」然後我問他：「皮拉哈人對於星星和地球是怎麼說的？」

他回答：「嗯，皮拉哈人說，這些東西不是創造出來的。」

就我所知，皮拉哈人沒有高高在上的神祇或是創造萬物的神明。他們有各種神靈，他們也相信自己看過這些神靈，而且經常看見。如果我們深入了解，會發

別睡，這裡有蛇！　　　　　　　　　　　　　　　186

DON'T SLEEP, THERE ARE SNAKES

現他們所看到的神靈並非那些不可見的神靈。神靈可能以四周環境中不同事物的面貌存在。他們會稱一頭豹或是一棵樹為神靈，端視神靈的特徵而定。對他們而言，神靈的定義與我們的理解不同，他們談論神靈的一切事蹟，都需要真實經驗佐證。

下面這則與豹相遇的故事，可以看出皮拉哈人是如何看待神靈。故事由史帝夫・薛爾頓所記錄。有些皮拉哈人會解釋這只是則跟動物有關的故事，但是大多數人都將之理解為與神靈相逢。

伊波吉與豹

報導人：卡波巴吉

錄音與謄寫：史帝夫・薛爾頓

故事大綱：被豹攻擊的人是伊提侯歐伊，他的名字只提到一次，但是大家都知道他是誰。豹子用爪子攻擊他，但是他全身而退。

1 *Xipoógi xahaigá xobabíisaihiai.*
伊波吉聽到一個弟兄呼喚。

2 *Hi gáxaisai Xitahá. Xibigaí soóoxiai xísoi xaítisai.*
他說，是伊塔哈的父親。他父親為什麼喊叫？

3 Xipoógi gaigói. Hi xáobáopabá.
伊波吉說。Hi xáobáopabá。

4 Hi gásaihíai Xipoógi. Xi baóhoipaíi xaítisai.
他說，伊波吉。這是一頭豹。

5 Hi gásai Xipoógi. Gí hóiiigopápi.
他說，伊波吉。丟出你的弓。

6 Xi soxoá hi xabáíi bodhoipáii Xitihoixoí.
那頭豹已經抓住伊提侯歐伊。

7 Hi gásaihíai. Boaí gí tipápi.
她說。波艾，你（也）去。

8 Hi xobaopiíhaí.
你去瞧瞧。

9 Hi baóhoipatoí aítisai.
豹大吼。

10 Hi gásai. Xi káopápá baóhoipaíi.
她說。豹已經跑遠了。

11 Xi soxoá hiabáipí.
牠已經抓住他了。

12 Xi kagi xohoabá. Hi xaii isi xioi boíigahápisaihíai.

別睡，這裡有蛇！

DON'T SLEEP, THERE ARE SNAKES

188

13 *Hi xaigíagáxaisahai xipoɁhió. Kaxaó xi baóhoipaíi kagi xaigóiigahápi.* 也許牠吃掉了同行的狗（他的卡集）。他把狗帶在身邊。

那女人說：我們走吧；那頭豹可能離開了。

14 *Hi xaigía kagi xáobáha. Kagi xahápi. Hi gíopaí oóxiai.* 他可能有看見同行的狗。同行的狗離開了。狗跑到叢林裡去。

15 *Xísaigía hi xaigía gáxaisai. Hiaigí xiigapí tagasága. Xii sokaopápaá.* 他說。帶著你的開山刀。把箭削利。

16 *Hi baiaí hi xaagahá xipoɁhió.* 女人在害怕。

17 *Hi xaógaahoisaabai.* 他已經累了。

18 *Xi higí soibáogíso.* 然後牠攻擊他的臉。

19 *Hi xoabahoísahíai.* 牠咬他。

20 *Hi xaigía hi xapiságaitáo.* 牠抓傷他的手臂。

21 *Hi boásoa gaitáopáhátaí.* 牠抓傷他的肩膀。

22 Hi gásaihíai kahiabáobii.
他（伊塔侯侯）說，箭都用完了

皮拉哈人宣稱看到神靈的說法，就跟許多美國人沒有兩樣，像是那些相信自己的禱告有所回應，那些與神交談、看到異象與神靈的人。宣稱與神聖事物接觸的事經常在全世界發生。對於我們這些相信此類神靈並不存在的人而言，看見神靈是件荒謬可笑的事。但這純粹只是**我們的觀點**。

回顧歷史，早已有人宣稱能看見這類超自然事物。皮拉哈人對神靈的看法跟這些人就算有所不同，差異也並不大。在序言中，我提到一個皮拉哈人親眼目睹神靈的事例，而我又提到與神靈相遇的事件都得符合當下經驗法則。不過皮拉哈人遇到的神靈有很多種。

最常提到的神靈是高艾波吉（kaoáibógí，「快嘴」之意）。這個神靈包辦所有發生在皮拉哈人身上的好事和壞事。祂可以殺死皮拉哈人，也可以給他們有用的建議，端視其心情好壞。在皮拉哈人的世界裡，住著兩種生氣蓬勃的人形生物。第一種類型是體內有血液的伊比西（xíbiisi，「血」之意），例如皮拉哈人自己或是其他外人──雖然皮拉哈人並不太確定美國人體內是否都有血液，因為他們的皮膚這麼白。第二種類型是伊比西加罷（xíbiisihiaba，「無血」之意），所有神靈都屬於這一種，高艾波吉就是。

其他神靈名字各不相同，但一般統稱為考埃波吉（kapioxiai，「這是他者」之

意）。如先前提到，血管裡有血液流動的人是伊比西——一般而言，你可以從膚色判別誰是伊比西，血液讓膚色變深，因此那些沒有血液的神靈普遍而言都是淺色膚色和金髮。所以膚色深的人是人類，膚色淺的人傳統上則不被認為是人類，不過皮拉哈人會認可部分白人其實也是人類，主要是因為他們見過我和其他幾個白人流血。

但是疑惑仍不時浮上心頭。在我和他們一起工作二十五年之後，有天傍晚，我和一群皮拉哈男人一起喝著咖啡，突然有人問：「丹尼爾，美國人會死嗎？」我十分堅定地回答這個問題，希望這樣就不會有人想要親自實驗確認答案。他們會提出這樣的問題，可能是因為美國人的壽命遠超過皮拉哈人。阿爾羅仍不時將自己與太太的合照寄給皮拉哈人。即使兩人已經高齡七十，看起來依然十分強壯、健康、有活力。這對皮拉哈人來說十分不可思議。

偶爾皮拉哈人會討論起我，當我傍晚在河邊沐浴後起身，我聽見他們彼此問道：「這是剛剛到河裡去的那個人，還是考埃波吉？」

接著我聽到他們討論哪些部分的我維持不變、哪些部分的我已經不同，此時我不禁想起關注於物體同一性如何隨時間改變的古希臘哲學家赫拉克里特斯（Heraclitus）。他提出一個問題：一個人可否踏入同一條河中兩次？我們第一次踏入河中時的河水已不復在，河岸在水流的沖刷下也已經改變，不可能完全相同，顯然我們踏入的已經不是同一條河流。討論一樣事物或一個人此刻是否與前一分鐘相同，意義為何？現在的我

191　第七章　自然與當下的經驗

CHAPTER SEVEN　　NATURE AND THE IMMEDIACY OF EXPERIENCE

和當年蹣跚學步的我還是同一個人,這句話是什麼意思?畢竟我身上所有細胞都是新的,想法也截然不同。對皮拉哈人來說,人會隨著不同生命階段改變。當神靈給你一個新名字(他們只要遇見神靈就可能發生),你就不再是先前那個人了。

有次我到波多諾佛,我問科賀是否如以往一樣加入我的工作。他沒有回答我。所以我又問了一次…「Ko Kóhoi, kapiigakagakaisogoxoihí?」(嘿,科賀,你要不要跟我一起標記紙張?)他還是沒有回應。我問他為什麼不跟我說話,他說:「你是在跟我說話嗎?我的名字是提雅帕艾。這裡沒有科賀這個人。以前有人這麼叫我,但現在已經沒有這個人了,這裡只有提雅帕艾。」

所以他們很自然會好奇我是否已經變成另外一個人。但是他們對我的關注不僅如此,因為如果最終證明我不是伊比西(儘管證據並不支持這項觀點),那我真的就是完全不同的生命體,並且會對他們造成威脅。我向他們保證我還是原來的丹尼爾,我不是考埃波吉。

許多無雨的夜晚,皮拉哈村落附近叢林會傳來男子拔高聲線尖著嗓子唱歌的聲音。對我而言,這種假聲男高音聽來頗為空靈。的確,村裡所有皮拉哈人都將之視為神靈考埃波吉,也就是快嘴。這歌聲為村人提供建議或忠告,像是隔天該做些什麼事,或是夜裡可能遇到的危險(豹子、其他神靈或其他原住民的攻擊)。

有一天晚上,我想親自會會這位考埃波吉。我穿越三十公尺的樹叢到了歌聲的源頭。用假音說話的人是沛奎亞(Pequial)村那邊來的皮拉哈人阿嘎比,大家都考埃波吉也很好色,他經常鉅細靡遺談論他想跟村裡女人交媾的欲望。

知道他對神靈的事很有興趣。我問：「我可以錄下你說的話嗎？」我不知道他會怎麼回應，但我心裡覺得他應該不會介意我的要求。

他立即恢復正常的聲音說：「當然可以，儘管做。」我對他的「考埃波吉語」做了約十分鐘的錄音後返家。

隔天我去找阿嘎比，我問他：「嘿，阿嘎比，你昨晚為什麼講話像個考埃波吉一樣？」

他大吃一驚。「昨晚考埃波吉有來嗎？我沒聽到。我昨晚不在這裡。」

整個情況非常啟人疑竇。

我和彼得·高登與一群皮拉哈人互相交流他們的種種經驗（皮拉哈人的語言和心理表現，還有對數字概念的掌握）。彼得想詢問皮拉哈人有關神靈的事，希望能將他的發現融入他對皮拉哈文化的理解。此時有個皮拉哈男人伊薩歐伊建議：「今晚天黑之後一起來吧！神靈會到這裡來。」我和彼得表示會到，然後又繼續工作。

後來我們回到麥西河對岸的營地，面朝村落。我們原本打算洗個澡之後，以罐裝肉品當晚餐。此時有個皮拉哈人給了我們驚喜，拯救我們免於食用罐裝肉品的命運。他駕著獨木舟捕魚回來，用一大尾孔雀鱸魚跟我們交換沙丁魚罐頭，我們欣然同意。

彼得將鱸魚裹上蛋液和燕麥糊，放在新鮮木材搭成的架子上就著營火燒烤。

在沐浴過後，我們享用沾黏著燒焦燕麥糊結塊的魚皮以及白色鱸魚肉的美味晚餐

193　　第七章　自然與當下的經驗

CHAPTER SEVEN　　NATURE AND THE IMMEDIACY OF EXPERIENCE

（事後證明彼得的食譜不怎麼樣），接著越過河流回到村落要觀看神靈。我不確定會看到什麼，因為在此之前沒有人邀請過我觀看神靈。

夜很黑，天空裡眾星閃耀，銀河清晰可見。河裡大青蛙呱呱叫著，幾個皮拉哈人坐在樹幹上面朝叢林。彼得架設好專業的新力牌隨身錄音機，上頭還附有高品質的外接麥克風，然後和我們一起坐在他們旁邊。幾分鐘過去了。皮拉哈小孩嘻笑著，幾個小女孩用手遮臉，從微微張開的指縫間看看我們又看看叢林。

我把這段延遲的時間視為在等待神靈戲劇化登場。我和彼得同時聽到假聲男高音，然後有個男扮女裝的人從叢林現身。伊薩歐伊將自己裝扮成某位剛過世的皮拉哈婦女，尖著嗓子就像是女人在說話。他在頭頂披了一件衣服，往後一擺，好似女人的長髮。

這名「婦女」身著一件洋裝，大談她葬身的地底是多麼冰冷黑暗，還有地底其他神靈。伊薩歐伊的神靈使用的言談方式，與皮拉哈人的日常言談大不相同，還有地底其他神靈。伊薩歐伊的神靈使用的言談方式，與皮拉哈人的日常言談大不相同，他說話的音節兩兩一組（二元音步），和日常交談時三個音節為單位（三元音步）的方式不同。從這名「婦女」登台到退場的這段時間，我心裡想的是她說話的方式，對於我分析皮拉哈語的音韻會是多麼有趣。

幾分鐘後，我和彼得又聽見伊薩歐伊說話。這回他的聲音變得低沉沙啞，此時「觀眾」開始傳出笑聲，眾所周知的滑稽神靈即將登場。突然間，伊薩歐伊從叢林現身，全身赤裸，並拿著一截沉重的樹幹敲打地面。他一邊敲，一邊說著他什麼都不怕，如果有人膽敢阻擋他就會遭殃，還有他在男性荷爾蒙激發下的自誇自擂。

別睡，這裡有蛇！

DON'T SLEEP, THERE ARE SNAKES

194

我和彼得發現,這根本是皮拉哈人的戲院!當然這是我自行做出的歸類,皮拉哈人絕不會如此形容,即便它確實提供他們觀賞戲劇的效果。對他們來說,他們看到的是神靈。他們用的稱呼都是神靈的名字,而非伊薩歐伊這個名字。但我們所見的並非薩滿,因為沒有特定的皮拉哈人代表神靈和族人發言。雖然有些人更常扮演神靈,但基本上任何皮拉哈男人都可能擔任此角。這麼多年來,我看他們都是用這種方式來表示神靈的意見。

隔天早上,我和彼得告訴伊薩歐伊我們昨晚觀看神靈看得很愉快,但他就跟阿嘎比一樣,告訴我們當時他並不在場,拒絕承認他知曉任何與之有關的事情。這件事讓我更投入考查皮拉哈人的信仰。這些皮拉哈人會認為這些事情是虛構或是事實?真有神靈到場還是戲劇表演?不管是稍後聽到錄音帶或是其他村落的皮拉哈人,都一致認為當天確有神靈到場。在我和彼得觀看「神靈表演」的當時,坐在我身旁提供即時注解的年輕人向我保證,我們看到的是神靈而非伊薩歐伊。再加上先前皮拉哈人質疑我是否還是同一個人的事情,以及皮拉哈人相信白人是能隨意改變形體的神靈,我所能得到的唯一結論是:對於皮拉哈人來說,這是與神靈相會的場景,就類似西方文化中的降神會或是通靈。

皮拉哈人認為他們確實看見神靈,也和祂們交談。不管他人怎麼想,所有皮拉哈人都會說他們遇見神靈。因此,皮拉哈的神靈也是當下經驗法則的例證之一。所有其他文化的傳說故事也同樣必須遵循這項法則,否則在皮拉哈語中就找不到適當的方式來談論。

195　　第七章 ● 自然與當下的經驗

CHAPTER SEVEN　　NATURE AND THE IMMEDIACY OF EXPERIENCE

我們有理由進一步追問，我們是否可能經驗到西方人認為不存在的事物？我們有理由相信這是可能的。當皮拉哈人宣稱他們的確是遇到了某樣事物，而他們認為這樣事物就是神靈，他們的確是遇到了某種事物的方式一樣，並不總是正確的。一個人可以說他在購物商場看到一七五公分高的大鬍子是披頭四的林哥·史達，但事實上他看到的人是我。我們也會說家中小狗相信什麼或想要什麼，彷彿我們有憑有據。當小狗看到我在下午四點半起身前往洗衣房，牠也跟著起身並擺動尾巴，我可以說，小狗**知道**那是我存放狗糧的地方，而牠**相信**我就要餵牠吃東西。但這可能無關小狗的信念和想法，純粹僅是對某些刺激的反應（雖然我認為牠知情並且相信我會給牠食物）。

但如果所有皮拉哈神話都得符合當下經驗法則，那麼許多世界宗教的經典，像是聖經、古蘭經、吠陀等等，都無法以皮拉哈語翻譯或討論，因為當中涉及的故事都沒有尚存人世的見證人。這就是近三百年來，沒有傳教士能改變皮拉哈人信仰的主要原因。閃族語系的信仰故事缺乏活著的見證人，至少在我還是個虔誠的信徒時，所實踐的信仰確是如此。

別睡，這裡有蛇！

DON'T SLEEP, THERE ARE SNAKES

196

CHAPTER EIGHT

A TEENAGER NAMED TUKAAGA: MURDER AND SOCIETY

第八章

謀殺與社會：青年圖卡嘎

喬昆就跟其他住在麥西河畔彭多塞提（Ponto Sete）的阿普里納原住民一樣，向來早起工作，照料他在叢林中的菜園和木薯田，在傍晚的狩獵行動中尋找獵物蹤跡，前往澄淨的麥西河上游捕魚。像喬昆這樣住在彭多塞提的人看起來都比皮拉哈人來的高大強壯。和短小精悍的皮拉哈人相較，喬昆身上的圖皮與阿普里納血統讓他更顯結實。他寬厚強壯的雙腳從不需鞋子保護，腳趾有力行路穩健，更勝穿著昂貴登山鞋的西方人。他是個安靜、害羞、愛笑的三十歲青年，每次一笑都會伸手遮嘴，好讓人無法瞧見他其實少了幾顆門牙。他會在以為我沒注意到的時候，偷走我的杯子（這類塑膠耐摔的杯子在當地廣受歡迎）。他會嘲笑皮拉哈人落後，不過他的確能在跟皮拉哈人一樣艱困的生活環境中，累積較多物資。雖然皮拉哈人對此一點都不在乎，喬昆卻非常看重這件事。儘管如此，喬昆和其他彭多塞提的居民都認為自己和皮拉哈人是好朋友，阿普里納人也總是對皮拉哈人非常友善。

然而，喬昆不知道皮拉哈人並不這麼想，也不認為他們享有所占土地的合法使用權利。喬昆對物質條件的看重更讓他與皮拉哈人格格不入，皮拉哈人將他視為低等的闖入者。

阿普里納人是經由一個悲劇事件，才間接發現皮拉哈人對他們的真正評價。事情起因於阿普里納人和柯拉里歐家族間的仇恨，後者是與阿普里納人以及皮拉哈人做生意的船販。

柯拉里歐家族表面上是替神召會傳福音的基督徒，實際上卻占盡無數不識字

別睡，這裡有蛇！

DON'T SLEEP, THERE ARE SNAKES

皮拉哈人的便宜，用遠低於市價的物資與皮拉哈人交換巴西核果、乳膠、南美柯馬木、柯拜巴脂和其他叢林物產。而他們也發現阿普里納人勤於利用短波收音機收聽巴西國家廣播電台每日公告的市場價格。

有天阿普里納人警告開著三艘船前來作生意的柯拉里歐家族，不准再到彭多塞提，因為他們不老實。而當達西·柯拉里歐不顧警告返回當地，阿普里納人也真的就對他的船開槍。他們毀壞許多貨品，並將船艙射穿幾個大洞。達西躲在船上的爐火邊，負傷逃離。他低著身子躲開槍彈，迴轉船身倉皇退回麥西河。阿普里納人以為自己已經給對方好好上了一課。

但是柯拉里歐家族能在河流上把生意做這麼大，不是好欺負的，他們可不會就此作罷。阿曼多·柯拉里歐將所有的原住民都視為畜生，這些低等人種膽敢攻擊他兒子，他一定要報這一箭之仇。達西跟他老爸的想法也沒兩樣。我自己也曾經威脅過達西，因為他灌醉皮拉哈人還搧動他們偷我東西。後來再遇到他時，我走上他的船，告訴他要是再將船停在麥西河上，我會將他丟下船，然後當著他的面把船給燒了，讓他只能游泳回家（對一個二十七歲的傳教士來說這算是很了不起的虛張聲勢了）。在我離開麥西河返回聖保羅的坎皮那斯州立大學那段期間，柯拉里歐家族將他們的復仇計畫付諸行動。

達西和阿曼多決定徵召皮拉哈人幫助他們，給彭多塞提的阿普里納人一點教訓。他們找到幾名有意願參與的躁進年輕人，帶頭的圖卡嘎（葡萄牙文「帶刺的大螞蟻」之意）就住在彭多塞提下游的柯塔村，父親歐比西在柯塔村裡頗有威望。

199　　第八章　謀殺與社會：青年圖卡嘎

CHAPTER EIGHT　　A TEENAGER NAMED TUKAAGA: MURDER AND SOCIETY

達西給這群年輕人新的獵槍來驅逐彭多塞提的居民，滿足這些年輕人冒險和逞兇鬥狠的欲望。達西和他的家人想要無限制取得阿普里納人棲居地周邊的巴西核果、硬木以及其他叢林物產，而許多皮拉哈人則希望這塊地空出來，好讓他們捕魚狩獵。此外，柯拉里歐家族還想報仇。

可怕的時刻來臨。阿普里納人阿曼托、長子托曼，還有他們的妻子，在獨木舟一天航程可抵達的上游捕魚狩獵。喬昆則和他的皮拉哈連襟歐達維歐（他的皮拉哈名字是托拜提，意思是「唯一與外族通婚的皮拉哈人」）留在村裡。當歐達維歐外出捕魚時，喬昆和妻子也出門收集木薯和柴薪。這可不是件簡單的工作，木薯的根莖抓地很深，長度可能超過四十五公分。一定要使勁拉拔，有時還得用力揮砍，才能將木薯連根拔起。拔出的木薯丟進一個大型的柳條編織籃，當籃子裡的木薯累積到十幾二十公斤時，他們就會將籃子抬起，頭帶固定在前額把籃子揹在身後。喬昆除了頭揹著一籃木薯，兩手還抱著十五公斤重的柴薪。由於負擔過重，因此他無法像平常進入叢林時一樣左右小張望。但喬昆心想，這應該不成問題，因為他知道村子附近一帶不太可能有大型野獸攻擊他。

他不知道圖卡嘎正悄悄地埋伏在路邊，身攜一把簇新的二十口徑獵槍，一旁還有兩名柯塔村的年輕友伴歐瓦蓋和米伊。這些男孩從未傷害過人，但他們都是技巧熟練的獵人，專精獵殺動物。此時喬昆和妻子邊講話邊走近他們，正討論著把木薯泡入河水之後，是要出門捕魚還是狩獵好。圖卡嘎全身緊繃地等著，先走過來的是喬昆的妻子，然後是喬昆。當他來到距離圖卡嘎身邊約三公尺處，圖卡

別睡，這裡有蛇！ 200

DON'T SLEEP, THERE ARE SNAKES

嘎對準他的身體開了槍。

鮮血從喬昆的褲襠、大腿和腹部湧出。槍擊的力量加上身上物品的重量使他重重摔下。他痛苦地哀嚎著，他妻子和歐達維歐的太太拉慕達聞聲趕到。拉慕達看了喬昆一眼，隨即飛奔去找歐達維歐求援，喬昆的妻子則用泥巴和樹葉蓋傷口，努力止血。歐達維歐就在烈日當空下把喬昆抬回他的小屋，然後使盡全力划船到上游尋找阿曼托和托曼。

子彈從喬昆的身側貫穿到前方，在他身上弄出一個大洞。他就這樣哀嚎到傍晚才過世。托曼、阿曼托和他們的妻子大約是在喬昆過世時，才從歐達維歐那裡得知他被不知名人士槍擊的事。他們立刻分頭駕著獨木舟返回居住地。他們認為攻擊者應該是柯拉里歐家族或是帕里汀廷人，對皮拉哈人沒有絲毫懷疑。托曼一向是麥西河一帶最強壯又最具攻擊性的人，就連皮拉哈人和那些巴西商販也比不上他。知道他脾氣最健美選手一樣令人印象深刻。他手臂和大腿上線條分明的壯碩肌肉，和職業健美選手一樣令人印象深刻。他可以鎮日揮砍著斧頭工作，然後打一整晚的獵，隔天再去捕魚也不覺得累。他暴怒地一路划向下游，約莫午夜時分便要抵達彭多塞提。他不知道喬昆已經過世，想先去探望他，然後再去找暗算他妹夫的小人報仇。

砰！槍聲在麥西河畔響起。托曼和他妻子再過一個彎道就能回到村子，他們僅靠著映照在麥西河面的微弱星光指路。有人對他們開槍，子彈大多擊中托曼的肩膀和背部，他連人帶槳從獨木舟跌落河中。正當他要沒入水中，他僅受流彈波

201　　第八章　謀殺與社會：青年圖卡嘎

CHAPTER EIGHT　　A TEENAGER NAMED TUKAAGA: MURDER AND SOCIETY

阿曼托就在後頭不遠處，他將兒子拖上岸。原本住在彭多塞提的四個男人，一個被謀殺、一個身負重傷，其他倖存者則不知如何是好，在埋葬喬昆後便立刻到下游的柯塔村尋求歐達維歐的村人（也就是皮拉哈人）的保護。阿曼托、歐達維歐、托曼以及他們的妻子就在柯塔村待了三天，全然不知接待他們的人當時還住在皮拉哈村落裡，所以他們沒有解決所有彭多塞提的阿普里納人，以免皮拉哈人受到牽連。此外，他們也不想傷害歐達維歐，除非他不小心被捲入。

托曼的情況十分危急，還好他們說動了一名前來購買巴西核果的生意人，將他送往下游兩天航程的馬尼可瑞醫院。托曼僅管受傷加上感染，還是活了下來，並完全康復。然而他在醫院這段期間，他的家人，也就是所有彭多塞提的倖存者，終於知道了攻擊他們的人是皮拉哈人，而且皮拉哈人不想他們繼續留在麥西河。即便是阿曼托他住在下游托拉普瑞塔（Terra Preta）的兄弟阿皮吉歐，也被迫帶著迪亞歐族（Diarroi）的太太和兩個兒子離開。

皮拉哈人驅趕阿普里納人離開他們居住五十年的土地，這對他們來說是非常裡的主要人物歐比西笑著我提到這件事時說到，由於這些阿普里納人，村手的家人，也不了解柯塔村民其實十分鄙視他們這些阿普里納人。幾個月後，村

別睡，這裡有蛇！

DON'T SLEEP, THERE ARE SNAKES

202

嚴重的衝擊。離開家園的阿普里納人只能從麥西河口駕著獨木舟往下游划行一天，抵達瑪美洛河畔巴西人的領地，簽下契約出賣苦力過活。這些流離失所的阿普里納人得鎮日為巴西人提供無償勞力，且全年無休，才能留在當地居住。托曼誓言復仇，並通過商人將訊息傳遞給皮拉哈人。他的家人要他別這麼做，因為皮拉哈人正等著他回到麥西河殺了他。的確，沒有人能在不驚動皮拉哈人的情況下踏進他們領土，他自己也明白這情勢。在此同時，皮拉哈人也對托曼心存恐懼。他們知道托曼跟自己一樣熟悉麥西河和周遭森林，也知道托曼是個難纏的敵人。

阿皮吉歐等被迫拆散的阿普里納人知道，美麗又豐饒的麥西河再也不是他們的家了。大部分的阿普里納人都在這兩年內過世，只剩下托曼、他妻子、阿皮吉歐的兒子（托曼的堂弟），以及歐達維歐的妻子拉慕達。歐達維歐離開麥西河的時間很短，他最後還是如了皮拉哈人所願，獨自返回與族人共同生活。阿曼托可能是服毒自殺，沒人確知他是怎麼死的，只知道事情發生得很突然。他的妻女後來都以毒藥結束自己的生命，而阿皮吉歐也在幾年後離開人世。

阿普里納人這起事件，顯示了皮拉哈人文化的黑暗面。皮拉哈族人之間彼此寬容以待、和平相處，對於外來者卻採取暴力手段將之趕出領土。從這事件我們也可以再次看到，皮拉哈人對外來群體的容忍與共處，並不表示他們就此長時間接受對方。阿普里納人原本相信，相處了一輩子的時間，應能克服彼此在文化及社會上的差異。但他們得到了致命的教訓，那就是不管經過多久，這些橫阻在雙方的障礙是幾乎不可能克服的。就像前南斯拉夫、盧安達和許許多多其他地方的

203

CHAPTER EIGHT

第八章 ◆ 謀殺與社會：青年圖卡嘎

A TEENAGER NAMED TUKAAGA: MURDER AND SOCIETY

人所學到的歷史教訓。

這故事還帶來另外一則教訓，是關於圖卡嘎的結局。圖卡嘎在殺害喬昆並且謀殺托曼未遂的幾個月後，他離開村落，與所有皮拉哈人斷絕往來，並在離群索居約莫一個月後，離奇死去（皮拉哈人都不願意談論此事，有些人說他是死於「感冒」──這當然是有可能的）。我認為他是被自己的族人所殺害。事情發生之後，警察前來調查喬昆的死因，所有皮拉哈人因此覺得圖卡嘎所做的事讓他們生命受到威脅，而皮拉哈人也聽到消息，得知附近住民打算對他們發動攻擊以茲懲罰。一開始皮拉哈人告訴我他們才不害怕，但儘管他們這般虛張聲勢，我很清楚他們內心其實十分恐懼。

幾經討論後，他們了解到喬昆之死可能會帶來的結果，就是造成許多皮拉哈人喪命。這可能是圖卡嘎被放逐的原因。放逐是一種極嚴厲的處罰，因為在在亞馬遜地區，維護生命安全、協助狩獵與採集食物等方面，都必須仰賴群體生活。

放逐是一種極嚴厲的處罰方式，因為在亞馬遜地區，
維護生命安全、狩獵與食物採集等，都必須仰賴群體生活。

我們已經知道皮拉哈人不需透過頭目、法律或規則來控制成員行為,讓人無以為生或是採取放逐的手段就夠了。圖卡嘎得到了嚴厲的教訓,而就我所見,他的兩名同夥至今則未受到懲罰。雖然這兩人都是我的朋友,但我也不曾對他們提起有關圖卡嘎或是喬昆之死的問題。

第八章 ♠ 謀殺與社會:青年圖卡嘎

CHAPTER EIGHT　　A TEENAGER NAMED TUKAAGA: MURDER AND SOCIETY

別睡，這裡有蛇！

DON'T SLEEP, THERE ARE SNAKES

CHAPTER NINE

LAND TO LIVE FREE

第九章

自在生活的土地

皮拉哈人最常面臨的挑戰是疾病，以及來自世界各地闖入他們土地的外人，特別是從各國（包括巴西）而來的潛水人士、漁民及獵人。瑪美洛河常常可以見到日本漁夫和巴西商業漁船，這些外來訪客透過卡波克魯人的仲介，用甘蔗酒、衣服、木薯甚至獨木舟等相對昂貴的物資為報酬，要皮拉哈人為他們尋找魚群。而皮拉哈人與卡波克魯人的交易中換來的更是負面影響，因為他們通常僅以甘蔗酒與皮拉哈人交換食物或是叢林物產。為避免外來者攻擊或接觸時發生危險，皮拉哈人通常會溫順地提供對方要求的所有事物。

針對這種情況，外界能提供皮拉哈人的最佳協助，就是幫助他們畫定自己的土地，避免外人闖入。；另外就是提供他們對抗疾病的醫療資源。後者有我和凱倫長期在幫助他們，但我也自覺身負重任，認為自己應該針對前者提供協助。我們在乘船沿河前往皮拉哈村落時，更了解到皮拉哈人是如何被這些卡波克魯人所包圍，因而益發感到必須為他們設立保留區。我們一家人首次抵達皮拉哈村落時，當時由於家人罹患瘧疾，所以停留時間也就跟著縮短。再次造訪皮拉哈村落時，我們是搭船沿麥西河而上。

這次我們打算停留久一點，時間長達將近一年，而若要攜帶大量補給品，搭船會比搭飛機便宜。當然我還有一個私人理由，那就是避免暈機。這是全家人首度在皮拉哈長期居住，我們以兩百二十公升的金屬桶裝載了全數個人物品，此外還有燃料、木條箱、行李箱、行李袋和紙箱，一起抵達波多韋柳的碼頭。碼頭工人跑來要幫忙，但我早有耳聞，他們只要拿起任何一個袋子，就會索討一大筆錢。

別睡，這裡有蛇！　　　　　　　　　　　　　　　　　208

DON'T SLEEP, THERE ARE SNAKES

所以我趕走他們，自己一人揹起所有行李走下非常泥濘的河岸，穿過三十公分寬彈性十足的木板，然後登上漏水的遊船。這些物品全都得經過數次轉運，然後穿越長長一段泥濘、河水四漫的道路，以及大型動物才剛走過的叢林小徑（有回我們還看到美洲獅）。

現在回想起來，我不知當時自己是否意識到這些物資對皮拉哈人可能造成的影響。我們那時一定是假定，這些足以滿足一個加州家庭整年所需的大量物資，不會對皮拉哈人造成困擾，而我們當時也從未考慮過以其他方式生活。但我們和皮拉哈人都很幸運，因為最後證明，這麼做還是對的。皮拉哈人從未對我們的東西感興趣，也沒想要偷走它們，具洞見或是考量周到。皮拉哈人從未跟我伸手要求。他們似乎認為，我們的東西對他們來說一點（食物例外），更從未跟我伸手要求。他們似乎認為，我們的東西對他們來說一點都不重要。

總之，接下來幾年內我們寧可搭船前往皮拉哈部落。我們可以攜帶更多補給品，這樣停留的時間可以更長；我們也可以沿途造訪一些小規模墾地，以進一步了解居住在皮拉哈人附近的巴西人。這裡有許多巴西人會定期前往皮拉哈村落進行交易。

認識這些人之後，有件事開始困擾我：很多巴西人都對皮拉哈人的土地感到興趣。他們常常問我，皮拉哈人憑什麼擁有如此適合狩獵與捕魚的土地。「丹尼爾先生，為什麼那些小動物有權利住在所有美麗的土地，而文明人卻不行？」聽到這樣的話我深感憂心，因為我馬上就想到，他們有人會就這樣搬過去，然後

209　　　第九章 ◆ 自在生活的土地
CHAPTER NINE　　　LAND TO LIVE FREE

當時我們全家人已經在巴西住了好些年。在我取得博士學位後,我們決定回到美國一年,在語言學研究重鎮麻省理工學院語言學暨哲學系進行博士後研究。此系所同時也是諾姆‧喬姆斯基任教的單位,他的語法理論對我的研究生涯有重大影響。

然而,在我們來到麻省理工學院五個月後,巴西國家原住民基金會透過伊利諾大學的人類學家瓦德‧克拉克(Waud Kracke)聯絡我,希望我加入他們的探索工作,確認皮拉哈人的活動範圍,為皮拉哈人畫定合法的保留區。我滿懷熱忱地同意了。

我得先花上一個晚上,從波士頓飛到里約熱內盧;再經七小時顛簸的航程,飛抵波多韋柳。巴西國家原住民基金會邀請我前來協助,而邀請想方設法蠶食鯨吞皮拉哈人的土地。我知道我應該幫助皮拉哈人取得法律認可的保留區,卻不確定該如何著手。

皮拉哈人擁有適合狩獵與捕魚的美麗土地,也是外人最想覬覦的土地。(Martin Schoeller 攝)

我的基金會代表我只知道他叫扎哈（Xará）。扎哈是基金會的資深工作人員，曾在皮拉哈人、曼杜魯庫斯人*還有帕里汀廷人的土地旅行多年，他希望確認這些原住民是否都有完全合法的保留區，以維持他們傳統的生活方式。扎哈相貌英俊、身型中等、肌肉結實，有著濃密的鬍子和長髮；與他一同旅行的是美麗的金髮巴西女子安娜（Ana）。他們衣著休閒、態度隨性，卻工作起來卻很嚴肅，讓我聯想起幾位認真的嬉皮。他們花費許多時間，努力幫助巴西的原住民至少保住祖先留下的土地，好維持他們的生活方式。

一九七七年到一九八五年間，我在波多諾佛的皮拉哈村落工作，當時扎哈造訪當地與我結為好友。我們對於為皮拉哈人設立保留區的需求有過一番長談。扎哈回到基金會之後職務有了升遷，也得以組織田野調查，劃定皮拉哈人與帕里汀廷人的保留區（這是劃分原住民土地三步驟工作的第一步）。他詢問我以及研究帕里汀廷文化的瓦德·克拉克，是否願意到巴西提供翻譯上的協助，畢竟我們是唯一知曉當地語言的外人。扎哈說基金會能夠支付我們在巴西境內旅行所需費用，但是到巴西的機票我們就得自己想辦法。

於是瓦德打電話給我，提到或許可以找「拯救瀕危文化」（Cultural Survival）組織來支付我飛往巴西的旅費。該組織是由已故哈佛人類學教授大衛·梅柏瑞—里維

* 譯注 Mundurucus，亞馬遜流域 Tapajós 河畔的部族，驍勇善戰，曾是該地區最有勢力的原住民族。男性殺敵之後會在臉上刺青，全身滿布的刺青更是該族一大特徵。

211

第九章 ◆ 自在生活的土地

CHAPTER NINE　　LAND TO LIVE FREE

斯（David Maybury-Lewis）所設立，目的在於保留瀕危族群的傳統生活方式。梅柏瑞－里維斯立刻回覆我的請求，向我保證「拯救瀕危文化」樂於支付我到巴西進行這項重要任務。

自一九七九年起，我就多次試圖喚起相關政府官員的注意，保護皮拉哈人的土地免於外人日益高漲的侵擾；但一切都徒勞無功。我也向巴西國家原住民基金會四任不同主席提出呼籲，幾乎是跪下來懇求他們設置保留區。這些主席包括德西歐與阿莫瑞‧維耶拉兄弟（Delcio and Amaury Vieira）；確實到皮拉哈部落拜訪我以討論可能方案的阿波納‧梅瑞勒斯（Apoena Meirelles）；以及我只知其名的貝那莫（Benamor）。八〇年代早期，阿莫瑞曾派遣基金會成員花了兩週時間了解當地，但接著主席就換人了。至於貝那莫只簡單回了我一句：「不會有人想住那裡，忍受那些皮拉哈人和他們的語言。他們說起話來就像不停在抽抽噎噎。」

我很興奮，因為我從未有機會沿著整條麥西河旅行，並且還能造訪所有的皮拉哈村落。我想要親見和學習的事有好多：是不是所有皮拉哈村落都和我見過的一樣？是不是所有皮拉哈人的口音都相同，都聽得懂我說的皮拉哈語？在皮拉哈的前幾年，我幾乎都待在麥西河口的波多諾佛。我沒去過其他皮拉哈村落，因為它們距離遙遠、路途艱困，而且所費不貲。

他們請我擔任基金會人類學家的翻譯。他們所關心是皮拉哈人傳統生活模式與使用的土地範圍，因此我除了翻譯皮拉哈人的故事，也翻譯他們的問答。至於他的工作，則是訪問麥西河沿岸所有已知的皮拉哈村落，詢問有關土地使用的問

題，然後釐清他們傳統上的界域，以及現在的使用範圍。

經過幾個小時的旅程，我抵達烏麥他。我需要找艘船載我到麥西河，所以我招來一部計程車，要司機載我到三公里外的馬德拉河岸。我其實可以步行過去，但是目前氣溫接近攝氏三十八度，我整個人又熱又累。碼頭上有幾十艘看起來搖搖晃晃、油漆嚴重脫落的木板船。我在當地沒有認識的人，也不確定基金會是否會為我支付這趟船資，只好開口詢問有誰能載我到最便宜的一艘船。我找到兩兄弟，他們擁有一艘大約七公尺長、看起來不太安全的木製舊船，其中一人正表情嚴肅地修理船身漏水──亞馬遜流域的船家通常都是這副模樣。於是我走向河岸，另一人則從吊床上懶懶看了我一眼。我學巴西人拍拍手，表示有人來了。

「嗨！」在船隻馬達運轉、船上機器隆隆作響，以及河岸孩童追逐打鬧的種種聲音包圍下，我大聲打招呼。

他冷冷回了我一聲：「嗨。」

於是這人說：「沒問題，我們會載你到麥西河。」

我向他保證：「那我會自己付錢。」

吊床上的人質疑我：「萬一基金會的人沒到呢？」

「不曉得我是否方便租用你的船到麥西河。到那裡之後，巴西國家原住民基金會會付你船資。」

「太好了。先讓我用過午餐，然後我們就出發。」

213

第九章　自在生活的土地

CHAPTER NINE　LAND TO LIVE FREE

於是我沿著河岸往上游走去，在十來間小吃店中我挑了一家走進去。寬大的木製吧檯後方站著一位體格魁梧的婦人。我點了一份套餐，內容通常就是一大堆肉、豆子、義大利麵，上面灑上硬脆的黃色木薯片。婦人問：「你要豬、魚還是雞？」

「都要。」我飢腸轆轆。

不到十分鐘，熱騰騰油滋滋的食物就送到我面前，還附上滿滿一瓶的 Tucupi（以木薯汁和辣椒粉烹煮而成的黃色醬汁）。我五分鐘內就把所有食物一掃而空，並且灌了一公升冰涼的巴西啤酒，全部只要大約三美元。

我說了聲謝謝，便離開小吃店，前往碼頭。

此時他的兄弟已經離開河面，正在給引擎加油。

船主人問我：「準備好了嗎？」

我回答：「好了，走吧！」

我踏上狹窄的木板，將我的兩個小袋子丟上船，然後取出吊床，吊在小之又小的主船艙。接著我到船頭。

我問了一個毫無意義的問題：「要多久才會到？」

「該花多久就花多久，而且我也別無選擇。」

「要是我們整夜不停，明天中午之前就會抵達。」

當時是下午三點，船主人啟動引擎，船身傳出噗噗巨響。

他大喊了一聲：「*Embora*！」（離開）

別睡，這裡有蛇！　　　　　　　　214

DON'T SLEEP, THERE ARE SNAKES

我們開始加快速度，往寬廣的馬德拉河前進，河面清新的微風驅逐了滯悶的熱氣。勞頓的旅途、一大餐、一大杯啤酒，再加上順利啟程後輕鬆的心情，睡意瞬間湧上。我回到吊床。溫暖的天氣、清涼的微風以及舒適的吊床，我的航程大部分都在睡夢中度過，中間或醒來幾分鐘，並吃了一頓由硬梆梆蘇打餅、甜膩黑咖啡、罐裝奶油和牛奶組成的早餐。在行駛了三小時之後，我們來到瑪美洛河，我看著底下緩慢流動的美麗深色河水，心裡再度想著自己是多麼幸運，能親臨這夢中仙境。瑪美洛河砂質的高聳河岸，與馬德拉河混濁泥濘的河岸呈現強烈對比。

我們果真就在航行了大約二十四小時之後，抵達目的地。把我從打盹中喚醒的，是岸邊皮拉哈人活力十足的交談聲。皮拉哈人一高興起來，那聲音很好辨認，他們會高聲交談，大笑大叫。我的吊床微微晃動了一下，船在轉入皮拉哈村落的河道附近停了下來，旁邊還停泊了另一艘更大的船隻。我期待也許會有兩名基金會的成員在等待著我，結果在甲板上望著我的，是兩位巴西政府代表、一位基金會的人類學家、一位製圖員，以及一位巴西國立土地開拓與改革機構（INCRA）的土地權專家。

我一出現在小船的甲板上，皮拉哈人就開始大聲呼喊著我的名字。載我前來的兩兄弟問我，他們是否需要擔心自身安全。我開玩笑說：「待在我身邊就沒事。」

（但他們當真了）

皮拉哈人問我：「嗨，丹尼爾。凱倫呢？」

「她搭乘的那艘船沉入麥西河底,我想她溺斃了。」

有半秒鐘的時間皮拉哈人全都瞠目結舌看著我。一旁的巴西人看到這幕景象則驚訝萬分。

基金會的人類學家荷西·卡洛斯·列維侯(José Carlos Levinho)向我坦承：「一開始我們受命在麥西河口等候美國來的語言學家時,我感到很沮喪。為什麼巴西人需要等候一個美國佬來為他們翻譯？但是我現在知道原因了。我們來這裡已經三天,卻完全沒辦法了解他們或跟他們溝通。」

我們造訪了每一個皮拉哈村落,詢問他們如何看待目前所居住的土地、如何使用土地,還有他們是否認為皮拉哈人擁有這塊土地等等。列維侯提問,我翻譯。我們沿著麥西河緩緩往上游航行,造訪途經的每個皮拉哈人棲地。科賀的葡萄牙文勉強派得上用場,所以我們帶著他作為嚮導,以免錯過隱藏在樹叢後方的聚落。我們每行經一個皮拉哈人的棲地(小到只有單一核心家庭,大到可能有好幾戶),會先讓船隻繼續往上游航行,然後關掉引擎順著河流靠近村落。我會站在船頭用皮拉哈語對著村子大喊：「這是丹尼爾和幾名非皮拉哈的朋友。我們有事前來相談。」然後科賀會補充說明,我們不但沒有敵意還會發送魚鉤,請大家不要緊張。這些與我素未蒙面的皮拉哈人會到船上來,當中有些人還會很興奮地與我交談。婦女和小孩則從河岸上盯著我,而要是我上岸走去,她們就待在屋裡瞧著我看。

別睡,這裡有蛇！　　　　　　　　　　　　　　216

DON'T SLEEP, THERE ARE SNAKES

我就這樣跟著基金會的團隊一起描繪皮拉哈人保留區的輪廓，一週之後，我的翻譯工作也就告一段落。這是我首度抵達跨亞馬遜公路。公路前方已經沒有皮拉哈人居住，所以基金會讓我自行選擇，是要隨船再航行兩週，緩慢沿著麥西河下行到，再從馬德拉河前往馬瑙斯，還是從公路上搭便車直接回波多韋柳。我選擇搭便車，所以他們讓我在橫跨麥西河的一座橋下船。這座小木橋的結構脆弱，看起來完全無法支撐滿載原木或礦產的大卡車，從東方大約三百多公里處的塔巴寇礦產公司頻繁來回運送。

我們這一路上學習到許多事情。基金會的製圖員在第五天的航程中，發現巴西政府為當地製作的鳥瞰圖是錯的。事情是這樣的，有天早上喝過咖啡後，他說以現在的船速來看，我們得花兩天以上的時間，才能抵達下一個皮拉哈村落。這點讓人擔心，因為我們的食物和燃油已所剩不多。於是我轉身問科賀下個村落還有多遠，結果他表示中午之前我們就會抵達。我向基金會的製圖員轉述他的回答，製圖員說：「我相信皮拉哈人了解他們的河流，但如果他是對的，那麼軍方的地圖就是錯的。」正午時分我們的船來到托伊托伊居住的村落。製圖員仔細查看地圖之後，發現地圖中央這個部分，也就是科賀到托伊托伊的村落到托伊托伊的村落這段麥西河道，在製圖時不小心弄錯了。這對巴西政府來說是非常重要的一課。

我和皮拉哈人現在有了官方認可的保留區。皮拉哈人現在可以開始進行官方漫長的批准作業了。我跟列維侯則花了很長時間在討論皮拉哈文化。他深受皮拉哈文化缺乏創世神話這點特色的吸引，因為他曾努力要認識皮

217　　第九章 🌢 自在生活的土地

CHAPTER NINE　　　　　　　　　　　　　　LAND TO LIVE FREE

拉哈人的創世神話卻空手而回，而他對於皮拉哈文化竟然沒有口傳歷史與口傳文學這點也深感著迷。列維侯大概是第一個讓我思考到，這些特色有多麼非比尋常。他的熱誠極富感染力，里約的人類學博士生馬克・安東尼・剛薩維斯（Marco Antonio Gonçalves），後來也加入研究皮拉哈文化的行列。

我幾乎見到了每個活著的皮拉哈人，也知道了他們的名字，他們也對我深感興趣。之前他們就聽聞有個白人懂得他們的語言，但大多數的人都沒見過我。特別是小孩和婦女，當我一開口說皮拉哈語，他們全都張大嘴巴站著不動。每個村落的人都邀我下次帶著家人一起來與他們共同生活。這項邀約非常吸引人，因為我注意到這些住在上游深處的皮拉哈人，對話中並不會加入葡萄牙語。住在河下游的皮拉哈人通常會懂一些葡萄牙語的辭彙，而他們跟我說皮拉哈語時，會試著運用這些辭彙，目的當然是為了要幫助我理解。但即便他們使用的葡萄牙語只有一丁點，都會影響我學習純正的皮拉哈語。我能預見，要是搬到河上游的村落，這些葡萄牙語的干擾就會降低許多。

這麼看起來，每個參與這趟旅程的人都有所收穫：皮拉哈人、巴西政府、科學研究，還有我。

別睡，這裡有蛇！　　　　　　　　　　　　　　　　218

DON'T SLEEP, THERE ARE SNAKES

CHAPTER TEN

CABOCLOS: VIGNETTES OF AMAZONIAN BRAZILIAN LIFE

第十章

卡波克魯人：亞馬遜巴西人的生活

卡波克魯人是亞馬遜流域的原住民，但只會講葡萄牙語。他們與區域經濟結合，自視為巴西人而非部落成員。皮拉哈人稱卡波克魯人為 xaoói-gíi（意指「真正的外人」；字尾 -gíi 表示「真正的」或「真實的」），至於美國人甚至城市裡的巴西人等外人，都只是一般單純的 xaoói。皮拉哈人和卡波克魯人關係較密切，一來他們較常碰面，二來他們生活在相同的環境裡，有許多共同的狩獵、捕魚與造船技能，並同樣了解叢林。

這兩百多年來，卡波克魯文化與皮拉哈人之間幾乎每天都有衝突。這是個很陽剛的文化，但又與我出生長大的牛仔文化不同。這文化有著簡樸、禁慾而幾近宿命的一面，這點在美國的次文化中就很難看到了。

皮拉哈人對外在世界的了解，幾乎完全透過卡波克魯人而來。美國人與卡波克魯人的價值觀很不一樣，而皮拉哈人也知道這些差異，並通常會認同卡波克魯人的看法，因為他們的觀點跟皮拉哈人比較接近。

例如說，美國人與卡波克魯人對人體的看法就很不同。卡波克魯人對於懶惰與體重過重抱持著較為一致的批判態度，而他們相信勤奮工作是健康、好德性以及善用上帝恩典的象徵。如果你身體健康能夠工作，表示得到上帝的眷顧。絕大多數的卡波克魯人認為肥胖代表墮落，體重過重代表無所事事、攝取過多的懶人。因此即便是相當富有的少數卡波克魯人，仍舊勤奮工作。常可見到無需繼續工作的卡波克魯人，仍揮舞著開山刀整理自己的田地，或是和他們僱用的工人一起到叢林裡尋找物產。這些價值觀有部分也影響皮拉哈人：精瘦、強壯、了解叢

別睡，這裡有蛇！　　　　　　　　　　　　　　　　220

DON'T SLEEP, THERE ARE SNAKES

有一回的航行經驗特別值得一提。我帶著一名牙醫以及我受過驗光訓練的堂弟造訪皮拉哈，提供牙科與免費的配鏡服務。在波多韋柳的港邊，我見到一艘未曾看過的船隻。這艘大船看起來很新，上面有著前往馬瑙斯與馬尼可瑞（瑪得拉河口附近的小鎮）的標示。這些船隻幾乎是卡波克魯人在亞馬遜河流域進行長程運輸的唯一方法。

我走下七月旱季期間陡峭的河岸，踩著狹窄的跳板上船。我要求會見船主人。

一個年約四十五歲、一百八十公分高、胸膛袒露的禿髮男子走了出來說：「我就是。」

這名男子就跟在亞馬遜流域工作的人一樣，有強健的體格，以及足以抵擋日曬雨淋的肌膚。他的體型也跟大多數的船主人一樣，看得出來平日有吃有喝。他穿著一條髒兮兮的白色百慕達褲，腳踩著亞馬遜地區常見的夾腳拖鞋。

我問他：「你什麼時候要出發前往馬瑙斯？」

他從容有禮地回答：「我們五點出發。」

一路上我不斷跟我的旅伴強調搭乘遊船航行瑪得拉河有多好玩。

221　　　　　　　　　　　　第十章　◆　卡波克魯人：亞馬遜巴西人的生活

CHAPTER TEN　　　　　　CABOCLOS: VIGNETTES OF AMAZONIAN BRAZILIAN LIFE

「你們會愛上這趟旅程的！行船時的微風、岸邊的鳥類、野生動物和叢林景觀，世界上最長的河流，還有巴西人的料理！」

在我的催促之下，我們大約在下午三點半左右，興致勃勃地登船。我們還注意到有幾輛卡車正在把貨裝上我們這艘船，但我們假定他們很快就會完工，然後就能如船主人所允諾的在五點前啟程。我們掛好吊床，買了冰涼新鮮的椰子，在頂部開口用吸管吸吮著鮮甜的汁液。提振了精神之後，我們輕鬆地討論起接下來的行程，並一邊看著碼頭工人頂著烈日辛苦工作，裝卸要到馬瑙斯市場的箱子、桶裝丁烷和成堆的香蕉。我們期待他們趕快完工，因為時間已經超過五點。但看起來還有好幾輛卡車，數量之多，我想不可能在一小時內完成。不過這沒關係。在亞馬遜地區晚個一小時以上，都是很常見的事情。六點了，我到船主人那裡問他何時要啟程。

他口氣愉快地回答我：「快了。」

他又表示會供應我們免費晚餐。這聽起來挺不錯的，因為這類航程通常第一晚是不提供晚餐的。然後我發現事情不對勁：這段時間沒有乘客登船，除了一個精瘦、滿是肌肉、醉得頗厲害的人，他用一頂牛仔帽遮住臉，躺在吊床上打呼。晚餐後，好幾輛卡車的貨物仍繼續往船裡送。這太可笑了，這艘船到底能載多少東西？船上的貨物已經比我所能想像的多出一倍以上。現在是晚上七點，然後八點。九點半時我質問這到底是怎麼回事。

「哎呀！抱歉。我們今晚不走了；我還在等更多貨物上船。」船主人的回答

彷彿這一切再自然不過。

在場沒有其他船隻要啟程。我們也沒有車折回國際語言暑期學院，而且傳教中心也已支付了我們租用福斯迷你巴士的費用。我們得好好利用現有資源才行。夜間蟲子開始活動，尤其是蚊子。可以想見，我們上了吊床度過一個非常不舒服的夜晚。這時我才後知後覺地想起，乘船旅行的巴西人會避免搭乘他們不認識的船隻。這艘船才剛加入波多韋柳與馬瑙斯間的航段，所以人們要等他們確認這艘船值得信賴、安全、價格合理、伙食良好等，才會願意搭乘。至少我是這麼認為。

天終於亮了，我注意到其他旅客開始登船，好像大家都知道這艘船是早上才會出發，只有我們幾個美國佬不知道。我豐富的經驗在這裡派不上用場。

用過甜膩的早餐、極濃的咖啡、硬梆梆的蘇打餅以及罐裝奶油（我很愛吃這個），我們終於在早上十點啟程。我們幾個人到頂層甲板享受微風，此處遠離嘈雜的發電機，適合讓我們輕鬆談話。出發了！我們終於能在吊床上好好閱讀，在陰涼處享受微風，放鬆心情。

但是在下午四點左右船隻突然停了下來。其他乘客告訴我船隻撞上了河口沙洲，這再度顯現出船員缺乏經驗。接下來的二十四個小時船長努力要把船弄出沙洲。最初幾個小時他試著用船隻自身的引擎加上船尾汽艇的力量來移動船隻，傍晚時他快速離去。到了大約早上三點，他帶著另外兩艘較大型的船隻回來（雖然還是遠小於我們的船）。我的旅伴把我叫醒。

「丹尼爾，我們有危險了！」

223

第十章 ◆ 卡波克魯人：亞馬遜巴西人的生活

CHAPTER TEN　　CABOCLOS: VIGNETTES OF AMAZONIAN BRAZILIAN LIFE

他們要我跟著到第一層甲板，透過地板上的縫隙可以看到船主和船長正試圖修理船舵。河水漸漸滲入他們工作的地方（因為他們鬆開了束帆索）。

我的朋友驚叫：「船要沉了，丹尼爾！」

我回答：「我們的船已經沉了。我們現在卡在該死的沙洲上，不可能再往下沉了。」

在我們之後登船的乘客都是窮人。除非是為了造訪皮拉哈人，否則只有一點錢的人都會搭飛機到馬瑙斯，或者根本就不走這一遭。雖然旅客手冊說這是趟宜人的旅程以招徠顧客，但真正看了一眼遊船就會知道那是謊言。幾乎所有的遊船看上去都很危險，破舊且使用過度。窮人搭乘遊船是因為沒有其他選擇，他們腳踩夾腳拖鞋，四處則散亂著幾雙牛仔靴、耐吉或是銳跑的運動鞋。幾個人打著赤膊，還有人穿著短褲與露背背心，少數幾個人穿著牛仔褲與短袖上衣，或是有著鮮明圖案的短袖襯衫。所有人看上去都很健康強壯，而且聊得很高興。由於旅途愉快而且還能從例行生活中鬆一口氣，巴西人在這樣的航程中總是滔滔不絕，幽默感也大為提升，並享受和陌生人互動，即便對方是看起來很不一樣的美國佬。

我們也和幾名乘客聊天，而自前一晚開始，那個戴牛仔帽的人便開始騷擾我。他宿醉未醒，年紀大約五十歲左右，不過身體非常結實。他一直試著要用西班牙語跟我交談（多數巴西人都知道，比起葡萄牙語，美國人比較可能會說西班牙語）。即便我用流利的葡萄牙語回應他，並告訴他這段航程我已經來往很多次

別睡，這裡有蛇！　　　　　　　　　　　　　　　　　　　　224

DON'T SLEEP, THERE ARE SNAKES

很久以前我造訪瑪美洛河時發生的事,在某種程度上可以顯示卡波克魯人的本性。我們在皮拉哈村落待了幾個月之後要離開,在雨天沿著河流下行,要前往奧克西莉亞朵拉搭乘遊船到波多韋柳,然後改搭飛機到聖保羅,回去坎皮那斯州立大學繼續我的博士研究。凱倫和夏儂罹患瘧疾時,我就是這樣一路帶著全家撤離,如今這已成了我們每年必經的路途,而且也喜歡上這段旅程。第一次在情況危急時與凱倫一起遇到的陌生人,現在都變成我們珍視的朋友。

當我們接近波瓜依瑪多時,我看見河岸上有名婦女示意我們停下。因為雨勢的關係我其實並不想停下,但我知道亞馬遜的居民(亞馬遜州的巴西人)除非真的必要否則是不會打擾他人的。所以我將船轉向她,過了幾分鐘我們熄了火,划向岸邊。

我問她:「發生什麼事?」

「我父親病得很重。請來看看他。」

我們將船繫在岸邊。這個陡峭的河岸,就是當初我手足無措地迫切求助之處。現在輪到我們幫助他人。凱倫拿著我們的醫療箱,孩子尾隨在後,一起往上

第十章 ◆ 卡波克魯人:亞馬遜巴西人的生活

走到屋子那裡。

屋裡很暗，牆面以木板組成，樑柱則是叢林砍伐而來的樹木，屋頂則是由棕櫚葉搭成。木製地板間的縫隙大到足以讓各種爬蟲類還有蟲子滑進或是爬入，角落暗處也可以看到常見的亞馬遜蟑螂。這種大型甲蟲有八公分之長，踩到牠們還會噴出白色體液。

亞馬遜地區絕大多數的卡波克魯人都是睡在吊床上，我卻在角落看到一張少見的自製雙人床，上頭掛著蚊帳，夜間時降下使用。床架是由棕櫚木的床樑加上木板組合而成，上頭還有個簡單的橡膠床墊，布滿我沒有興趣知道是從何而來的陳年污漬。上頭躺著的老人是大家都認識的阿弗雷多先生。

阿弗雷多是製造獨木舟的大師，他的兒子也繼承他的手藝。這一帶的人都是跟他買獨木舟。他製造的大型木舟是以亞馬遜美樟木打造堅固的船底，船身則由十八公分長兩公分半寬的木板組成，填塞縫隙的方式就跟大船一樣。他也製作「殼船」（cascos），這是用堅硬的亞馬遜熱美樟木挖成的獨木舟。沒有人能像他這麼懂獨木舟。皮拉哈人喜歡他，說他從來沒打過他們女人的主意──根據皮拉哈人的說法，這一帶的卡波克魯人經常如此。

在阿爾羅・漢利希的熏陶下，他成了基督徒。從那時起，他在這二十多年來都持守著他的信仰，過著虔誠的生活。他在當地頗有名望，因為他是足以信賴的對象，會探訪病患的仁慈老人、會唱聖詩，並友善對待所有人。

有天一大早我剛好看見他將船駛近村落附近，手裡拿著四弦琴烏克麗麗下

別睡，這裡有蛇！ 226

DON'T SLEEP, THERE ARE SNAKES

船。他走上河岸，隨性彈起聖詩，站在村落中央帶微笑對著前往工作的人唱歌，無論是要到河邊洗衣服的婦女，或是身上帶著狩獵工具的男人。他們都停下手邊的事，微笑著聽阿弗雷多唱歌。他的歌聲高很高，稱不上悅耳但是情感豐沛，歌曲內容說著他因為認識了耶穌基督，所以不會為明天憂慮。唱了一陣子，他會探訪村裡生病與受傷的人，與他們談笑，並談論耶穌基督如何改變他的生命。這是個單人傳教組織。

卡波克魯人很少信任自己族人，但是他們不僅信任阿弗雷多，更是尊敬他。就我所知，他是當地唯一沒有人會說他壞話的人。

我走近他的病床問他：「你生病了嗎？」

他以粗啞的聲音輕聲說道：「是的，我病得很重。過來一點，我看不到你。」

我靠近他，看到他枯瘦的手臂以及因病痛而扭曲的臉龐。此時他正發抖著。

「啊，是丹尼爾先生！」他認出我來。

空氣中彌漫著腹瀉與嘔吐的氣味。

「你是不是不舒服？要我帶你到波多韋柳的醫院嗎？」

我敬佩阿弗雷多。他向來非常支持我這個白人傳教士，從不曾質疑過我。

「不，我就要死了。我告訴我女兒不需要找你過來。我就要死了。」

我望著阿弗雷多的黑眼圈和他乾癟發黑的身體，因病虛弱的他躺在自己製作的床上無力移動。我的喉頭哽著一個東西，凱倫則是淚水盈眶，而孩子就站在門邊望著。

「阿弗雷多，讓我們幫你。波多韋柳的醫生一定有藥物可以幫助你。」

他回答說：「不，丹尼爾，人知道自己什麼時候會走。我很高興自己最後是這樣邁向死亡。我可以告訴你我不害怕死亡，我知道我將會待在耶穌基督身旁。我活得長又過得很美好，對此我心懷感激。我的孩子與孫子都在我身邊，他們都敬愛我。他們為了我齊聚在此。我對自己的人生與家庭都感到欣慰。」

即便在場所有人都十分悲傷，但病痛纏身的阿弗雷多卻一派從容與達練，無懼於死亡的來臨，這等表現是我一生僅見。我握住他的右手，他的女兒則哭著用濕布擦拭他的前額，並感謝我們過來這一趟。阿弗雷多也謝謝我們的探視。

我說：「來吧！孩子，我們該走了。」

夏儂問我：「爸爸，發生了什麼事？他要死了嗎？」

克莉絲蒂和蓋勒博看看房間又望向我。

此時我淚水已將近決堤，我答道：「是的，他確信他就要死了。這裡的人似乎知道自己什麼時候會死，但我希望你們能注意看著阿弗雷多，他一點都不害怕。他相信耶穌，知道自己會上天堂。我希望我將來也能這般死去。」

我覺得自己像是親眼見到聖人。

我們回拒阿弗雷多家人提供的咖啡和餅乾，解釋我們需要前往奧克西莉亞朵拉，並在遊船來接我們之前跟幾個人碰面。我發動汽艇往下游行駛，一邊重新思考這些卡波克魯人的特質。從先深陷困難處境中我就了解到，當你在亞馬遜或其

別睡，這裡有蛇！　　　　　　　　　　　　　228

DON'T SLEEP, THERE ARE SNAKES

支流沿岸看到房子，就表示來到了天堂。你素未謀面的人們會在你需要時提供協助。他們會讓你住下，供給你食物。倘若有需要，他們會划船帶你到附近尋求幫助，甚至會把手中最後一點財物給你。

這是亞馬遜地區的風俗。今天你幫助有需要的人，因為明天你可能就需要他人協助。「你要別人怎樣待你，你也要怎樣待人」，這是我見過最鮮明的範例了。

然而有一點我並不真的明白，那就是卡波克魯人對原住民的種族歧視。他們常常對我說：「丹尼爾，我們是懂得工作的原住民，我們不是懶惰的人。沒有人給我們任何東西。我們跟原住民不一樣，因為他們向人乞討，而且總是得到比我們更多的幫助。」

有趣的是，卡波克魯人會稱其他的原住民為卡波克魯人。卡波克魯人很少認真將自己視為卡波克魯人，他們認為自己是「水岸人家」（ribeirinhos，住在河邊的人），或者更常見的簡單說法是「巴西人」。

如果你想尋找當地不曾或極少與外界接觸的原住民，就得考慮到卡波克魯人對原住民的態度。卡波克魯人通常是唯一真正知道當地是否有原住民的人，但是你不能問他們：「這附近有沒有仍然在講自己母語的原住民？」你最好的問法是：「這裡有沒有知道如何不講粗話的卡波克魯人？」如果你與卡波克魯人打過交道，你很快就會發現這個詭異的情況：卡波克魯人不認為原住民說的話稱得上真正的語言，也不認為不同的原住民族講的語言有何不同。

卡波克魯人認為自己是窮人，他們會竭盡所能，來改善他們的經濟狀況。這就跟大多數西方人一樣，他們也想賺更多錢。他們覺得自己窮到極點。相反地，皮拉哈人雖然物質條件不如卡波克魯人，卻沒有「貧窮」這個概念，也對自己的物質生活感到滿足。在一九八○年代早期波多韋柳的淘金熱時期，我越發清楚看出卡波克魯人汲汲於金錢的態度。那幾年瑪得拉河與其支流發現金礦，沿岸城市因而蓬勃發展，尤其是波多韋柳。許多卡波克魯人轉行探勘金礦，並且因此致富（至少維持了一段時間）。探勘金礦極度危險而且十分艱困。從未受過潛水訓練的卡波克魯人自告奮勇戴上潛水頭盔，在沒有光線的情況下潛入十五公尺深，有著水蟒、鱷魚、刺魟的漆黑泥濘河水中，在瑪得拉河河底手持大型真空管在河床上緩慢移動。

潛水夫的空氣由上方的駁船供應，駁船上其他卡波克魯人的工作則是運用水銀和重力過濾金礦，將金子從泥巴、石塊和其他碎片中分離出來。瑪得拉河的水銀污染成了嚴重的問題。

如果潛水夫找到金子並往上送，船上的人會拉高他的空氣輸送管，示意他留在原地。這種舉動十分危險，因為要是附近駁船上的卡波克魯人看到友人找到金子而自己卻沒有，情勢可能會演變成殺人事件。他們會殺害這艘駁船上的卡波克魯人，然後割斷潛水夫的空氣輸送管。要是潛水夫還沒死，他們會再派人潛入河中了結對方性命。

我的朋友華勒茲就是一名潛水夫。他告訴我，第一次潛入河中時，他的耳朵

別睡，這裡有蛇！　　　　　　　　　　　　　　　　　　　　　　　230

DON'T SLEEP, THERE ARE SNAKES

因為壓力出血。「但如果你想要致富就要堅持到底。」他給我這樣的忠告。

他的確賺了些錢。後來他找到足夠的金子償還他父親的債務，也在鎮上買了間房子、弄了個冰淇淋攤子，還為自己在鄰鎮烏麥他剛起步的歌唱事業添購一台鍵盤樂器。沒有卡波克魯人或其他貧窮巴西人的付出，這個時期的亞馬遜地區就不可能有此蓬勃的經濟發展。但金礦最後還是漸漸枯竭了，掌控駁船的是有錢人，窮人就只能靠挖礦賺錢。

淘金熱時期我除了看到卡波克魯人努力工作，更常見到他們令人捧腹的幽默感。我在波多韋柳的街上曾看過一名卡波克魯人穿著新衣，身後綁著一串錢。我問他：「那些錢是要做什麼用的？」

他回了一句：「老天！」這是亞馬遜居民常見的口頭禪，目的在表達諷刺之意。「我這輩子都在追著錢跑。現在我找到金子了，該換錢來追著我跑一下吧。」

卡波克魯人的幽默還可以從另一個例子中看出。事情發生在烏麥他的某個晚上，在瑪得拉河岸邊。當時不過傍晚七點三十分左右，仍是個散步的時刻，人們習慣在此時與伴侶、男女朋友或來訪的友人一起散散步。小廣場上聚集著幾個人。天氣溫暖潮濕，但不至於覺得不舒服，就像是洗個舒服的三溫暖。廣場鋪面是碎裂的灰色混凝土，四周圍著刷白的矮牆，矮牆頂部鋪著光滑的紅磚讓人可以坐在上面。情人穿著剛洗過的乾淨衣服，常見的搭配是白色長短褲和色彩鮮豔的上衣，搭配他們結實的體型和深色膚色煞是好看。他們坐在廣場四周吃著冰淇淋、爆米花和三明治。蚊、蛾、黃蜂和獨角仙等蟲子，一逕地往光源飛去。廣場周圍

231　　第十章　◆　卡波克魯人：亞馬遜巴西人的生活

CHAPTER TEN　　CABOCLOS: VIGNETTES OF AMAZONIAN BRAZILIAN LIFE

盤據著兩輪推車攤販，就像是紐約賣熱狗的小販，推車上有盞電燈，一旁的火盆裡煤炭燒得火熱發亮，上頭則烤著肉串。也有製作三明治「起司大餐」(x-baguncas)的推車（在葡萄牙文中，x 發音是「shees」，跟巴西人唸「cheese」的發音相同）。廣場一頭有個老婦人在賣三明治，她的孫子就在一旁玩塑膠卡車，孩子的父親則在廣場另一頭。兩個攤子生意都很好。他們的三明治非常棒，有火腿、馬鈴薯泥、豆子、美乃滋、法蘭克福香腸和起司，全都加在一起。

這時小男孩跟祖母討東西，但祖母不肯。於是他跑過廣場到父親那邊哭訴：

「爸爸，奶奶說我不可以喝可口可樂。」

小男孩對祖母非常生氣。

他的父親看看他，沉默一會後提出解決方案：「那我們去殺了她。」他看起來很認真。

小男孩看著父親，面露疑惑，接著激動地說：「不行，爸爸。我們不可以殺她，她是我的奶奶。」

「你不想殺她？」

「不！她是我奶奶！」

「好，那我要工作了。」

「好。」

小男孩接著就跑回祖母身邊。我可以看見他的父親正暗自發笑。

別睡，這裡有蛇！

DON'T SLEEP, THERE ARE SNAKES

卡波克魯人對皮拉哈人最大的影響，是他們對超自然的信仰。卡波克魯人是透過一口拙劣的通用語（*Lingua Geral*，巴西早年在亞馬遜地區普遍使用的語言）傳達出來的。皮拉哈人常常提到卡波克魯人的信仰，並詢問我相關問題。

這些信仰混合了天主教教誨、圖皮族與其他原住民的傳說和神話，再加上馬庫巴（macumba，類似巫毒教的巴西黑人的通靈術）。他們相信叢林精靈庫魯皮拉（curupira，有人說是個美麗女子）會留下反向的足跡，將人們帶往叢林深處，讓這些迷失的靈魂誤以為順著足跡就能離開叢林。他們相信亞馬遜河中粉紅色的海豚晚上會變身為男人並引誘年輕處女。

我記得高多弗雷多告訴過我這些海豚會變形。他給了個鉅細靡遺的故事，描述海豚是如何變身為一個膚色蒼白卻仍保有巨大陰莖的男子，讓奧克西莉亞朵拉附近不幸的少女懷孕。說完這則故事後他問我：「你相信嗎，丹尼爾？」

我回答：「嗯，我知道有很多人相信。」

「我相信這是真的。」他藉由我倆堅定的友誼向我施壓，要我相信。

我遇見高多弗雷多時他有兩名女兒，索妮亞和芮吉娜。索妮亞的年紀跟夏儂差不多，芮吉娜則跟克莉絲蒂一樣大。索妮亞十二歲時，我和家人住在聖保羅的坎皮那斯州立大學，索妮亞和她住在奧克西莉亞朵拉的朋友突然發生嚴重腹部抽筋然後死去。稍後我收到一封信（高多寫信，請朋友乘船帶到烏麥他投遞），根據信中的描述，她的症狀包括口吐排泄物卻無法排便，我們認為這可能是腸阻塞，當也有可能是肉毒桿菌中毒或是其他種種可能。

第十章　卡波克魯人：亞馬遜巴西人的生活

233

CHAPTER TEN　CABOCLOS: VIGNETTES OF AMAZONIAN BRAZILIAN LIFE

高多對病情的判斷就跟典型的卡波克魯人一樣：「她把水果混著吃。」卡波克魯人對他們所吃的食物非常迷信，這點就跟皮拉哈人大不相同。他們相信某些食物混在一起食用會導致猝死或是痛苦地死亡。例如說，食用芒果這類酸味水果時就絕對不能喝牛奶。

有回我們拜訪高多，當時他兒子華勒茲剛從一場惡性瘧疾中康復，而且差點沒命。高多看著華勒茲高燒、疼痛與噁心，在地板上痛苦掙扎好幾天，卻沒帶他去就醫。

我不安地問：「你為什麼不帶他到鎮上看醫生？如果你願意，我可以帶他去看醫生。我會支付所有開銷。」

「聽著，丹尼爾先生。一個人的時候到了，他就自然會死去。這就是為什麼醫生最終也會死在另一個醫生手中。事情難道不是這樣嗎？醫生不能掌控生死。」充滿智慧的卡波克魯式回答。

幾年後，在華勒茲十七歲生日前夕，我希望提供他一個機會，改善自身經濟狀況。從奧克西莉亞朵拉前往皮拉哈的途中，我對高多談起這件事。

「高多，我們都知道華勒茲是個非常聰明的年輕人。我發現他喜歡修理收錄音機。我想經過一番訓練，再加上一些工具和財務上的資助，他可以開間店然後擁有不錯的收入。我在波多韋柳有個美國朋友瑞卡多，他是修理收音機的師傅。他願意將手藝傳給華勒茲，而且華勒茲可以寄宿在他家，接受訓練期間也會提供工具。我願意支付這些開銷。你的意見如何？我希望華勒茲可以跟我一起離開部落。」

高多暫時推辭我的建議。「讓我好好想想，你要前往波多韋柳時我會給你答覆。」

幾週後高多到皮拉哈來做巴西核果的生意，我登上他的船找他，並喝點咖啡。

高多自己提起：「丹尼爾，關於你的建議我考慮很久，但我不起其他人。如果他離開，學了這些新玩意，我相信他就會留在城裡，再也不回來了。他不會幫助他的父親，而是留在波多韋柳或是烏麥他賺錢。」

我仍不死心地說：「但是高多，你這樣是為了自己的利益，毀了華勒茲的未來。」我無法克制地插手干預他的家務事，因為他的自私令我感到震驚。我非常沮喪。我注意到華勒茲和他的繼母希莎莉亞兩人在船後方，低著頭斜眼看著我們。

「丹尼爾，只有上帝知道我會不會毀了他的未來。但我知道此刻我需要華勒茲待在我身邊。」

盛怒中我把手上那一小杯極濃的黑咖啡一飲而盡，轉身回去我麥西河畔的家。高多的態度就是典型卡波克魯人，孩子能為父母提供經濟上的幫助，因此人們不會浪費孩子這項主要資產。你可以要他們做任何事，因為他們屬於你，而你也會要他們幫家裡賺錢。

幾年後，高多問我是否仍舊有效，當時華勒茲大約二十多歲。「不行，瑞卡多已經不住在波多韋柳了，現在那裡沒有我認識的人可以訓練華勒茲。」

華勒茲的故事最終成為卡波克魯人常見的悲劇。當時我正要完成本章初稿，

235　　第十章　🝔　卡波克魯人：亞馬遜巴西人的生活

CHAPTER TEN　　　　　　　CABOCLOS: VIGNETTES OF AMAZONIAN BRAZILIAN LIFE

聽說了華勒茲死於跨亞馬遜公路上的機車事故。我在那裡也不僅一次差點發生機車事故，險些喪命。我陷入悲傷的長考，想著華勒茲這個原本大有可為的青年，還來不及發揮他的潛力就不幸結束生命。

雖然談了這麼多卡波克魯人的文化，還是不能真的完全展現他們豐富的信仰體系與生活方式。投入亞馬遜的世界越深，卡波克魯人在我生命中扮演的角色最後也跟皮拉哈人同等重要。他們就跟皮拉哈人一樣，成為我最親近、也最會惹我生氣的朋友。

這份卡波克魯人的調查報告雖然粗略，但結論前我還要再加上一筆，那就是卡波克魯人隨時都準備好與人對抗。就像是約翰·韋恩在他最後一部電影《英雄本色》(The Shootist)中扮演的角色：「沒有人可以冤枉我，沒有人可以對我無理。我不會這麼對待他人，也期望別人不會這麼對我。」如果你提出要求，亞馬遜的原住民會幫助你。如果你需要，他們會把最後的食物給你。但如果你顯露出一丁點優越感，他們可是會變得非常敏感的。

有時，光是我的膚色和外國人身分就已經冒犯他們了。這是因為許多巴西人相信美國人都是種族主義者，自以為比其他種族優異。有時候只是看到我，就覺得有責任要威嚇我一番。

好幾次有人問我：「你是做什麼的？」「你來巴西做什麼？」或是「你是想從我們國家偷走什麼？」

什麼時候該表現強悍，什麼時候又該運用常理判斷情勢，在亞馬遜地區旅

別睡，這裡有蛇！

DON'T SLEEP, THERE ARE SNAKES

行，就得學會取得平衡。皮拉哈人與卡波克魯人都已經學到這點。要是雙方勢均力敵，他們不會認輸。但是如果情況明顯對他們不利，他們會避開。我在犯下代價可能十分昂貴的錯誤後，終於學到這個教訓。

有一次我們全家人待在村裡，一艘巨型船隻沿著麥西河上來。這艘船有三層甲板，高達三十公尺，而且通常只有在瑪得拉河、亞馬遜河或是尼格羅河上才會見到這類大船。當時是高水位，這艘船看來是要停在我們家正前方的河岸。旱季時，河水與河岸間的距離超過十三公尺，但現在只剩三十公尺左右。由於船隻非常靠近岸邊，加上高漲的水位，船員便窺探得到我家。船員人數頗多，可能有三十五人，而他們就盯著凱倫還有我那剛過青春期的女兒。本能反應讓我這個七十五公分高、七十公斤重的三十歲美國佬跳上了船。

我要求見船主人，他名叫羅馬諾，是個彪形大漢。「你們在原住民的土地上做什麼？」

他冷靜地回答：「我們是來尋找硬木。」

我環顧四周。船員中有個人在眼珠子的窟窿裡裝了顆白色圓鼓鼓的球體，另一個人臉上有道刀疤。我注意到他們全都比我強壯，肌肉結實，線條分明，精力奔放。但身為一個被激怒的父親與丈夫，我要求他們離開皮拉哈人的土地。

羅馬諾這樣問我：「你以為你是誰？要我們離開？一個美國人要巴西人離開巴西人的土地？」

237

第十章 ◆ 卡波克魯人：亞馬遜巴西人的生活

CHAPTER TEN

CABOCLOS: VIGNETTES OF AMAZONIAN BRAZILIAN LIFE

「波多韋柳巴西國家原住民基金會的代表阿波納‧梅瑞勒斯要我確保,踏上這塊土地的人都得先獲得他允許。」

這個回答是真的,卻太過無知,我完全沒想到這對土生土長的巴西人來說有多麼不敬。此外,雖然我的工作需要有基金會的允許與支持,我卻不了解基金會與卡波克魯人並不相干。這件事是在我早年還處於無知狀態時發生的。

我已經準備好要大幹一架,但我不知道要是情勢惡化我該怎麼辦。我心中全無計畫。船員繼續盯著我的屋子,而羅馬諾則看著我。一陣沉默之後,他下令發動船隻準備離開,甚至提議一起喝杯咖啡,這讓我大大鬆了一口氣。他禮貌地告別後啟程離開。我又學到一課:看起來像壞蛋的人,其實可能是好人。

卡波克魯人就跟皮拉哈人一樣,生活孤立在其他巴西人之外。皮拉哈人是在自己的土地上與其他巴西人或是外國人接觸後才知道這一點,而我也是在幾年前觀察到卡波克魯人對榮東計畫

對卡波克魯人來說,從美國來的北方佬跟聖保羅那裡的巴西人沒有兩樣。

（Projeto Rondon）的反應才清楚這情況的。這項計畫是由政府出資，為巴西北部貧窮人民提供健康上的協助，並帶領南部大專生團隊到巴西偏遠原始地區提供短期牙科與醫療照護，讓生活狀況較佳的南方人增進對社會的了解。有一回我到奧克西莉亞朵拉，當時高多與希莎莉亞還住在那裡。那時有幾個人坐在樹蔭下，見到我時把我叫住。他們正喝著冰涼的南極啤酒，光著上衣，下半身是短褲與夾腳拖鞋。

「丹尼爾先生，近來如何？上星期有一群外國人從你的國家來到這裡。他們的葡萄牙語說得跟你一樣爛！」

「從我國家來的人？」我很驚訝會有美國人旅行到奧克西莉亞朵拉來。「他們是從哪裡來的？」

「他們跟著榮東計畫過來。他們都是從聖保羅來的。」

對卡波克魯人來說，從美國來的北方佬跟聖保羅那裡的巴西人沒有兩樣。我越想越開心，然後離去。

別睡，這裡有蛇！

DON'T SLEEP, THERE ARE SNAKES

PART TWO
LANGUAGE

第 二 部
語 言

別睡,這裡有蛇!

DON'T SLEEP, THERE ARE SNAKES

CHAPTER ELEVEN

CHANGING CHANNELS WITH PIRAHÃ SOUNDS

第十一章

皮拉哈語的聲調、重音和言談方式

不管是旅行、與卡波克魯人接觸,或其他的亞馬遜叢林經歷,其實都只是為了達到一個目的:搞懂皮拉哈語。我的進展極為緩慢,這讓我了解皮拉哈語是如此非比尋常。我在分析皮拉哈單字的語音法則時,首度體認到這一點。我先前在墨西哥南方的澤套族*做過田野研究,在美國奧克拉荷馬州也曾接受科曼奇語(Comanch)和切羅基語(Cherokee)的訓練,也協助傳教士十分獨特。

我通常是在部落的家中閣樓進行嚴肅的語言學工作。我的房子與河道平行,因此享有微風吹拂。睡榻上方有片木頭天花板,除了讓臥房涼快些,也避免各種會爬、會跳、會滑行的生物在我們睡覺時從天而降。

屋頂和天花板之間,就形成了一個兩邊開口的三角形空間,足以讓我放張桌子和幾把椅子從事語言學研究。這空間就是我的書房,由於相當封閉,所以非常燠熱,而且還住著蛇、青蛙、捕鳥蛛等奇奇怪怪的生物,不過這裡的確讓我在村裡保有一點隱私,也比較不受干擾。

我在書房工作時,總會熱到整件汗衫粘在身上,頭髮則緊貼頭兩側,不過這些我都可以不理會。讓我不安的是這裡的動物。

每當我工作時,不時就會有飽受蛇類驚嚇的小青蛙從屋頂跳下,打斷我工作。牠們住在屋頂,顯然這裡是絕佳的獵食地點。於是我在身邊準備了一根硬木棒,要是頭頂傳來沙沙聲,我就會馬上推開椅子,抓起木棒等著。最先跳下屋頂的是受驚的青蛙,我會先試圖打死牠

別睡,這裡有蛇! 244

DON'T SLEEP, THERE ARE SNAKES

們（我希望屋頂不要有任何生物），但青蛙速度太快，體型又太小。然後我知道嚇到這些青蛙的動物不久就會現身，所以我等著，結果探出頭來的都是蛇。既然我已經伺機而動，就不會讓這些鬼鬼祟祟的傢伙有好下場。我的木棒就如此大力一揮，轟向屋頂或樑上的蛇頭，接著把蛇拋到屋外，丟向叢林，然後回去工作。

我就這樣浸淫在學習皮拉哈語的生活中，但是當我了解到這個語言的困難性之後，我最初對於分析皮拉哈語言的樂觀態度也隨之褪去。

我們都在好萊塢電影中看過探險家或科學家短時間內便能說出一口流利的部落語言。但在我奮力學習皮拉哈語之後，就覺得這些電影實在傻得可以。沒有教科書可以參考，也沒有人可以將皮拉哈語翻譯成葡萄牙語（頂多做最粗淺的解釋）。六個月過去了，我還是不確定自己是否了解皮拉哈老師對我所說的每一句話。這種情況有時還真令人氣餒。但我看三、四歲大的孩子也都會說皮拉哈語，讓我大膽斷言，自己的皮拉哈語最終也能說得跟三歲小孩一樣好。

雖然我的學術目的是研究語言學，但我沒忘記自己是在教會支持和信徒捐獻下來到這裡，我的使命是聖經翻譯成皮拉哈語。但要進行這項工作，我得先全面了解皮拉哈語的結構。我的兩大目標至少在這一點出現交集。

皮拉哈語是全世界語音數（或稱音位）最少的語言之一，皮拉哈男人只使用

* 譯注 Tzeltal，墨西哥境內最主要的原住民，該語言目前仍有約四十萬名使用者，多位於墨西哥東南的恰帕斯州（Chiapas）

245　　第十一章　皮拉哈語的聲調、重音和言談方式

CHAPTER ELEVEN　　CHANGING CHANNELS WITH PIRAHÃ SOUNDS

三個母音（i、a、o）和八個子音（p、t、k、s、h、b、g，和一個聲門塞音x），皮拉哈女人則使用三個母音（i、a、o）和七個子音（p、t、k、h、b、g和x），男人發h和s的地方，女人只發h。皮拉哈女人使用的子音比男人少，這種情況雖不是前所未聞，卻也不太常見。

對多數讀者而言，聲門塞音意義不大，因為包括英語在內的絕大多數歐洲語言，都沒有這個音位。但它在皮拉哈語中很重要。在英語中，我們偶爾會在語句中插入一些聲門塞音，像是「呃」（uh-uh，表達否定之意）。而t這個子音是在牙齒的部位擋住空氣流動，k則是在舌根部位以上顎阻斷空氣，聲門塞音則是將緊緊堆疊的聲音包裹起來，然後在它進入上咽喉時阻斷氣流。

要知道皮拉哈語的語音數量到底有多麼少，可以比較一下其他語言。英語大約有四十個音位，依不同方言而異。但這還不算特別多，越南赫蒙族語（Hmong）超過八十個音位。與之相反的

我看見三、四歲大的孩子都會說皮拉哈語，讓我大膽斷言，自己的皮拉哈語最終也能說得跟三歲小孩一樣好。

例子，就只有新幾內亞的羅托卡特語（Rotokas）和夏威夷語，這兩種語言音位之少，足以媲美皮拉哈語。它們都只有十一個音位，跟皮拉哈男人所使用的數量相同。

有人質疑，只有十一個音位的語言能否傳遞複雜的資訊。但問問電腦科學家就知道，電腦只需使用兩個「字母」0和1（我們可以將之視為音位），就足以傳遞任何我們輸入的資訊。而摩斯密碼也僅用到長音和短音兩個「字母」。

事實上，一套語言甚至可以僅有一個音位。這種語言的單字看起來可能會像 a、aa、aaa、aaaa 等。但目前沒有任何語言只有一或兩個語音，這點並不令人意外。音位數量越少，單字就得越長，使用者才能分辨不同單字的意思（否則聽起來會太像），而對我們的大腦來說，要分辨不同單字也會變得比較困難（其中一個問題是，單字越長，記憶力就要越好，才有辦法區分）。所以如果世上有跟電腦一樣的二元語言，人類大腦就得跟電腦一樣，才能使用與區辨那些長單字。你不妨想像一下要分辨五十個連續的 a 與五十一個連續的 a 所組成的單字，會有多困難。

所以，這中間就出現了一股張力：學習大量的音位，好讓單字維持在易分辨的長度，或學習較少的音位，但單字都得長一些。有些語言在兩方面都很複雜，例如德文就有很長的單字和大量的音位。

我們可以來看幾個英文單字，了解如何使用音位來區分單字。例如 pin（別針）和 bin（箱子），英語人士要分辨這兩個字的唯一方法就是透過不同音位 p 和 b。這表示，p 與 b 這兩個發聲不同的字母，在英文裡是有意義的。

247　　第十一章　♦　皮拉哈語的聲調、重音和言談方式

CHAPTER ELEVEN　　CHANGING CHANNELS WITH PIRAHÃ SOUNDS

另外一組類型是 pin 和 spin（旋轉）。這兩個單字中，p 的發聲方式不同。pin 的 p 是氣音，亦即我們在發這個音時會吹出一口氣，但是 spin 的 p 就不是氣音。（想知道這當中的差別，你可以手拿一張紙放在嘴巴前面八公分處，然後用一般音量說出這兩個字。當你說 pin，氣音所造成的氣流會讓紙張往前翻，但是說 spin 時就不會。）所以我們就知道，因為 p 跟 b 的區分是有意義的，所以它們是兩個不同英文字母；而 pin 跟 spin 中的 p 即使發聲不同，卻仍是同一字母，因為不管是不是氣音，我們都能分辨這是不同的字。（奧黛莉赫本受到荷蘭母語的影響，說話時不發氣音，但大部分的人都沒發現。）

因位於不同音節位置，某些發音出現了變化，這項規則對語言學家來說很重要，但對英語的意義卻不大。任何英語人士都知道 pin 跟 spin 的差異，無論這兩個 p 是不是氣音。

對英語人士來說，sheet（床單）與 shit（糞便）發音的差異，來自母音發聲時舌頭的張弛程度。然而，shit 的母音發聲在西班牙、葡萄牙這種羅曼語系中並不存在，因此這些語言的使用者會很難分辨這兩個字。這兩個發音在英語中有不同音位，但在西班牙與葡萄牙語中卻不是如此。

皮拉哈語的音位雖然少，單字長度卻不如我們預期的那麼長，這是由於另外兩項工具的作用：我先前提到的語境（context）與聲調（tone）。

在所有語言中，語境都有助於分辨語意。想想英語中 to 和 two 這兩個字。是我問：「你說是多少？」而你回答 tú（該字的發音），在這個語境中，我們知道

別睡，這裡有蛇！　　　　　　　　　　　　　　　248

DON'T SLEEP, THERE ARE SNAKES

一定是指two而不會是to。事實上，語境可以釐清絕大多數的語意。

有一天，我與科賀坐在桌子前學習皮拉哈語的語音結構。凱倫端來一杯咖啡，並打了個手勢，問他是否也想要來一杯。科賀笑著說：「*Ti píai*」，我馬上猜想這句話的意思是「me too」（我也要）。

為了確定這句話的意思，我組織幾個誘導性問句。我一邊比手畫腳一邊說「科賀喝咖啡，丹尼爾 *píai*」、「科賀喝咖啡，我 *píai*」等等。

我記下這些例句，並舉出 me too（我也要）、you too（你也要）、her too（她也要）等用語。之後我要求科賀對我覆述這些句子，以確認它們的發音。

但他說出的東西讓我大感意外，而且困惑不已。

他覆述：「*Ti píai*.」

我跟著說一遍。

他說：「沒錯，*ki kiai*.」

「你剛剛說什麼？」我既挫折又驚訝，他的發音為什麼變了？難道有更簡單的表達方式嗎？

他又說了一次：「*ki kiai*.」

我開始懷疑自己的腦袋是否有問題。三次回答三種不同發音。我很確定在皮拉哈語中，k、t、p三種語音是有意義的音位，而音位彼此應該是不能轉換的。

例如在英文中，你把提姆（Tim）改成吉姆（Kim）或皮姆（Pim），改變的不只是發音，而是得出不同的字。

249　　第十一章 ◆ 皮拉哈語的聲調、重音和言談方式

CHAPTER ELEVEN　　CHANGING CHANNELS WITH PIRAHĀ SOUNDS

我問：「*kí kíai?*」

「對，*pí píai*.」我得到一個令人火大的答案。

接著又覆述了幾次，科賀又給出不一樣的發音：「*xí píai*」和「*xí xíai*」（先前提過，x 表示皮拉哈語言中的聲門塞音）

我心裡不禁懷疑，究竟是科賀的語音比較隨性，還是這種變化顯示某種更深層的語言法則？或許這個字轉換意義的方式是我先前不知道的。又或者這不過是個「自由變異」（free variation）的例子，這些發音並沒有不同意義，就像是南加州的人會把 economics（經濟）發成「eeconomics」或是「ehconomics」，但意義是一樣的。

我最後的結論是，這真的就是自由變異。

我在其他人身上也觀察到幾個自由變異的例子。有些人同一個字會發出不同的音，像 *xapapaí*、*kapapaí*、*papapaí*、*xaxaxaí* 還有 *kakakaí*，指的都是「頭」（head）這個字，或者像 *xisiihoái*、*kisiihoái*、*písiihoái*、*phiihoái* 以及 *khiihoái*，指的都是「液態燃油」（煤油、汽油、丁烷等等）。

看到皮拉哈容許的子音變異範圍如此之大，我深感驚訝，特別是這種語言中的音位如此之少。但同時我也發現皮拉哈人大量使用聲調、重音以及音節的輕重轉換，因此這種語言也可以吹出、哼出、喊出或唱出。

例如「*Káixihí xaoxaagá, gáihí*」（那裡有隻駝鼠）這個句子就具有一種音樂形式，像是在吹口哨、哼出或誦唱。

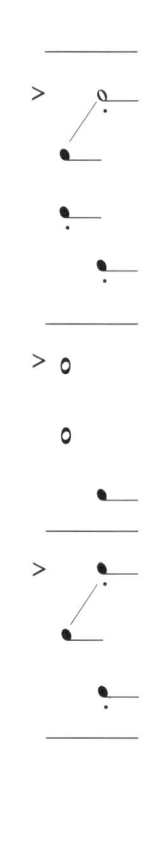

在這個例子中，直線表示字與字的區隔，直線間的音符就是單字中的音樂表現。音符下方的脫字符號（＾）表示這個音節是該單字中最大聲的。空心橢圓的全音符表示該語言中最長的音節（子音＋母音＋母音），實心橢圓的四分音符表示該語言中最短的音節（子音＋母音）。其他音符和附點音符表示不同長度的音節，所以皮拉哈語中總共有五種長度的音節。而音符的相對高度則顯示出聲調。位置較高的音符表示該音節為高聲調，位置較低表示為低聲調。兩個音符間的連結線，表示這裡會出現變化，由低聲調轉高或是高聲調轉低，且變化時沒有停頓。在 Kaixihi 這個字的音樂表現中，先是有一組聲調下降的音符，接著是一個短的低音，然後是個停頓再加上哨音（聲門塞音 x 和 i），接著是另一個短暫的停頓（h）以及一個短的高音。這個字無需考慮子音或母音，其重音（音量的大小）是根據音節輕重來決定，因此即使當中缺乏音位，其音節仍舊可以用哨音、哼唱或是喊叫等不同音樂表現形式來清楚區分。

因為皮拉哈語的聲調並不像音樂音符擁有精確的音高（鋼琴鍵盤上中央 C 發出的音頻是二五六赫茲），所以我的音樂類比中沒有用上五線譜，只有相對高低音。皮拉哈語或是其他聲調語言中，高聲調並不指向某個特定音頻，它只是比低聲調還高頻的音而已。

我開始覺得，在少量的音位與這些「言談的方式」（channels of discourse）之間有個連結。我的假設是，要了解皮拉哈語為數不多的子音與母音，以及子音那些令人訝異的變異，這些說話方式就是關鍵。既然這些說話方式都極度依賴皮拉哈單字的音樂表現，我們就應該試著對其音樂性的來源有些許了解。

首先，語言中有所謂的聲調（tone）。每個字的母音都有可能是高聲調或是低聲調，就像中文等聲調語言那樣。

語言的聲調是從世界所有語言的共同特徵推斷而來，也就是「音高」（pitch）：聲帶振動的相對頻率。所有語言都會用音高來區別意義，例如在英語裡，句尾若是音高上揚通常表示這是問句，而音高下降便表示這是個敘述句。

約翰要來了？（疑問句，以上揚的音高表示。）

約翰要來了。（敘述句，以下降的音高表示。）

）

在英文的標點符號中，句號就代表音高下降，而問號則代表音高上揚。當我們以音高來區分句子的意義，這種用法就稱為「語調」（intonation）。語調可能有許多變化。想知道英語在聲調與重音使用上有多複雜，就舉我最喜歡的例子：語言學上所謂的「重音衝突優先性」（stress clash override）。Thirteen（十三）這個字單獨發音

別睡，這裡有蛇！ 252

DON'T SLEEP, THERE ARE SNAKES

時，最後音節的音高較高，也就是發成「thirTEEN」。而女people這個字則是第一音節的音高較高，發成「WOmen」。但是兩個單字放在一起時，我們就不會說「thirTEEN WOmen」，而是「THIRteen WOmen」。為何如此？因為英語就跟其他幾種語言一樣，不喜歡將兩個高聲調或重音音節放在一起。英語傾向具變化的模式：重音—非重音—重音等等，所以當十三（thirteen）後面接其他單字時，重音位置就會改變，這樣整個句子的重音才會有變化，同時還可以將重音保留在句子的主要單字上。在「THIRteen WOmen」的名詞子句中，名詞 women 就是主要單字。孩子在學英語時，不需教導自然就知道怎麼發音！弄清楚這是怎麼一回事，是語言學有趣的謎團之一。

無論是在澳洲沙漠、洛杉磯街頭，還是巴西叢林，所有語言都有語調。但許多語言也會運用音高。雖然英語會運用音高變化來改變句子的意思，卻不常以此來改變單字的意思。不過也有少數幾個例外。我們可以借助這幾個例子，來了解皮拉哈語或中文這類聲調語言的特性。

想想以下這幾組名詞與動詞的差異：CONtract（名詞，合約）與 conTRACT（動詞，簽約）、PERmit（名詞，許可證）與 perMIT（動詞，允許）、CONstruct（名詞，建物）與 conSTRUCT（動詞，建造）。在這些組合中，名詞都是第一個音節音高較高，而動詞則是第二個音節較高。

在英文中，用音高來區別字詞意義的例子不多，但在聲調語言中，每個音節、母音或是單字都有特定音高，稱為「聲調」。

253　第十一章　皮拉哈語的聲調、重音和言談方式

CHAPTER ELEVEN　CHANGING CHANNELS WITH PIRAHÃ SOUNDS

我在認識皮拉哈語時，首度學習以聲調來區分字詞意義，並犯下一個嚴重錯誤。我與科賀討論幾個我認為翻譯聖經時會派上用場的字詞。

我問：「當你很喜歡一個人時，你怎麼稱呼他？」

科賀回答：「*Bagiái*.」

於是我馬上練習運用這個字。我笑著說：「你是我的*bagiái*.」

他大笑：「不！」

我問：「什麼，你不喜歡我？」

他咯咯笑著說：「我喜歡你，我當然喜歡你，你是我的*bagiái*。但是我們不喜歡*bágiái*。」他如此澄清。

科賀為了幫助我了解他在說什麼，便使用口哨慢慢吹出這兩個字。我這才聽出兩者的差異！「朋友」這個字是*Bagiái*，只有後面的 a 是高聲調「ba-gi-Ai」。皮拉哈語就是用這細微差異來區分朋友與敵人。對皮拉哈人來說，這兩個字是相關的，因為*bagiái*（朋友）的字面意思是「觸動人的」(to be touching)，亦即某個你深情觸摸的對象。而*bágiái*（敵人）的字面意思是「導致聚集」(to cause to come together)，其實背後另有深意：敵人會導致與他無關的事情發生。像這樣的慣用語不能單靠字面意思解讀，因為字面意義可能與實質上的涵義無關，就像在英文中，「kick the bucket」的字面義是「踢桶子」，但意思其實是「翹辮子」，跟字面意義完全無關。

很顯然，要記錄皮拉哈語言，就得一併記下它的聲調。所以我採用語言學上

別睡，這裡有蛇！ 254

DON'T SLEEP, THERE ARE SNAKES

的慣用方法，以尖音符號標示高聲調，而如果上方沒有任何標示就是低聲調。下面是另一組皮拉哈單字，它們之間的差異只在於母音聲調的高低。

xaoóí（aoOI）皮膚

xaoóí（aoOi）外國人

xáoóí（AoOi）耳朵

xaóoí（aOoI）巴西核果殼

因為皮拉哈人使用的音高範圍很廣，所以有些表達方式是絕大多數歐洲語言沒有的。在此，我就追隨社會語言學家戴爾‧海姆斯（Dell Hymes）的開創性工作，將之稱為「言談的方式」。皮拉哈人有五種言談方式，每一種都具特殊的文化功能。這五種方式是：吹口哨、哼唱、誦唱、喊叫，以及一般說話方式（亦即使用子音跟母音）。

要了解皮拉哈語，就得了解這些言談方式及其功能。前往皮拉哈之前，我就聽說過這些言談方式，也知道其他語言也有類似的表達形式，像是在非洲發現的鼓語（drum language），或是加那利群島上的哨語（whistle speech）。但是當我第一次聽到皮拉哈語的例子時，還是覺得相當新奇。

事情發生在某天下午，我擺了一些過期的《國家地理雜誌》讓皮拉哈人翻閱。他們喜歡上面關於世界各地動物和人的照片。伊歐伊塔坐在地板上看雜誌，胸前還抱著吸奶的孩子。她身穿及膝連身裙，雙腿朝身體前方伸直，皮拉哈人的典型坐姿。她對著大腿上用力吸奶的小男孩有節奏地哼唱著，我觀察好一會兒，才發

255　　第十一章 ● 皮拉哈語的聲調、重音和言談方式

CHAPTER ELEVEN　　CHANGING CHANNELS WITH PIRAHÃ SOUNDS

現她是以哼唱來描述照片中的鯨魚與愛斯基摩人。小男孩三不五時將目光從她的胸部移向圖片，這時她就會指著圖片，哼唱得更大聲。

哼唱語（hum speech）就跟那些真正的溝通方式一樣，只要是運用子音與母音所能表達的涵義，哼唱語也表達得出。但它跟其他言談方式一樣，具有獨特功能。哼唱的語言可以用來掩飾誰在說話或是說話者的身分，因為如果不是非常專心，即便是土生土長的皮拉哈人也很難聽懂。而且哼唱語可以很小聲進行，所以也可用來溝通私密的事情，就跟我們的耳語（whisper）一樣。*此外，滿嘴食物還有母親對小孩說話時，也都會使用哼唱語。

喊語（yell speech）就是使用母音 a（偶爾也使用單字原本的母音，再加上兩個子音 k 跟 x），用喊叫的方式呈現語言的音樂型態，也就是語言的聲調、音節與重音。喊語通常用在雨天雷聲大作的時候，以及長距離的溝通。喊語的音量就跟喊叫時一樣大聲，但是不使用子音。偶爾也以假聲呈現。

寇必歐住在阿吉歐派，從波多諾佛駕獨木舟往上游要航行七天。有一天我在雨天造訪當地，寇必歐當時在河對岸，他的妻子伊埃索埃則正要跨過河流到對岸去。此時寇必歐便開始使用喊語。

「Ká, Kaáakakáa, kaákaá.」

如果依照皮拉哈人正常的說話方式，這句話會是「Kó Xiáisoxxái, Baósa.」（嘿！伊埃索埃，衣服）。

令人驚訝的是，雖然雨聲把大部分的聲音都蓋住了，這種言談方式的傳遞能

力卻十分驚人。我們很快就聽到伊埃索埃用喊語回應：「好，我來的時候會帶你的衣服。」

此外還有一種音樂式的說話方式，在皮拉哈語有個特殊名字。他們稱音樂式的說話方式為「下顎跑掉」（jaw going）或是「下顎脫離」（jaw leaving）。這種說話方式誇大高聲調和低聲調之間的音高差異，聽起來像是音樂旋律。它可能擁有語言中最有趣的一系列功能，用在傳達重要的新訊息上。它會用在跟神靈溝通（而且通常是神靈自己使用），但主要還是人們在跳舞時使用。有趣的是，雖然我無從解釋這個事實，但是當我要求皮拉哈人用音樂式的說話方式複述事情時，女人的表現總是比男人來得大方。

皮拉哈人稱哨語是用「酸嘴」（sour mouth）或者是「嘬嘴」（puckered mouth）說話，就像他們描述吸吮檸檬的嘴型。基於某些緣故，哨語只有男性使用：在狩獵時用來溝通，或是男孩相互挑釁嬉耍時使用。

有天，皮拉哈人允許我跟著他們去打獵，那是我首度密集見識到人們用吹口哨的方式溝通。在走了約一小時之後，他們判斷之所以沒有遇到任何動物，是因為我身上叮咚作響的軍用水壺和開山刀，以及我天生笨手笨腳製造出太多噪音。艾凱拜溫柔而堅定地表示：「你留在這裡，我們晚點回來找你。」

* 皮拉哈人不會在耳邊竊竊私語，他們是以哼唱進行。我曾對這種交談方式感到疑惑，後來德國語言學家曼弗瑞德‧克里夫卡（Manfred Krifka）提點我一個顯而易見的原因。耳語時，聲帶無法發出不同聲調，因此皮拉哈人就沒辦法清楚表達。

我看著人們離我而去，站在一棵大樹旁，毫無頭緒自己身在何方或是眾人何時會歸返。樹冠層的林蔭讓叢林顯得黑暗，蚊子圍著我嗡嗡作響。我拿出開山刀，以防萬一有動物在我身邊窺伺。我不確定皮拉哈人是否會回來找我。（要是他們當時沒有回來，我的枯骨可能現在還在那裡。）

我試著好好利用這段時光，這時我聽到他們互吹口哨。他們說「我會到那裡去」或是「你從那邊過去」之類與狩獵相關的句子。顯然他們正進行溝通。這些對話十分迷人，聽起來跟我之前所聽過的語言都大不相同。哨聲在叢林裡可以傳得又遠又清楚。我當下即刻了解這種溝通方式的重要性與用處，我也猜想，跟人類一般較低頻的聲音相比，這種方式也比較不會嚇跑動物。

這些言談方式顯現文化如何影響語言。如果我不知道言談方式，就無法選擇適當的文化手段，以特定的言談方式來傳遞不同型態的資訊。要完整描述皮拉哈文化，就得把他們傳遞神靈訊息、私密訊息的方式都納入討論。言談方式的功能是屬於文化上的。也就是說，要解釋皮拉哈語中數量極少的音位，以及當年幾乎讓我抓狂的子音自由變異彈性，都必須先掌握文化上的意義。

簡言之，皮拉哈人的語音數量稀少，可能是因為他們沒有更多需要。他們很依賴各種言談方式，因此子音和母音在皮拉哈語中的重要性，便不如英語、法語、納瓦霍印第安語（Navajo）、西非豪薩語（Hausa）、越南語等語言。這挑戰了當代的語言理論，因為這些理論並沒有料到文化會介入語音結構。

對於上述說明，有人抱持不同看法，認為就是因為他們使用的子音與母音稀

別睡，這裡有蛇！　　　　　　　　　　　　　　258

DON'T SLEEP, THERE ARE SNAKES

少，才促成這些特定的言談方式。這種看法和我的解釋剛好相反，認為此處是語言影響文化，而非文化影響語言。然而，很多語言也都有各種言談方式，但這些語言還是擁有大量的子音與母音。舉兩個例子：墨西哥南方的拉拉納奇南特克語（Lalana Chinantec），以及西非的約魯巴語（Yoruba）。這兩種語言的子音與母音都很多，也會使用哨語，原因之一似乎是他們使用子音與母音較頻繁（不過仍需做更多語言比較研究，才能更有信心斷定），相形之下，子音與母音便擔負更多溝通責任。

另外，與皮拉哈語相比，這兩種語言中，有韻律的言談方式似乎較少（有哨語，但沒有哼唱語以及喊語），使用頻繁也較低。要了解文化與語音系統的關係，還有許多研究工作要做，所以在這階段，我並不認為我的解釋夠完整。但我所提出的解釋不僅大有可為，還處理了喬姆斯基的語言學所忽略的一組現象。

一九八四年，我在《語言學調查》期刊上，發表我關於皮拉哈語音結構的第一篇文章，成了一顆「小炸彈」。我原本以為這篇文章所提出的，是一個關於重音系統性質與音節結構理論的小小論點，旨在修正文獻上常見的理論錯誤。文章刊出時，我人在麻省理工學院擔任訪問學者，和喬姆斯基的辦公室就只隔著一個大廳，並得到美國國家科學基金會與美國學術團體協會這兩個單位的獎助支持。當時我想，我終於「成為」學者了。

文章刊出後，我意外收到許多情感豐沛的信件（那年代還沒有電子郵件）。華盛頓大學教授艾倫‧凱斯（Ellen Kaisse）捎來一張明信片，上頭寫著這篇文章像是顆炸彈打中她，她將原本規劃的課程內容延後，好與學生討論皮拉哈人的語音結構。

259　　第十一章 ● 皮拉哈語的聲調、重音和言談方式

CHAPTER ELEVEN　　CHANGING CHANNELS WITH PIRAHĀ SOUNDS

還有其他的語言學家寫信給我。有些人是要告訴我，我顯然不知道自己在說什麼，因為不可能有這樣的語音系統。也有些人是寫信來鼓勵我。因為這是我在國際期刊上的第一篇文章，我沒想過該怎麼回應這些意見。當時我以為沒有人會閱讀這篇小小的文章，它只不過是讓我的履歷好看些罷了。

到了一九九五年，我已經發表大量文章討論皮拉哈的音韻學。此時皮拉哈語已是眾所皆知，並大幅涉入關於語音結構性質的理論爭議。這些有關語音的辯論，焦點在於演繹與歸納的衝突。語言學的理論學家相信，他們已經成功建立起一套界線，裡面囊括了所有人類語言中語音系統的可能變化。在此界線之外，不會有變異發生。這些界線是依據更普遍的理論公理所**演繹**出來的，咸認為是精確且近乎必然。但如果我的研究是正確的話，皮拉哈研究使用的歸納法，卻揭露了一個越出這些界線的系統。

這個爭議引來加州大學洛杉磯分校教授彼得・拉德福吉（Peter Ladefoged）的注意，而他也成為我在巴西最重要的訪客。國家科學基金會大力資助彼得去記錄世界上少數人使用的瀕危語言，他詢問是否能和我一起前往皮拉哈部落，親自聽聽我在論文中描述的重音系統。

那時我人在巴西，便開車到波多韋柳的機場接機。一路上我覺得自己彷彿是要接受國稅局的審查。我對皮拉哈語音結構的看法惹來了爭議，現在世界頂尖的語言學家就要來確認我的說法。我盡我所能地據實以報，我也有信心自己是對的，但是我仍舊感到緊張。

彼得已於二○○六年過世。他高大，具有貴族氣息。聲音低沉，操持著所謂公認發音（Received Pronunciation）的英國上流社會王室英語。他還是電影《窈窕淑女》的顧問，而我就是在一九六二年這部電影上映時，決定要成為語言學家。電影中亨利·希金斯辦公室留聲機傳出的就是彼得上流的聲音；電影一開頭希金斯在倫敦柯芬園歌劇院前拿著小筆記本給伊莉莎·杜莉特看，筆記本上就是彼得的字跡。

彼得領取行李後，在行李招領處向我揮手。我走向他，告訴他我有多麼高興他能前來，希望能隱藏我聲音裡的緊張。

他第一句話就說：「你對皮拉哈語音系統的宣稱讓我感到懷疑。」然後又加上一句：「布魯斯跟東卡也心存疑慮，要我好好確認。」布魯斯跟東卡是他在加州大學洛杉磯分校的同事，極富聲望。在村裡那幾天，彼得對皮拉哈人進行高品質的錄音工作，這些錄音最後證實我論文中的分析，並且對皮拉哈語言在語音結構的理論與研究所帶來的衝擊，再加上一筆。

但這些實驗需要皮拉哈人大量的耐心。為了要確實進行測量，我們架設一間太陽能的語音實驗室。皮拉哈人必須戴上附有麥克風的耳機，在嘴巴前方五公分處收音。有時還得容忍管子向上對著他們的鼻子，好測量聲門上區的壓力（聲帶上方的氣流）。他們好脾氣地照單全收，進行這些測量時都乖乖坐好，配合程度令人訝異。又一次，他們對科學研究做出貢獻。

我們所做的錄音最後存放在加州大學洛杉磯分校的語音實驗室，供其他研究者進一步發展人類言談的語音結構理論，像是加州大學聖塔芭芭拉分校的馬修·

高登（Matthew Gordon）。因為這次的錄音工作，任何人都可以取得皮拉哈人的語音資料，不僅可以用來確認我的分析，更可以向高登一樣，用來深化我們對其他語言中相同現象的理解。

CHAPTER TWELVE
PIRAHÃ WORDS

第十二章
皮拉哈的單字

進行田野工作時，得持續注意各樣細節。身處叢林要日復一日緊密注意所有事務並非易事，不管是語言或是生活中其他重要部分，因此每天都得嚴守日常紀律。

　雨季時，大雨常整夜下個不停。我知道大雨只要下個幾小時，我的船就會沉。掛在船尾的馬達重達六十八公斤，所以我無法每日卸到乾燥的地上，因此我將馬達留在船上。但它的重量會讓船身往船尾傾斜，下雨時所有雨水就都積在船尾。因此，即使我的船可承載一公噸貨物，但在亞馬遜暴風雨的襲擊下，不消多久船尾就會陷入河水，導致沉船。

　所以，若暴風雨會在半夜來臨，我就得在凌晨三點左右起床，頂著傾盆大雨走向船隻，將船尾的積水舀出。這就是我說的細節問題，是我戮力遵守的生活紀律之一。但是凌晨三點從溫暖舒適的吊床起身，是多麼困難的事，更別提要在強勁的雨勢中出門，穿過整個村子走向我停泊船隻的地方，一路上還要擔心有蛇或動物（包括皮拉

　我的船是唯一能帶我離開當地的工具，要是暴雨來襲沉了船，我不知自己是否能將船弄出河中，也不知船是否還能動，更不知船要是壞了該怎麼辦。

哈人的狗）出沒。我知道我得這麼做，而我也都做到了，只有一次例外。

當時大雨傾盆而下，我人雖然醒著，卻無法起床走向船隻停靠之處，即便那不過是三十公尺的距離。我跟自己說雨勢其實不算大，畢竟在沉船之前，我的船還能承載大約五百公斤的雨水。

我跟以往一樣在早上五點左右起床，開始規劃一天的行程。我發現空氣中有股汽油的味道。雖然內心深處知道事情不對勁，但我不願意承認。於是我像平日一樣開始工作，當我在準備咖啡時，伊歐塔華吉對我大喊：「嘿！丹尼爾，來看看你的船！」我跑出屋子到了河邊，看到水面漂浮著汽油，繫船的尼龍繩幾乎筆直沉入河中。我往河裡瞧，看到我的船在繩索的另一端，沉入九公尺深的河水中，船篷大開。

我所在的地方距離跨亞馬遜公路還有一百六十公里的水路距離，而我的船是唯一能帶我離開當地的工具。我不知道自己是否能將船弄出河中，也不知道船是否還能啟動，更不知道船要是壞了我該怎麼辦。一群皮拉哈男女跑來幫忙。我取來一些三公尺長、十公分寬、五公分厚的鐵木木板，這是我先前蓋屋子剩下的材料，盤算著如何將船拉出。

我們幾個人像拔河一樣，一步步將船往上拖了幾公尺，拖到岸邊水面下方的礁岩上。然後我們使盡吃奶力氣，將船拖往水流靜止的淺灘，那裡水深僅有一、兩公尺。我將木板發給皮拉哈人，並解釋如何以這些木材為槓桿，一點一點將船弄上岸。幾小時後，船緣終於露出水面。皮拉哈婦女不用我指揮，立刻就帶著葫

蘆瓢跳上船，將水舀出。最後我們大致清理掉三分之二的積水。我將船首和船尾同時繫在岸邊，將虹吸管插入內建的油缸，以此排出汽缸中的大部分積水。我將水比油重，我將水油相雜的混濁油氣排出，直到虹吸管裡開始出現純正的燃油。我只剩下四分之一的燃油，這也許足夠讓我駕船到可改乘陸路交通工具的地方。但首要之務是確認馬達是否可以啟動。要是馬達報銷了，這些燃油也派不上用場。

首先我們要拆下兩個汽化器，然後加以拆解，弄乾後在內側塗上外用酒精。然後拆下火星塞，弄乾。接著，用注射器在每個汽缸內注入三立方公分的酒精。最後，在試了三次之後，我重新啟動了馬達。雖然冒著爆炸的風險，汽缸裡的酒精確實點燃了燃油。我駕著船，趕緊試著全速前進，並小心不讓自己駛出村落的範圍，以防馬達萬一熄火。只要馬達夠熱，我知道剩下的積水也就乾了。我還滿以自己為榮的。

除了為自己感到驕傲，我也沒忘記要是當初我有起床，花個十五分鐘在夜裡做些簡單的工作，現在就不需要做這麼多事情了。細節！我閱讀探險家的傳記，了解到成功靠的是辛勤工作，詳加計畫，以及注意細節。在我開始研究皮拉哈語的單字時，細節問題成了一大挑戰，那可是比清理幾個強生牌汽化器更嚴峻。

在當時，分析皮拉哈語雖然不像修理船隻那麼急迫，卻更加重要。對了解人類語言而言，皮拉哈語的重要性不僅在於發音，它的語法更深刻挑戰了人類語言的大多數當代理論。此外我也逐漸了解，對於喬姆斯基「某些特定語法規則是天生的」這項假設，皮拉哈語的語法更是個大麻煩，而他對於語

別睡，這裡有蛇！　　　　　　　　　　　　　　266

DON'T SLEEP, THERE ARE SNAKES

法中構成要件之間是如何共同作用的解釋，同樣也遇到麻煩。既然我們對此議題的結論會嚴重影響我們對於人類語言與人類心智的理解，處理這個議題時就得更加小心。

我們依循語言學的傳統來討論語法，也就是從單字著手。單字組成語句，而語句組成敘事。所以語言學研究會遵循這個次序來討論不同語言的語法。

第一組讓我有興趣記錄下來的單字是關於身體的部位：手、手臂、眼睛、腳、屁股等等，因為這些單字很有用，而且我也以為很單純。

我和科賀一如往常一起工作。

我指著我的鼻子問：「這是什麼？」

「Xitaooí.」

我跟著覆述：「Xitaooí.」我想我說得非常正確。

他說：「Xaió, xitaopaí.」

我心裡想，呃，字尾的那個 pai 是做什麼用的？

所以我很天真地追問：「為什麼有兩個表示鼻子的單字？」

結果他給我一個令人火大的回答：「只有一個字，xitaopaí.」

「只有 xitaopaí ？」

「對，xitaopaí.」

我花了很長一段時間才搞清楚，字尾 paí 的意思就像是「我的」（所有表示身體部位的單字都能這麼用，而其他單字就不能如此使用）。所以 xitaooí 單指鼻子，

而 xitaopaí 則表示「我的鼻子」。就像是我們沒辦法解釋「I want to go」（我想去）這句話中的「to」代表什麼意思，為什麼不說「I want go」就好了？皮拉哈人也無法就此對我多做解釋。諸如此類的問題都得由語言學家自己去釐清。

除此之外，皮拉哈語的名詞大體上都非常單純。沒有其他字根或字尾，也沒有單數與複數的形式，更找不到像是不規則變化之類的麻煩特徵。

由於缺少單複數（grammatical number）變化，皮拉哈語顯得十分特別。英國語言學家葛瑞威‧柯貝特（Greville Corbett）針對世界語言這項特徵，曾作出厚達一本書的調查，其中顯示目前已絕跡的語言還有早期階段的口語也都缺乏此一特徵。因此，皮拉哈語中的 dog 和 dogs、man 和 men 等等都是同一個字。可以說每個皮拉哈名詞都跟英文的 fish 和 sheep 一樣，單複數同形。

如此一來，諸如 Hiaitíihí hi kaoáíbogi baí-aagá 這樣的句子，從許多方面來看文意都不清楚。這可能表示「皮拉哈人們害怕惡靈們」，或是「有個皮拉哈人害怕某個惡靈」，或是「皮拉哈人們害怕某個惡靈」，或是「有個皮拉哈人害怕惡靈們」。

這項缺乏單複數形式的特徵可能跟皮拉哈人不會算數一樣，都是依循當下經驗法則的結果。一旦運用到數字，就必然違反當下經驗法則，因為類別的概念化作法是為了進行更大規模的概念化，而這都在在超出個人當下經驗。

皮拉哈語的名詞雖然簡單，動詞卻複雜得多。每一個動詞最多可以有十六個字根，不過並非所有字根都是必要的。既然字根可能用也可能不用，在面對這十六個字根時，每一個字根便都得考量用與不用兩種可能。也就是說，每個皮拉哈

動詞都有二的十六次方（亦即六萬五千五百三十六）種可能形式。實際的數字不會這麼大，因為有些字根的意思是不相容的，所以不會同時出現。英文的動詞頂多只有五種形式：sing、sang、sung、sings、singing（唱）。西班牙、葡萄牙以及其他羅曼語系，每個動詞則大約有四十或五十種形式。

然而，或許最有趣的字根（雖然這並不限於皮拉哈語），是語言學家所說的示證式（evidentials）字根，表示說話者對於自身發言內容所做的評估。在皮拉哈語中，這類字根有三種：聽聞（hearsay）、觀察（observation）與演繹（deduction）。

讓我們來看一個英文的例子。要是我問你：「Did Joe go fishing?」（喬去釣魚了嗎？）你可以回答：「Yes, at least I heard that he did.」（是的，至少我聽說是），或是：「Yes, at least I know because I saw him left.」（是的，我知道他是，因為我看見他離開），或是：「Yes, at least I suppose he did because his boat is gone.」（是的，至少我想是的，因為他的船不在了）。英語跟皮拉哈語的差別在於，這三種意思英語是用句子來表達，而皮拉哈語則是用動詞字根表示。

在基本動詞中，不同字根的排列方式本身就是一項語法特徵。這類字根有十六種，而這些字根的意義會多少影響它們置放的位置。例如示證性的字根會擺在字尾，因為它們表示對所描述事件的判斷。

動詞在一個句子中扮演的角色非常重要，所以動詞單字的結構對於句子的結構也很重要。在一個簡單句中，動詞的意思大致決定了句子的構成。想想看英文動詞「die」（死），這個動詞的意思使得「John died Bill.」（約翰死比爾）這句話聽起來

269

第十二章 ◆ 皮拉哈的單字

CHAPTER TWELVE

PIRAHÃ WORDS

很糟。「To die」是發生在單一個體身上的事。如果你知道這個字在英文中的意思，你就知道在「John died Bill」這句話裡面有太多名詞，因為死亡狀態並非你對他人所做的事。但是我們只要在「die」這個字上面加入「導致」（cause）的意思，我們就可以說「John caused Bill to die」（比爾導致約翰死亡），或是更簡單的「John killed Bill」（約翰殺了比爾）。這樣一來，約翰就必須為他人之死負責（兩個句子都包括「致死」的語義），所以約翰殺死比爾在語法上說不通，但是約翰殺死比爾卻沒問題。不管是依循英文的選項加入其他字，像是「cause」（導致），或是選擇一個相關卻不相同的動詞，例如「kill」（殺死），改變意義結構就改變整個句子的意思。當我們更近一步研究動詞在構句中所扮演的角色，我們會看到句子大致的結構約莫等同於動詞意義的投射（有些語言學理論便是以此作為理論架構的基礎）。

雖然一開始我是在喬姆斯基生成語法（generative grammar）的架構下討論皮拉哈語法，但是隨著時間推移，我越發清楚這個理論在皮拉哈語言的研究上似乎發揮不了什麼作用，尤其在這套語言的語法中，文化似乎扮演著重要角色。

根據喬姆斯基的理論，人類與地球上其他生物不同之處在於，我們能夠使用語法。人之異於禽獸者並非溝通能力，因為喬姆斯基認為許多物種也都懂得溝通的確，我們得知道如何構句，並推算所聽到或是所說出的句子代表什麼意思，畢竟某些語法知識對人類的語言十分重要。但是既然人類不是唯一懂得溝通的生物，語法在本質上對溝通而言就不是那麼必要。活著就少不了溝通，所有生物，包括植物、動物和細菌，都會進行溝通。

別睡，這裡有蛇！　　　　　　　　　　　　　　　　270

DON'T SLEEP, THERE ARE SNAKES

那麼，同物種以及跨物種為何可以交流資訊？也就是說，是什麼讓溝通成為可能？答案是：意義與形式（meaning and form）。基本上，這就是偉大的瑞士語言學家索緒爾（Ferdinand de Saussure）以其語言學符號概念所強調的，語言的單位是由形式與意義所構成。

蜜蜂用舞蹈傳達食物就在附近；螞蟻藉由分泌化學物質來傳達美食就要送上門來；狗透過搖尾、吠叫、舔舌等特定形式，表達自己不具攻擊性。而人類則藉由聲音或身體姿勢的形式來傳達意義。

但是人類的溝通方式不只藉由形式。人類的溝通方式不同於其他物種，差異不僅在於較大量的發音、姿勢或單字，也在於人類的溝通涵蓋得更多。相較於其他物種，我們能討論的事務更複雜，主題也更廣。我們是如何辦到的？方法有二。首先，我們顯然比其他物種聰明。在這個星球上，人類的大腦是迄今我們所知自然界中最高的認知成就。要表達人類思考與溝通這般複雜事務，所需的工具遠超出其他物種。雖然語言學家對於這些工具為何有不同看法，但其中有幾種是普遍公認的。我個人認為最重要的工具，是晚近語言學家查爾斯・霍克特（Charles Hockett）所稱的「結構雙重性」（duality of patterning）。要構想這種情況，方法有很多種，但基本上就是人類將他們的發音組織成結構，再將這些發音結構組織成單字或句子的語法結構。人類大腦的容量雖然有限，卻還算大，因而人類言談的分層結構使我們能傳達更多訊息。

我們可以看看先前已經提過的相似（但非完全相同）例子，來說明發音的組

271　第十二章　皮拉哈的單字

CHAPTER TWELVE　PIRAHÃ WORDS

織，也就是來看看這幾個簡單的單字 pin、pan、bin 和 spin。Pin 是由連續的字母 p＋i＋n 所組成，將這三個字母的位置想像成空缺，而字母本身則是填料。空缺代表水平線或直線，若寫在紙上，單字的組織方式是由左到右，若從嘴巴發聲，則是由第一個字母念到最後一個字母。填料是單字的垂直組織方式。如果我們在水平的組織方式上增加一個單位，我們會得出一個較長的單字，像是在 pin 前面加上 s 會得出 spin 這個單字。如果我們在垂直的組織方式上做更動，我們會得出同樣長度的不同單字，例如當我們用 a 取代 pin 裡面的 i，就會得出 pan 這個單字。

但是實際情況比我們所見到的還要複雜，因為不是所有填料或是單字的擴充都是可行的。例如我們可以給 pin 多加一個 s 得出 spin，但是我們不能多加一個 t 得出 tpin。我們可以用 e 取代 i 得出 pen，但是我們不能改放一個 s 得出 psn，至少我們不能以此組成英文單字。這種以發音為基礎的語言組織方式即為音韻學（phonology），而在組織過程中，個別發音所用到的物理性質則大致可稱為語音學（phonetics）。這是雙重性的第一部分，將發音組織為單字。

然而我應該立即補充一點，人類是很聰明的，如果他們基於某種原因不能或者選擇不要說話，那麼還有另一種溝通方式，就是手語。姿勢或符號之於手語，就如同聲音之於口語。語言學家已經發現，雖然姿勢與聲音的物理性質明顯不同，但在將之組織成單字或是片語和句子這類較大單位時，所依循的原則是相似的。因此，音韻學的概念，也包括姿勢與聲音。

無論我們使用的是姿勢或是聲音，要構成語法所需的不僅是單字。語法對人

別睡，這裡有蛇！

DON'T SLEEP, THERE ARE SNAKES

類的溝通方式非常重要，所有人類語言都會將單字組織成更大單位，像是片語、句子、敘事和對話等等。有些人稱這種複合的形式為語法（grammar），有些人則稱之為語義（syntax）。沒有其他生物具有任何結構雙重性或是複合的能力，但所有人類都可以。

皮拉哈人當然也能辦到。一起來看這個句子：*Kohoi kabatii kohóaipí*（科賀吃了獏），其中 *kabatii* 指「獏」，而 *kohóaipí* 指「吃」。皮拉哈人將受詞置於動詞之前，世界上許多語言也都能發現這種結構。我們可以看到皮拉哈人如何將音位組織成單字，然後將單字組織成句子。所以皮拉哈語言具有結構雙重性與複合性。沒有這兩種性質的人類語言是難以想像的。

然而，我認為語言最重要的部分是意義。意義是語法的陀螺儀。我喜歡這個比喻，因為它表達出大多數語言學家（包括我）的信念，那就是只要意義上有一丁點差異，句子的形式就會有很大不同，就好比稍微移動陀螺儀*，火箭飛行角度便大為不同。

換句話說，語言就是意義。我們從意義開始，然後以語法包住它。意義主導所有的語法。但什麼是意義呢？這問題已經困擾思想家上千年。處理這個問題可

*譯注 測量與維持方向的機械裝置，主要是由一個位於軸心且可旋轉的輪子構成。陀螺儀一旦開始旋轉，基於角動量守恆原理，它有抗拒方向改變的趨向，而可用於導航、定位等系統。

能超出我能力範圍，但我甘冒風險，略述核心部分。

哲學家與語言學家是以「感官」(sense)與「指涉」(reference)來討論意義。說話者與聆聽者使用語言進行指涉，以確認他們正在談論的是某個特定對象。所以談話中所使用的「男孩」、「比爾」、「你」之類的名詞，在真實世界都找得到相應的實體。我們都知道這個「男孩」、「比爾」或是「你」指的是誰，否則溝通就會嚴重不良，直到聆聽者與說話者都確定所指涉的對象是誰。

另一方面，也有名詞並不指涉任何東西。當我說「約翰騎著獨角獸」，很顯然獨角獸並不指涉真實世界裡的任何東西。同樣的，在「我會密切注意你」(I will keep tabs on you；我會在你身上掛上標籤)這個句子中，「標籤」(tabs)也不指涉任何東西，不是只有名詞可以指涉對象，例如在「房子是黃色的」這個句子中，「已經蓋好」指涉的是該事件是發生在過去。在「房子是黃色的」這個句子中，「黃色」指涉的是特定的顏色性質。不過「指涉」是什麼意思（有些語言學家不認為動詞與形容詞可以成為指涉對象），還有這項特徵對於界定言談究竟有多重要，則還無法達成共識。

意義的另一個基本元素是感覺（sense）。我們可以從感覺的兩個部分進行了解。首先，感覺包括說話者如何思考實體、行動與性質等所有我們在言談中使用的東西。（例如當我說出「大蝴蝶」、「大損失」和「大象」這幾個「大」字時，心裡想的是什麼？）其次，感覺是關於字與字之間的關係，還有我們如何使用字想想「break」在以下幾個例子中的意思。

別睡，這裡有蛇！　　　　　　　　　　　　　　　　　　　274

DON'T SLEEP, THERE ARE SNAKES

「John broke his arm.」（約翰的手臂斷了）、「John broke the ice in the frigid conversation.」（約翰打破沉默）、「John broke into the house.」（約翰強行闖進屋裡）、「John broke the sentence down for me.」（約翰為我拆解了這個句子）。我們要知道「break」的意義，唯一方法就是去了解使用脈絡。使用一個單字，表示選擇一個特定脈絡，由說話者與聆聽者所共同假定的背景，包括特定單字應該如何使用，還有和該單字一起使用的其他單字。

簡單來說，「意義」就是：單字和句子是如何被使用、如何與其他單字和句子連結，還有談話者藉由單字與句子所指向的世界。皮拉哈人跟所有人類一樣，所說的話有其指涉的意義，但這並不表示我們都使用同樣的意義。他們話語中的意義深受價值觀與信仰影響。

因此我們知道，在學習任何一種語言的單字時，同時也得理解單字在不同層面的意思。我們必須了解單字在文化上的相關資訊與用法。我們也必須了解它的發音結構，我們還必須回到使用脈絡去了解這個字在特定句子與敘事的用法。大多數語言學家都同意，對單字可以有三個層面的理解。但是我們從皮拉哈語學到的事情不僅止於此。的確，個別單字的意義是文化的產物，就像「朋友」與「敵人」這兩個緊密相關的單字；但除此之外，不管是哨語、哼唱語還是其他言談方式，單字的發音也受文化決定。後面這一點在其他語言中也有大量例證，卻未在語言學的文獻中得到充分討論。對於未來的語言學調查工作，皮拉哈語提供了一個非常清楚的範例。

CHAPTER TWELVE　　　　　　　第十二章 ◆ 皮拉哈的單字　PIRAHĀ WORDS

別睡,這裡有蛇!

DON'T SLEEP, THERE ARE SNAKES

CHAPTER THIRTEEN

HOW MUCH GRAMMAR DO PEOPLE NEED?

第十三章

人需要多少語法？

在電影《窈窕奶爸》中，羅賓・威廉斯看到報上刊登的廣告之後，打電話給莎莉・菲爾德，說道：「我……是……工作？」（I...am...job?）這句話除了在電影的脈絡中顯得好笑，劇中人物和電影觀眾都能立刻知道這句話的**意思**是：「我想要你登報徵才的那份工作。」

觀眾是如何得知這句話的意義？它並未完全顯現在單字中，也未顯現在它們組成句子的方式上。我們之所以能知道有人想要這份工作，是從電影、從人生的脈絡中，還有這句子所在的文化中得出。也就是說，語法是溝通的組成要件，但是溝通不只依賴語法。在「窈窕奶爸」的例子中，語法幾乎全錯，但意義仍傳達無誤。

當我們學著用另一種語言傳達意義，我們的首要之務就跟羅賓威廉斯一樣，是從文化而不是從語法著手。要了解文化如何影響語言（即便只是偶爾影響），想想看我們學習其他語言的過程就知道。

我們如何學習其他語言？如果你可以完美發出法文的母音，且完全了解掌握每個法文單字的意義，難道就能宣稱自己會說法文了嗎？了解單字並懂得發音，是否就足以讓你在特定的社會背景下造出適當的句子？具有這種程度的知識，是否就能像法國的知識分子一樣閱讀伏爾泰的原典？這些問題的答案都是否定的。語言不僅只是單字、發音以及句子的總和。若不了解語言所置身的文化，語言本身便不足以傳遞完整的溝通與知識。

文化透過周遭世界向我們彰顯的意義來指引我們，而語言就是我們周身世界

別睡，這裡有蛇！ 278

DON'T SLEEP, THERE ARE SNAKES

的一部分。美國人不會去討論亞馬遜叢林犬（籔犬）的行為，因為大多數美國人不知道這種狗。文化和經驗就是用這種明顯的方式限制我們的「論域」(universe of discourse)，也就是我們談論的事物。在我們的故事中，文化是讓我們理解故事內容的重要角色。

舉例來說，我們將皮拉哈人與美國人相比，美國人通常只會在小說裡談論鬼怪。這不是因為大多數美國人不曾聽過鬼故事，而是因為他們不相信有鬼。即便是宣稱信鬼的美國人，真正見過鬼的也不多。會在小說中談論鬼怪，也是非常晚近的事。我們可以從審判女巫的文字記錄中看到，在殖民時期，美國人常提到他們親眼目睹超自然事件。文化影響我們在某些情況下的說話方式。我們大部分人都會同意這點。

就像美國人一樣，皮拉哈人的文化經驗與價值觀，也會規限他們的談話內容。其中一項價值觀就是不討論外來事物。例如皮拉哈人不會討論如何用磚頭蓋房子，因為他們不會用這種方式建造房屋。要是有外人或是剛從城市回來的皮拉哈人問起，他們可能會描述最近看過的磚造房屋，但此後，便不會主動提起這個話題。

大體上來說，皮拉哈人不會採用外來的思想、哲學或科技。他們當然喜歡使用省力的工具，像是研磨木薯的機器，還有可以掛在獨木舟上的小型馬達。但他們將之視為從外來者身上「收集」而來的東西，其燃料、照護與備用零件都應由外來者負責。任何會改變他們認知或常規的工具，他們一概拒用。要是這些工具

279

CHAPTER THIRTEEN

第十三章 ◆ 人需要多少語法？

HOW MUCH GRAMMAR DO PEOPLE NEED?

無法直接納入皮拉哈的傳統作法，它們就不會被接受。

例如，馬達可以簡單地附加在獨木舟上，幫助皮拉哈人繼續他們的傳統活動（皮拉哈人看過卡波克魯人使用馬達），所以他們接受馬達。皮拉哈人認為卡波克魯文化是他們文化的一部分，隸屬於他們周遭世界。但是他們就不使用魚竿，因為他們或卡波克魯人捕魚時從來不曾使用過魚竿。皮拉哈語表示釣魚的動詞，其字面義是「刺魚」或是「徒手將魚拉出」。沒有一個字眼能表示用魚竿將魚拉出。他們對美國人展示的技巧沒有興趣，因為美國人不是他們生存環境中的一部分。過去五十年來，他們只認識六個美國傳教士，以及幾名短暫停留的訪客。你可能會聽到皮拉哈人討論如何安裝我們所給的馬達，例如：「那些外國人說，螺旋槳要裝在馬達後方。」但是你不會聽到他們討論如何使用魚竿和捲線器，即便美國人已經給了他們這些工具，也告訴他們使用方式。

皮拉哈人不會採用外來的思想、哲學或科技。任何會改變他們認知或常規的工具，他們一概拒用。

要談論他們自身文化中不存在的事物，像是其他的神、西方微生物學的概念等等，就需要在生活與思想上做出改變，所以他們會避開這些話題。不過還是有些明顯的例外，例如皮拉哈人偶爾會談到卡波克魯人的信仰，但這是因為卡波克魯人常常跟他們談起自己的信仰，所以這些信仰長久下來已經成為皮拉哈人生存環境的一部分。經過數百年的接觸後，這些信仰已變成談話的話題，逐漸成為皮拉哈人生活環境的一部分。

就此來看，皮拉哈人的言談是圈內流通（esoteric）而非對外傳播（exoteric）的，只談論不會挑戰皮拉哈人觀點的話題。當然，所有人在某種程度上都是如此。在西方社會中，談論新觀念或是外來的生活方式通常也得不到太大認可，但是皮拉哈人堅持的程度卻非常特出*。

我們無法用單一例證說明圈內流通與對外傳播的差異。更確切地說，圈內流

* 這種圈內流通（esoteric communication）的概念，來自卡蘿・瑟斯頓（Carol Thurston）、喬治・葛雷斯（George Grace）以及艾莉森・瑞（Alison Wray）的著作。英國曼徹斯特大學的珍奈特・沙科（Jeanette Sakel）以及尤金・史塔波（Eugenie Stapert）的研究中，首度提出以此概念來分析皮拉哈語。圈內流通是在一個定義明確的團體內進行，而這種行為模式也有助於定義一個團體的邊界。因為不管在什麼情況，聽話者都能預期說話者要講的話，所以圈內流通有助於理解。語言預設的狀態是提供舊有的或可預期的資訊，雖然情況並非如此。事實上，如我們先前所見，皮拉哈語包含了一種特殊的音樂言談方式可用來傳達新資訊，新資訊需要較慢速的傳播與較好的理解力。語言學家湯姆・吉馮（Tom Givon）所提出的「緊密社會」，就與這種圈內流通的概念類似。吉馮使用的詞彙十分貼切，指的是常聚在一起交談並形成文化團體的一小群人。即使其他團體也使用相同語言，這群人享有更大量的未言明資訊（implicit information）。

281　　　第十三章　人需要多少語法？

CHAPTER THIRTEEN　　HOW MUCH GRAMMAR DO PEOPLE NEED?

通的理由是該文化可接受的談話方式與話題很少。即使所傳遞的資訊內容是新的，訊息本身卻沒有超出大眾的期待。一個美國人可以透過廣播發布「火星人登陸街頭」的消息，其他美國人則會對這則全新的威脅感到震驚。

雖然美國人天天都發表各種類似言論，但並不是只有他們能說火星人要來了。要是皮拉哈人瞧見火星人，他們也會說火星人要來了，只是，除非他們真的瞧見，否則他們不會這麼說。皮拉哈人談論的話題是他們每日生活的經驗，包含漁獵、狩獵、其他皮拉哈人、他們見過的神靈等等。這不表示他們缺乏創造力，而是因為這就是他們的文化價值。這是個非常保守的文化。

在文化、人類普遍智識與意義之外，語法最終意味著什麼？一個人需要多少語法？讓我再提一次，語法的一大功能，是將動詞的意義投射到句子上。但是另一方面，句子的形成更複雜，不僅是補充動詞的意義。許多語法都有賴另一個工具，那就是修飾（modification）。

修飾縮窄了單字或片語的意義。藉由增加單字以及動詞所不需要的意義，讓句子的意義及形式更加複雜。所以我可以說「約翰把書給了那個男孩」，或是「昨天，約翰把書給了那個男孩」，或是「約翰把書給了那個**胖男孩**」，或是「約翰把書給了**在俱樂部裡**的那個男孩」。

這些句子中，斜體字的部分並非動詞必備的意義，它們只是進一步限制談論

別睡，這裡有蛇！　　　　　　　　　　　　　　　　282

DON'T SLEEP, THERE ARE SNAKES

內容的意義。這就是修飾的精髓。

另一個能夠影響語法的語言面向，就是喬姆斯基常提的置換（displacement），亦即說出一個符合語法的句子，但是句中單字卻不按照所預期的順序排列。改變單字在句子中的位置，是為了符合實際用途，也就是說改變敘事中新舊資訊、重要與較不重要訊息之間的關係。

我們來看幾個英文句子，就知道什麼是置換，還有置換的功能為何。首先是「John saw Bill」（約翰看見比爾），句中單字的排列符合英文使用者的期待。研究指出，第一個主動語態句子與第二個被動語態句子之間的對比，與這兩個句子在英文敘事中的功能有關。例如，當比爾是敘事主角時，我們可能會使用被動語態，而當約翰是主角時則使用主動語態。

另一個置換的例子，是句中動詞語氣（mood）的變化，像是陳述句、疑問句和命令句。當我說「The man is in the room.」（那個男人在屋裡），單字的排列順序一樣符合我們對這類句子的期待。但是如果我造句時將動詞置換到句首，句子就會變成「Is the man in the room?」（男人在屋裡嗎？）動詞一般都跟在主詞後面，但是在這類問句中，動詞置於主詞之前。我們也可以將這句子改成不同類型的問句，當你想要知道更多訊息時可以問「Where is the man?」（男人在哪裡？）這種問句的動詞以

及詢問事項都置於主詞之前,其排列位置都置換成與一般句型不同。

喬姆斯基的研究工作都投注在理解句子的組成如何能以這種方式被置換,但他感興趣的不是置換為何會發生(只提到這是出於「實用的理由」),而只在於置換是如何運作。

但是在皮拉哈這種資訊僅限內部流傳的緊密社會中,置換可能很少見,甚至不存在。置換在英文敘事與說話脈絡中所扮演的角色,幾乎不存在於皮拉哈語中。許多其他語言也是如此。

針對這現象,喬姆斯基在他的理論中,用很長的篇幅探討出一個可能的解釋,就是置換確實存在,它發生在喬姆斯基所謂「邏輯形式」(logical form) 的抽象語法層面上,只是我們沒發現。像皮拉哈這種語言的語法跟英語並無不同,只是你聽得出英語中的置換,卻聽不出皮拉哈語的。關於這點,我們可以合理批判喬姆斯基的理論過於繁複。不管是抽象或其他任何層面,要是我們不需要置換就能理解句意,那麼也許語法就沒有我們想像得那麼重要。

事實上,有許多理論不需牽扯到「邏輯形式」或是其他抽象概念,就能接納像皮拉哈語這種字面意義上缺少置換,並且只有極少數修飾的語言。

我建議我們繼續討論皮拉哈語,但是不採用抽象層面的假設,也不誇大語法在語言與認知上的重要性,看看我們能進行到什麼程度。

也許在一個資訊只在圈內流通的文化中,我們不需要太多語法。倘若如此,那我們就能據此進一步理解皮拉哈語的語法中相對單純的現象。如果我在文化層

別睡,這裡有蛇! 284
DON'T SLEEP, THERE ARE SNAKES

面上所做的推測是合理的,那麼皮拉哈人的認知能力就一點也不原始,他們的語言也不奇怪。不僅如此,他們的語言與語法完美配合他們的圈內流通文化。如果這個方向是正確的,要了解人類的語法,我們現在需要的是新的方法。

這個新方法跟喬姆斯基過去四十多年來的主張不同,語法不再是必須或是獨立存在的。德國杜塞道夫大學教授羅伯特・凡・法林(Robert Van Valin)就發展出與喬姆斯基不同的理論,說明在全面理解人類語言上,喬姆斯基所主張的那種價值獨立的語法並不真扮演重要角色。他稱自己的理論為「角色與參考語法」(Role and Reference Grammar)。凡・法林的理論自然會以文化來解釋語法。雖然這理論尚未發展,但可能與我在此處提出的觀點完全相合。

凡・法林並不是唯一在普世語法之外發展出另一套系統理論的人。新墨西哥大學的威廉・克洛夫特(William Croft)也發展出一套理論,宣稱人類語言中的所有共通性,就真的是人類認知能力的共通性,不因族群而異,也不需要喬姆斯基繁複的普世語法。克洛夫特稱他的理論為「基進的結構語法」(Radical Construction Grammar)。

對皮拉哈人所做的研究支持這些另類的新理論,雖然有人認為這些理論還不夠完備。要是我們能檢視更多皮拉哈這樣的語言,我們就應該能夠從這些重要的先驅研究上發展出更有利的理論。這樣的理論可能比喬姆斯基的普世語法(史蒂芬・平克稱之為「語言本能」)更能提供人類語法的起源。普世語法／語言本能的假設,完全沒有想要告訴我們文化與語法如何相互作用,但是現在看來,這一點對全面了解語言非常重要。

285　　第十三章 ◆ 人需要多少語法?

CHAPTER THIRTEEN
HOW MUCH GRAMMAR DO PEOPLE NEED?

別睡,這裡有蛇!

DON'T SLEEP, THERE ARE SNAKES

CHAPTER FOURTEEN

VALUES AND TALKING: THE PARTNERSHIP BETWEEN LANGUAGE AND CULTURE

第十四章

價值觀與談話：語言與文化的夥伴關係

我和皮拉哈人曾針對食物進行了一番極有趣的對話，當時是我第一次在村裡食用生菜沙拉。

米飯、豆子、魚類和野味，上面覆蓋大量的塔巴斯科辣椒醬，這樣的食物某種程度上能滿足一個人對食物的熱情。但是如果你喜歡萵苣清脆的口感，不消幾個月你可能就會開始想要來盤生菜沙拉。

宣教單位的飛機每八個星期會來叢林一趟，為我們帶來信件與補給品。這是我們與外界唯一的接觸。有一次我寫了一張紙條給我的宣教士同工，請他幫我個大忙，就是在下回飛機來訪時送些沙拉給我。兩個月後，我們的沙拉來了。

那天傍晚我坐著享用飛機來的第一口萵苣、番茄以及甘藍菜。阿侯阿帕帝走過來看我吃東西，一臉困惑。

他問我：「你為什麼吃樹葉？你沒有肉可以吃了嗎？」

皮拉哈人非常挑食，而且他們相信你吃的食物會決定你成為怎樣的人。其實我們的想法在某種程度上也是如此。

我向他保證：「我還有很多罐裝肉品，但是我喜歡吃這些葉子！我有好幾個月沒吃了。」

我的皮拉哈朋友看著我，又看看這些葉子，又再看看我，然後說道：「皮拉哈人不吃葉子，這就是為什麼你沒辦法說好我們的語言。我們皮拉哈人能把我們的語言說得很好，而且我們不吃葉子。」

他就這樣離開，顯然認為他已經提供我學好語言的關鍵。但是我無法理解吃

別睡，這裡有蛇！　　　　　　　　　　　　288

DON'T SLEEP, THERE ARE SNAKES

萬莒與說皮拉哈語有何關係。他到底在說什麼啊？我吃的東西跟我使用的語言有關？這太離譜了。但是他的話不斷縈繞在我耳邊，彷彿阿侯阿帕帝的意見對皮拉哈人來說是有用的，只要我搞懂的話。

然後我注意到另外一件令人費解的事情。皮拉哈人在跟我說話的時候，會突然轉身討論起我，彷彿我根本不在現場。

有一天伊波吉當眾問我：「丹尼爾，你可以給我們一些火柴嗎？」

「當然好。」

「好，他會給我們兩根火柴。現在我要跟他要衣服。」

為什麼他們當著我的面這樣討論我，就好像我聽不懂他們在說什麼？我不是才回答了他的問題，顯示我知道他們在說什麼？我哪裡搞錯了嗎？

就他們的觀點而言，他們的語言來自他們以皮拉哈人的方式生活，以及他們與其他皮拉哈人之間的關係。因此即使我能適切回應他們的問題，也不能證明我會說他們的語言。就好像我不會以答錄機的錄音留言來證明我家電話會講英語。我就像是麥西河沿岸常見的金剛鸚鵡。對某些人而言，我不是真的會說他們的語言，我的只不過是種可愛的伎倆。

我要說的並不是皮拉哈人是否擁有一套語言與文化的關係理論，但是他們提出的問題與舉動，確實促使我思考這層關係。

一如我先前在皮拉哈觀察到或聽來的眾多不尋常事物，我最後也才了解，阿侯阿帕帝所說的遠超過我當時的理解：說皮拉哈語意味著要依循他們的文化

289　　第十四章 ♦ 價值觀與談話：語言與文化的夥伴關係

CHAPTER FOURTEEN　　　　VALUES AND TALKING

而活。今日，依然有少數語言學家依循著二十世紀初研究先驅艾德華・薩皮爾（Edward Sapir）以及法蘭茲・波亞斯（Franz Boas）開創的傳統，相信文化對語法與語言的影響非比尋常。但是我的理由跟這些已經是少數分子的人依舊大不相同。我翻譯聖經時遭遇到的困難，絕大部分來自於皮拉哈社會與語言之間的作用方式，因此倘若我不同時研究語言與文化，就不可能了解語言之下的語法。我相信這一點對所有的語言和社會來說都是一樣的。

語言是社會價值觀、溝通理論、生理、心理、物理（大腦以及音位在先天上的限制）以及人類思想各方面合作下的產物。我相信對於「語法」這種語言的引擎來說，也是如此。

當代語言學家以及主要的語言哲學，在理解人類溝通方式之時，都選擇將語言孤立在文化之外。但這樣一來，他們就無法理解語言是種「自然的現象」（借用哲學家約翰・席爾（John Searle）的用語）。從一九五〇年代起，許多語言學家和哲學家幾乎都僅以數學邏輯的觀點呈現語言的特徵，這彷彿是在說，語言擁有意義並為人們所使用這件事實，與了解語言的企圖無關。

語言可能是我們身為人類最偉大的成就。就像是席爾所指出的，一群人一旦建立起一套語言，代表他們對於如何標示、描繪與分類周遭世界有了共識。這些共識將成為社會上其他所有協定的基礎。所以盧梭所提出的社會契約*並不是人類社會的第一項根本協議，至少不是他以為的那樣。另一方面，語言也不只是社會價值觀的唯一根源。傳統以及人類生理也扮演著強大、非語言學的角色。許多

別睡，這裡有蛇！　　290

DON'T SLEEP, THERE ARE SNAKES

社會價值觀都不需要依靠語言傳遞。

像是威爾森（E.O. Wilson）這樣的生物學家已經表示，我們某些價值觀根源於我們身為靈長類以及生物的生物學事實。我們對伴侶、食物、衣服、遮蔽物等需求與我們的生物性息息相關。

以沙發馬鈴薯（couch potato）這個行為習慣來說，有些人喜歡躺在沙發上一邊享用油滋滋的食物，一邊看電視，特別是美食頻道。這個習性並不健康，但有人就是喜歡。為什麼？其中部分原因來自人類的生理需求。很顯然，我們的味蕾喜歡高脂肪食物的口感跟滋味（像是起司條與豆泥），我們的身體想要保存體力（一張柔軟沙發的吸引力就在於此），而我們的心智則喜歡感官刺激（追著球跑的男人、穿比基尼跑跳的女人、廣闊的沙漠景觀，或是名廚艾默利·拉加西的新創意）。

但是這些有礙健康的習性，生物因素並無法提供全部解釋，畢竟不是人人都愛當沙發馬鈴薯。那麼為什麼有些人用這種方式滿足他們的生物習性，有些人卻用或許較為健康的方式來滿足欲望呢？這類行為不是透過語言習得。更確切地說，這是從個人家庭或其他團體中的榜樣身上學來的。

無需藉由語言習得文化價值的例子還有很多，沙發馬鈴薯只是其中之一。這類價值觀以及直接受到生物性影響的價值觀，在我們對世界的詮釋與討論之下，提供了基礎。人生而自由，通過社會契約服從於集體之下，人也就從自然狀態進入社會狀態。人雖然由於社會契約喪失天生的自由以及他欲求事物的無限權利，卻獲得社會性的自由並享有部分事物的所有權。

* 譯注　盧梭相信，社會建立在人與人之間的契約關係，這項契約關係是社會秩序的根本，也為其他一切權利

291　　第十四章　◆　價值觀與談話：語言與文化的夥伴關係

CHAPTER FOURTEEN　　　　　　　　　　　　　　　　　VALUES AND TALKING

共同作用形成語言與文化整體。我們常以為自己的價值觀還有談論價值觀的方式是全然中立的,但這並非實情。它們有部分是來自我們所處的特定文化與社會。

皮拉哈人常讓狗兒跟他們共享碗盤裡的食物。有些人覺得這樣很噁心,有些人則覺得沒什麼大不了。我通常不會與狗兒共食。有時我會用手餵狗兒吃點心,然後忘記洗手就開始吃東西;但我做的頂多就是這樣了。

我不願跟狗共用一個盤子,是因為我有細菌的觀念,而且我相信細菌會使我生病。但是另一方面,我無法直接證明細菌存在。我不確定自己有辦法向他人證明細菌存在或是細菌存在,但是我依舊相信細菌存在,因為關於細菌的知識,以及細菌與疾病的關係來自我的文化。(雖然我不知道狗兒身上的細菌是否會讓人類生病。但是與狗兒共食依舊令我感到不妥,這種對細菌的恐懼是由我的文化所引發的。)

就像世界上其他許多族群,皮拉哈人也不相

關於細菌的知識以及細菌與疾病的關係來自我的文化,但皮拉哈人並不相信細菌的說法。

信細菌的說法，所以跟狗兒共用盤子並不會引起他們反感。再加上當他們在叢林為生存奮戰時，狗兒是他們的盟友，他們愛他們的狗。所以皮拉哈人與狗共食一點都沒有不舒服的感覺。

這些事情，語言學家當然都知道，人類學家、心理學家、哲學家和許多專家也都知道。所以到目前為止，我談論的文化價值與語言都不是什麼新觀念。但我一直要到與阿侯阿帕帝談起那盤生菜沙拉，才知道這個觀念的重要性。

就我們所知，皮拉哈人非常重視直接經驗與觀察。從這一點看來，皮拉哈人就像密蘇里州的居民，總是要人「證明給我看」(show me)。但是皮拉哈人不只認為「看到才相信」(seeing is believing)，他們也認為「相信就是要看見證據」(believing is seeing)。如果你有事情要告訴皮拉哈人，他們要知道你是如何得知此事，特別是你對自己所說的話是否握有直接證據。

皮拉哈人常常談論他們的神靈與夢境，因為對他們來說，這些都是他們的當下經驗。談論神靈對皮拉哈人來說是討論真實發生的事件，而非虛構故事。當下經驗法則能夠解釋皮拉哈人的靈性生活，而此處唯一重要的事，就是他們相信自己看見所談論的神靈。而這情況常發生。

以下這則簡短的夢境描述，是由史蒂夫・薛爾頓所記錄。故事本身並無特出之處，皮拉哈人並未賦予他們夢境任何神祕意義。作夢跟其他生活經驗沒有不同，只不過發生的地點可能在麥西河以外的地方、在「下層的世界」，亦即米基。

293　第十四章　價值觀與談話：語言與文化的夥伴關係

CHAPTER FOURTEEN　　　　　　　　　　VALUES AND TALKING

卡西米諾的夢

報導人：卡波巴吉

錄音與謄寫：史帝夫・薛爾頓

內容大綱：本文記錄說故事者的夢境。他夢到一個曾住在村落附近的巴西女人，她體型龐大。

1. Ti xaogií xaipipaábahoagaíhiai kai.
我夢到他的太太。

2. Ti xaí xaogií xaixaagá apipaábahoagaí.
然後我夢到那個巴西女人。

3. Xao gáxaiaiao xapipaába xao hi gía xabaáti.
她在夢裡說話。你會待在那個巴西男人身邊。

4. Gíxa hi xaoabikoí.
你會跟他待在一起。

5. Ti xaigía xao xogígió ai hi xaháapita.
就我而言，那個身型龐大的巴西女人消失了。

6. Xaipipaá kagahaoogí poogíhiai.
接下來，我夢到木瓜跟香蕉。

如果我們將這個夢理解為單一故事，第五行和第六行敘述間的跳躍就顯得很奇怪。但這就是說話者確實敘述的方式。皮拉哈人並不是搞不清楚夢境與日常活動的不同，但是他們大體上認為兩者是相同的：都是他們經歷或目擊的經驗類型。這是他們運用當下經驗法則的例子。

現今無論是哪個社會或民族，文化與語言都以各種方式交織在一起。例如文化會影響語法，語法也影響文化，兩者觀念是相容的。事實上，文化與語法之間的關係就有許多類型，將這些類型好好區分清楚，對於語言學以及人類學而言，是值得優先研究的有用題目。

語法對文化的影響十分多樣，有時它們就像你的右手一樣清楚可見，在與科賀伏案工作的無數日子裡，某天我發現了這點。

「好。這隻手美國人稱為 left hand，巴西人稱為 mao esquerda。那皮拉哈人怎麼稱呼它？」

「手。」

「對，我知道這是隻手。但是你怎麼說**左手**？」

「你的手。」

「不，你看。這是你的左手，這是我的左手，這是你的右手。」

「這是我的手，這是我的另外一隻手，這是我的另外一隻手。」

「你會怎麼說**這隻手**？」

「這是我的手，這是你的手。這是你的左手，這是你的右手。這是我的左手，這是我的右手。」

要求報導人告訴我在他們的語言裡如何區分兩手，顯然行不通。但我怎麼

295　　第十四章　價值觀與談話：語言與文化的夥伴關係

CHAPTER FOURTEEN　　VALUES AND TALKING

也搞不懂，想知道左手跟右手該怎麼說有這麼困難嗎？

我決定該來片餅乾。我和我的語言老師稍事休息，來點即溶咖啡和餅乾。打算請科賀跟我再努力一次，如果這次他還是幫不上忙，我就得試試不同方法了。我想著，要是我連**左手跟右手**這樣簡單的名詞都搞不定，還能奢談把聖經翻譯成皮拉哈語？唉。我很惱火，但是至少科賀同意再試一次。所以我又從頭再來一次。

「Mao esquerda.」(左手)

他回答：「這隻手是上游。」

我嗎？

我指著他的右手。

「這隻手是下游。」

我決定舉手投降，改做其他事情。接下來幾天，我覺得自己是完全不及格的語言學家。

一周後我和一群男人出門狩獵，我們到了離村落約三公里距離的岔路。卡阿歐伊從隊伍後方大喊：「嘿，科賀，往上游。」科賀往右轉。卡阿歐伊並沒有說要右轉，但是他轉身向右走。然後我們走了一段路，再度遇到叉路。

又有另一個人對帶頭的科賀說：「往上游轉！」這一次下的指令仍是往上游

前進，但是他卻往左走，而非向右前進。

接下來的狩獵期間，我注意到他們是以河流（往上游、往下游、往河流）或是叢林（往叢林）為準來表示方向。皮拉哈人知道河流的位置（我就不行，我完全缺乏方向感）。他們似乎都是以所在地理位置確定方位，而非如我們以人類身體部位來表示方向。

當時我並未了解到這一點，最後我也沒有找到表示**左手和右手**的字眼。但是皮拉哈人利用河流定位這點發現，確實解釋了每當皮拉哈人與我一同前往其他城鎮時，他們首先提出的問題之一就是：「河流在哪裡？」他們需要知道如何在世界上找出自己的方位！

幾年後，我讀到一份絕佳的研究報告。這是位於荷蘭奈梅亨（Nijmegen）馬克士普朗克心理語言學研究所的史蒂芬・C・列文森（Stephen C. Levinson）教授所進行的研究。列文森團隊研究不同文化與語言，發現文化與語言大致依循兩種模式來標示方向。例如美國與歐洲等文化是以身體

皮拉哈人以河流來定位方向，因此他們每到一個新的地方，第一個問題就是：「河流在哪裡？」

方位為基準,用左右這樣相對的語彙來標示方位。有人稱此為向心式定位。其他如皮拉哈人這種用身體以外的物體定位自己的方式,則稱為離心式定位。

皮拉哈人標示方位的方式,顯然與一般美國人大不相同。但即便是英文,我們也會使用與皮拉哈人相近的「絕對」定位系統,像是我們很自然就會說「美國位於墨西哥北方」,或是「開到暫停標誌那裡時往西走」。以羅盤為準的定位方式跟皮拉哈人以河流為準的定位方式,同樣都能標示說話者在世界上的位置。但是英語以及許多其他語言,都還有一個以身體為導向的定位系統,這點就和皮拉哈語大不相同。所以我們會使用以身體導向的字彙,因而有「往左轉」、「往前走」、「往右轉」等說法。

這是個有用的系統,但前提是聽者得知道說話者的所在位置還有身體朝向,才有辦法遵照指示。許多時候,這點實行起來比想像中困難。想像說話者面對著你,他的左邊就是你的右邊,他的前面就是你的後面等等。甚至想像說話者在電話那頭,或是視線以外的地方,此時你無從得知他身體的方位。這個以身體為導向的「相對」定位系統有時候行得通,但注定不夠精確,而且有時會產生混淆。

所以英文同時擁有有效的外在定位系統,以及偶爾出錯的身體導向定位系統。這種雙頭並行的系統之所以一直存在,主要是歷史和文化因素。皮拉哈人缺乏身體導向的系統,他們只有不會產生混淆的外在定位系統(這是實情,皮拉哈人總是住在靠近河流的地方,以定出自己的方位)。因此,這也意味著皮拉哈語要求他世界上的方位時,需要比我們更精準且一致。

別睡,這裡有蛇!

DON'T SLEEP, THERE ARE SNAKES

們採用不同方式來思考這個世界。

這項發現意味著，語言與文化在認知上是無法割裂的。此外，我們也要小心不能由此冒然做出無根據的結論。例如我們不能因為巴西人與墨西哥人在語法上將可口可樂歸到陰性，便推論他們認為可口可樂是女人。我們也不能說皮拉哈人不會算數，是因為他們沒有數字的字彙。這些都是誤用了語言形塑思想這個觀念。

事實上，這項觀念一直以來都充滿爭議，相關名稱也很多：語言決定論（linguistic determinism）、語言相對論（linguistic relativity）、沃爾夫假設（Whorf hypothesis）、薩皮爾—沃爾夫假說（Sapir-Whorf hypothesis）等等。不過今日這項假設主要與班傑明·李·沃爾夫（Benjamin Lee Whorf）的理論有關，因為他是第一位廣泛書寫語言形塑思想特定範例的語言學家。

但是薩皮爾也持續關心語言對文化能產生的深刻影響。薩皮爾是美國語言學的奠基者，他跟露絲·班乃迪克（Ruth Benedict）、瑪格麗特·米德（Margarte Mead）以及其他美國人類學家一樣，都是哥倫比亞大學法蘭茲·包亞士的學生。包亞士是唸物理出身的人類學家，有些人稱他為美國人類學之父。薩皮爾針對語言、文化與認知三者的交互作用所推斷出的結論與建議，皆立基於他在北美語言研究上的大量田野經驗，包括這些語言的結構、文化、歷史以及文化與語言之間的關係。

薩皮爾在一篇著名的文章中宣稱：

人類並非單獨活在這個客觀世界中，也不是單獨活在一般所理解的社會活

299　　第十四章　● 價值觀與談話：語言與文化的夥伴關係

CHAPTER FOURTEEN　　　　　　　　　　VALUES AND TALKING

根據薩皮爾的主張，我們使用的語言影響我們感知事物的方式。就他的觀點來看，我們談論世界的方式決定我們日常生活的所見所聞。當我和皮拉哈人在叢林裡走動時，這項觀點確實能幫助我理解為何我說我看到樹枝晃動，而皮拉哈人卻說他們看到的是神靈在樹枝上移動。薩皮爾甚至進一步宣稱，我們的語言建構我們的世界觀，也就是說，如果沒有語言過濾資訊，告訴我們所見何物、意義為何，我們就沒有可以確實感知的「真實世界」。

如果薩皮爾與沃爾夫的觀點是正確的，它對於哲學、語言學、人類學以及心理學等學科便意味深重。沃爾夫甚至進一步宣稱，西方科學大體上是西方語言語法限制下的產物。

所以康德的道德先驗範疇可能是運用德文語法配置名詞與動詞得出的人工製品？愛因斯坦的相對論也是如此？這些假設性的提問看來並不可信，但它們是根據沃爾夫的主張而來。

動的世界中。人類是活在由特定語言所支配的世界中，而人類社會也是透過這套語言來表達。我們無法想像一個人能在不使用語言的情況下，從根本上適應環境，而將語言視為解決特定溝通問題或是進行反思時附帶產生的手段，也是不正確的……沒有兩種語言會相似到足以讓人認為呈現出相同的社會事實。不同社會活在不同世界裡，而非僅是貼上不同標籤的同一個世界。（出自薩皮爾《語言學的科學地位》〔The Status of Language〕，一九二九年，第209頁）

「薩皮爾－沃爾夫假說」建議，語言學與人類學研究應該去追究我們的語言如何促使我們對世界產生不同看法。

薩皮爾－沃爾夫的觀點說明了語言與思想之間的共生關係。此觀點若是推到極致（語言決定論），就會變成思想無法逃離語言的限制，但事實上沒人接受這項看法。我們的思想是否會因為使用某一特定語言而擁有不變的優勢或劣勢，端視應用的課題以及語言的種類而定。

較廣泛為人所接受的觀點是，我們一般無法跳脫語言思考，因為我們甚至感受不到語言如何影響我們的思考方式。即便是明白拒絕薩皮爾－沃爾夫假說的人，我們也能在他們身上觀察到這一點。

美國語言學學會成員的看法便是一例，足以說明「人類思考方式深受其說話方式影響」這個觀點，是如何衝擊著知識份子。學會有個嚴格的方針，便是反對性別歧視的語言。這表示至少有部分成員認為，「人類思考方式深受其說話方式影響」這點，至少和薩皮爾－沃爾夫假說是相關甚至相同的。

但是其他學會成員則幾乎全盤拒絕該假設。我覺得有趣的是，這兩類成員都同意學會應該宣導性別中立的語言。例如有名成員遞交一份報告反對語言相對論的假設，但同時在報告中卻非常小心地不使用「他」(he)來指稱所有人，而只用「他們」(they)或是「她／他」(s/he)，像是「如果有人想要這份工作，他(he)就可以得到。」而非「如果有人想要這份工作，他們(they)就可以得到」]

會有這種情況，並不只是因為性別中立的語言比指涉特定性別的語言要有禮

貌。迫使我們改變英語使用方式,是因為人們相信,無論是有意冒犯或是不小心失禮,我們說話的方式會影響我們對他們的評斷。

我看過大量的心理語言學研究,也聽過許多趣聞證明語言對思想的影響,因而得到了一個結論:溫和版的薩皮爾—沃爾夫假說,並不是沒有道理的。

但同時,我不認為這項假說能像某些人所希望的那樣發揮作用。例如若要以此來解釋皮拉哈人為何不會算數(他們不會算數是因為他們沒有數字的字彙),這項假說就派不上用場,因為有幾個現象沒法說得通。

例如,世上有許多族群只有非常貧乏的數字系統,但是他們會算數,而且當社會經濟壓力迫使他們必須在交易活動中使用數字時,他們也會從鄰近的語言中借用數字。澳洲的瓦勒皮里人(Warlpiri)就是個例子。皮拉哈人跟巴西人做生意已經超過兩個世紀,但是他們還是沒有借用任何數字以作為貿易之用。針對皮拉哈人不會算數這點,沃爾夫一派的解釋會說,皮拉哈人沒有理由借用外來字彙以表達後才成為有用的概念,因為如果不先擁有字彙,相關概念是不可能變得有用的。事實上,強烈版的沃爾夫學派與科學研究並不相容,因為科學大體上就是在發掘原先沒有字彙可用的新概念!

對於皮拉哈文化與語言中諸多不尋常的面向,薩皮爾—沃爾夫假說無法提出任何一致的解釋,像是缺少色彩、量詞、數字的字彙,或是簡單的親屬關係系統等。

針對皮拉哈語言與文化間的交互作用,我們要求的解釋要能置放在智識領域的脈絡下。我們需要制定出語法、認知以及文化間的不同關係,這一點過去許多

別睡,這裡有蛇！　　　　　　　　　　　　　　　　　　　　302

DON'T SLEEP, THERE ARE SNAKES

年一直有人倡導。我將主要觀點整理成如下：

認知、語法與文化之間的關聯

約束關係	代表理論
1 認知→語法	喬姆斯基的普世語法
2 語法→認知	語言相對論（沃爾夫）
3 認知→文化	布蘭特·柏林（Brent Berlin）與保羅·凱（Paul Kay）關於色彩字彙的研究
4 語法→文化	葛瑞格·厄本（Greg Urban）關於論述中心文化的研究
5 文化→認知	對於思考文化限制特定行為的長期影響
6 文化→語法	民族語法（Ethnogrammar）：由文化構成的個別形式

我們都知道，想要了解文化、認知與語法如何相互作用、彼此影響，一定要避免過度簡化的觀點出發，如此我們可以暫時忽略其他因素，專注於這三個領域之間最重要的關聯。這有助於我們在如此複雜的資料中抓住重點。

上方表格中的第一行表示認知控制語法（在此所說的認知，大致上意指思考本身，或是思考所需的大腦或精神結構）。就此而言，喬姆斯基在過去幾十年來特別專注在認知對語法的影響上，他以普世語法的觀念來說明認知如何限制人類語法本身，或是思考所需的大腦或精神結構。普世語法宣稱，全世界的語言只有一種語法，而限制其變異的「規則與參數」

303　　第十四章 ♦ 價值觀與談話：語言與文化的夥伴關係
CHAPTER FOURTEEN　　VALUES AND TALKING

則為數相當有限。在某個環境下成長、聆聽某種特定語言的經驗，會召喚出孩童語法中某種語法特性。根據普世語法的解釋，所以假設你在巴西出生，成長過程中聽到的都是葡萄牙語，意味著句子未必須要明顯的「無主詞」（null-subject）參數，意味著句子未必須要明顯的主詞。所以「Saw me yesterday」（看我昨天）這個句子在葡萄牙文中符合語法，但在英文語法中卻說不通。而且比起英文，葡萄牙文的動詞能提供較多關於主詞性質的資訊。在所有探討語法與認知關係的研究傳統中，這很容易成為最具影響力的觀點。

表格中的第二行代表薩皮爾－沃爾夫的研究傳統，從作為語言結構的語法為何可能影響我們思考方式的觀點，探討語法與認知的交互作用。

至於第三行，我們想到的是布蘭特・柏林與保羅・凱，兩人皆是加州大學柏克萊分校的榮譽退休教授。他們的研究主要顯示所有文化對色彩的分類都受到人類大腦辨識色調、色相以及色彩相對亮度的物理限制所制約。這類大腦認知上的侷限性限制了所有文化對色彩的分類。

表格中的第四行代像是賓州大學葛瑞格・厄本這樣的語言人類學家。厄本的研究證明，語言以有趣而細緻的方式影響文化。他所討論的其中一個例子，便關注不同社會中的英雄概念是如何受到被動（例如約翰被比爾看見）與主動（比爾看見約翰）語法結構的影響。

厄本聲稱，某些語言中，使用被動語態子句的比例遠高於主動語態。他進一步提出理由說明，當被動語態是結此語言則是主動語態出現的頻率較高。

別睡，這裡有蛇！　　　　　　　　　　　　　　　　　　　304

DON'T SLEEP, THERE ARE SNAKES

構中較自然與常見的形式時，人們會比較自然就認定言論中談及的英雄遭遇是他撞上的而非他造成的。和主動語態較多的語言相較，這些英雄會被認為被動人格特質較多。

如果一個語言中沒有被動語態結構，那我們就會遇到「男人殺了豹子」（The man killed the jaguar）以及「豹子殺了男人」（The jaguar killed the man）這樣的句子，而不會有「男人被豹子所殺」（The man was killed by the jaguar）。當我們要呈現一項行動時，行動發起者是故事訴說時的中心。

相反地，偏好被動語態結構的語言中，行動發起者在故事中就變得較不重要。例如說，要是我們仔細比較常常出現在故事中的句型，像是「男人殺了豹子」以及「豹子被男人所殺」這兩個句子中，主動語態與被動語態的對比（或是更常見的被動語態結構「那頭豹子被殺了」），我們會馬上發現，在被動語態中，「那個男人」的角色重要性降低了。在這裡，重心轉移到行動的對象「那頭豹子」身上，而非主詞或是採取行動者。這樣的對比可以與文化攜手合作，產生出以英雄為敘事重心的故事。

既然皮拉哈人缺乏被動語態結構，和其他偏好被動語態的語言相較，他們故事中的主要角色是行動發起者，而且非常具有英雄色彩，就像獵殺豹子那則故事。（我不會舉例說明偏好被動語態的語言，因為在此我只是為厄本的理論提供概述。事實上，我覺得這類語言的實例可能會比理論所預期的更複雜。）無論如何，這凸顯了語言得與文化放在一起研究，而不是分開進行。就像我所做的研究

305　　第十四章　◆　價值觀與談話：語言與文化的夥伴關係

CHAPTER FOURTEEN　　　　　　　　　　　VALUES AND TALKING

（雖然方向剛好相反），它就違反了現代語言學語以及現代人類學的多數傳統。

第五行是研究文化如何影響認知。皮拉哈人是個很好的例子。如同先前的討論，皮拉哈人缺乏算數，這就是文化限制的結果。但是這項文化產物也影響了認知能力：一輩子生活在沒有數字的環境中，皮拉哈的成人就發現，要學會算數幾乎不可能。

最後，表格中最下面一行代表著我和其他研究者，處理的是文化價值觀對於語句形成、單字結構與發音結構所產生的在地或全球性影響。這也是充滿爭議的工作，並且與大多數已知的語言學知識對立。我所提出的當下經驗法則之例，就是想指出這一點。

CHAPTER FIFTEEN

RECURSION: LANGUAGE AS A MATRIOSHKA DOLL

第十五章

遞迴:語言就像俄羅斯娃娃

理論影響我們的感知（perception）。理論是文化的一部分，而文化限制了我們觀看周遭世界的方式。有許多文化與感知如何連結的例子，雖然不牽涉到科學研究，卻足以說明我的看法，像是有一回我將水蟒誤認為浮木。我的文化告訴我，乘船旅行時要小心浮木（這可是舉世通用的好建議），它也告訴我河流中的浮木看起來是什麼樣子。但是它從沒告訴我，一條大水蟒向我游過來時會是什麼樣子。

當時我正搭乘著自己的汽艇離開村落前往烏麥他，好改搭巴士到波多韋柳。凱倫用自製麵包做了鮪魚三明治，船上還有果汁飲料。我將船沿著麥西河往下游開往瑪美洛河，每個人都一派輕鬆。夏儂讀著巴西漫畫，其他人不是在打瞌睡就是觀看沿途景色。

接著我們來到兩股水流交匯之處，瑪美洛河深綠色的水流與馬德拉河巧克力牛奶色的河水在此交會，這是旅程中我最喜愛的一段。我吭喝大家都來觀看，一起望著兩股有顏色的河水漸漸匯聚，然後在距離河口五百公尺處，綠色河水中翻起渾濁的漩渦，最後融入另一道水流。

接著我繞過瑪美洛河口的小島，專注駕船前往奧克西莉亞朵拉，我們今晚要在那裡過夜。馬德拉河的意思是「樹木之河」，因為樹木會從泥濘的河岸沖刷下來，在河裡載浮載沉往下游的亞馬遜河而去。這些巨大樹幹樹枝隱沒在河面之下時特別危險。我發現在上游兩百公尺之處，湍急的河流中有一截扭曲的浮木。一開始我在亞馬遜流域活動時，是很期待能在這個新世界裡看見新事物，所以河流

別睡，這裡有蛇！　　　　　　　　　　　　　　　　　　308

DON'T SLEEP, THERE ARE SNAKES

裡每根隨河水起伏波動的浮木，我都誤認為蟒蛇。眼前這根浮木看起來也是如此，但現在我已經知道不該將它誤認為蟒蛇，而且我也搞清楚蟒蛇的尺寸，牠不可能跟浮木一般大。我再更仔細瞧瞧，這截浮木可能有十二公尺長、一公尺厚。我將視線移往頭頂呼嘯而過的金剛鸚鵡，回頭再看那浮木一眼，它現在離我們更近了。我心想，奇怪，這根浮木竟然往河岸飄去，前進方向與水流垂直。等到它更接近我們，我看到它是真的在起伏扭動。突然間它直直往我們的船尾過來。它不是浮木，而是我見過最大的蟒蛇。牠的頭比我的身體還粗，並且超過九公尺長，張大嘴向我游來。當牠潛入船身下方，我突然轉向，打算用船尾馬達十五匹馬力的螺旋推進器打中牠，全家也因此重重地甩到一旁。「碰！」我扎扎實實地打中了牠，我想我打中牠的頭，但不是很確定。

蟒蛇不見了。過了幾秒鐘，蛇身整個挺出水面，高高舉在船身上方，向著我們而來。我們以時速九公里全速前進，把水蟒甩在身後。最後我看見牠重重落入馬德拉河，激起巨大水花與巨響，水面泛著牠長長的白腹。

我不知道水蟒可以這麼厲害，那該死的東西剛剛很有可能跳上我們的船！我還睜眼瞧著，夏儂這會從她的漫畫書中抬起頭，說了聲：「哇！」

這次錯誤感知教會我一件心理學家早就知道的事實：感知是學習而來的。我們以理論學者或是世界公民的身分在感知這個世界，所根據的是我們的經驗與期待，卻可能不全然是（或許永遠不會是）根據這世界真實的樣子。

309

CHAPTER FIFTEEN

第十五章 ◆ 遞迴：語言就像俄羅斯娃娃

RECURSION: LANGUAGE AS A MATRIOSHKA DOLL

當我的皮拉哈語越說越好,我開始懷疑皮拉哈人會為了我而簡化他們的談話。當他們跟我說話時,所用的句子似乎都比較短,短到僅有一個動詞。所以我決定去仔細聆聽他們之間如何交談,這應該會比從我與他們的對話來得有價值。我知道我的最佳機會是在阿侯比西的妻子麥姬波侯艾身上。每天早上五點左右,阿侯比西會把屋中火堆的火勢加旺,而她就坐在一旁開始大聲說話,與我的臥室僅隔數步之遙。她會對著整個村落談論自己的夢境;會點名問人今天要做些什麼;會告訴駕舟離開的男人該捕什麼魚,哪裡是最佳漁場,還有如何避開外人等等。在村落裡,她是包打聽身兼報馬仔。聽她說話是種享受,她的言談中含有某種藝術技巧,配合她低沉的聲音與抑揚頓挫(從超低音到超高音然後再回到低音),而她的發音也風格獨具,彷彿氣不是從她的肺部與嘴巴吐出,而是吸入。

如果要找個人用皮拉哈語為皮拉哈人發聲,非麥姬波莫屬。下面這一點對我來說很重要:我抄錄她所使用的句子,發現結構就跟科賀等人對我說的句子完全一樣,也就是一個句子只有一個動詞。

這一點極具挑戰性,因為在我分析皮拉哈語法時,很努力想收集句中句的例子,這是語言學家都會做的事,因為這種句型結構能比簡單的句型顯示出更多語法。一開始我想找的是像「The man who caught the fish is in the house.」(那個捕到魚的男人在屋子裡)這樣的句子,也就是名詞子句(The man......)包含一個像是句子的關係子句(who caught the fish),然後又被另一個句子所包覆(The man is in the house)。當時我相信所有語言都有這類關係子句。

別睡,這裡有蛇! 310

DON'T SLEEP, THERE ARE SNAKES

我試圖搞懂皮拉哈語言中是否具有關係子句。有天我決定問科賀，當我說：「The man came into the house. He was tall.」(那個男人走進屋裡。他長的高) 這句話說得是否漂亮？我使用了兩個簡單句。一個句子，得出一個關係子句：「The man who was tall came into the house.」(那個高個子的男人走進屋裡) 當我問皮拉哈人我的遣詞用句是否漂亮，為了避免失禮，他們通常都會說漂亮。但如果我真的辭不達意，他們不會直言我的錯誤，而是以正確的皮拉哈語言重覆一次。因此我打的算盤是，當我提出這個問題時，科賀會把句子修正成：「The man who is tall came into the house.」(那個高個子的男人走進屋裡) 但是科賀沒有這麼做，他只說我這句話說得漂亮，然後重複我原本的句子。通常皮拉哈人是不會去重述錯誤語法的。

我用各式各樣的句子，向不同的皮拉哈老師進行試驗。他們的回答都是，我的句子說得很漂亮，或是說「Xaió!」(對)

所以在我編寫皮拉哈語法時，在關係子句的那個章節上，我便寫這個語言沒有關係子句。但是有一天，科賀在製作捕魚的箭時，需要在箭簇加上一個釘子。他對兒子派塔說：「Ko Paitá, tapoá xigaboopaáti. Xoogiai hi goo tapoá xoaboi. Xaisigíai.」(嘿，派塔，帶一些釘子回來。丹尼爾買了那些釘子。它們是一樣的。)

我聽到他這麼說之後，便停了下來。我了解到這些句子的整體功能就像是包含關係子句的單一句子，而且也能翻譯成這種英文句，只不過它們的形式非常不同。它們是三個獨立的句子，而不像英文那樣，一個句子裡還包含另一個句子。

311　第十五章　● 　遞迴：語言就像俄羅斯娃娃

CHAPTER FIFTEEN　　　RECURSION: LANGUAGE AS A MATRIOSHKA DOLL

就此看來，這種皮拉哈語的結構，缺乏語言學家一般意指的關係子句。更重要的是，第三個句子「*Xaisigíai*」(它們是一樣的)，是把前兩個句子中的「釘子」等同起來。在英文中我們會說：「*Bring the nail that Dan bought.*」(把**丹尼爾買的釘子**帶回來，斜體表示關係子句)。所以我看到的是放在一起解釋的各別的子句，即便它們並不隸屬同一個句子。所以即便沒有嚴格意義上的關係子句，還是有辦法像關係子句一樣傳達意義。

對絕大多數的語言學家而言，句子是以單字來表達命題，是呈現單一想法的未被言明的意義單位，像是「我吃過了」「約翰看到比爾」，或是「球是紅色的」「我有個槌子」等單一狀態。但是大多數的語言不僅擁有這類簡單的句子，它們還會設法將一個句子或片語置入另一者。電腦科學家、語言學家、心理學家以及哲學家，便稱這種俄羅斯娃娃般的特色為「遞迴」(recursion)。目前，語言學、語言哲學、人類學以及心理學在討論遞迴這個主題時，會大力著重於皮拉哈語法在理解人類以及語言的潛在重要性。

就此觀點來看，我所蒐集的證據逐漸可以支持我後來對皮拉哈語句結構所持有的兩項看法。第一是，皮拉哈的語句缺乏遞迴。第二是，遞迴並沒有那麼重要。很顯然，你在一種語言中對遞迴的看法，在另一種語言中卻未必如此。語言學家雖然未必都使用相同的學術用語，但長久以來都相信，遞迴在語言中非常重要。所以我知道，在這個議題上，皮拉哈語若能提供任何相關證據，都是至關重要。

312

別睡，這裡有蛇！

DON'T SLEEP, THERE ARE SNAKES

人類如何能使用有限的大腦造出無限的句子？喬姆斯基率先提出這問題。一定有某樣工具，使我們能如同語言學家說的「無限工具」（雖然我不覺得，沒有語言學家能以科學語言提出清楚一致的說明，解釋這句話到底是什麼意思）。喬姆斯基宣稱，遞迴是所有人類語言創造力的根本工具。

傳統上，遞迴被定義為將一項物件置入另一項同類物件之中（數學上的遞迴是種函數，裡面包含著呼叫自身的程式或子程式）。在一面鏡子上方立著另一面鏡子，你會看到無限的鏡子在映像中倒退，這是遞迴的視覺型式。遞迴在聲音上的表現則是電器的反饋，當擴音器音量增強時，產生的尖銳聲音會不斷持續擴大。

這些是遞迴的標準定義。至於遞迴在句子結構的應用，就如我們先前所提的，是指將一項物件置入另一項同類物件之中。例如「約翰的弟弟的兒子」，這個短句就包含了約翰、他弟弟以及他的兒子三個名詞片語；還有「我說你長得醜」

皮拉哈人的語言中缺乏遞迴的特徵，卻仍擁有許多生動的故事。

這句話，就包含「你長的醜」這個句子。

二〇〇二年的《科學》(Science)期刊上，馬克·豪瑟(Marc Hauser)、諾姆·喬姆斯基以及泰昆奇·費奇(Tecumseh Fitch)賦予遞迴重責大任，將遞迴視為人類語言的獨特成分。他們宣稱遞迴是語言創造性的關鍵，只要語法擁有這項正式的機制，就能產生長度不受限制的無數句子。

然而，當我向學界宣稱，皮拉哈語言缺乏數學上像是俄羅斯娃娃般的遞迴特徵後，一件有趣的事情發生了。有些喬姆斯基的追隨者改變他們對遞迴的定義。某種程度上來說，這就像是哲學家瑞奇蒙·湯馬森(Richmond Thomason)對那些改變主意的人的描述：「如果一開始你沒有達成目標，那就改變你對成功的定義。」

喬姆斯基學派對遞迴的最新定義，是將遞迴當作一種組合的型式。簡言之，你可以將東西放在一起，創造出一項新的東西，而且你可以無止境地這麼做。這項新的遞迴概念意謂著，如果我將單字組合成句子，就是遞迴；如果我將句子組合成敘事，也是遞迴。就我所知，沒有數學語言學家或是電腦科學家接受這項定義。

我個人對於這項新定義的回應是，它將推理與語言混為一談。人們當然能把句子放在一起，然後詮釋成一個完整的故事。這就像是犯罪現場調查者，對迥然不同的證據進行詮釋，然後拼湊出一個犯罪故事。這不是語言，而是推理。但是對大多數的科學家而言，喬姆斯基理論的重點在於，他區分了推理與語言的不同，特別是他區分出敘事結構以及句子與片語的結構。他曾數度宣稱，故事與句子的法則組成大不相同。新的遞迴觀念無法做出這項區分，而與喬姆斯基原先的

別睡，這裡有蛇！ 314

DON'T SLEEP, THERE ARE SNAKES

理論相互矛盾，卻與我的看法一致，實在挺諷刺的。

要是我對皮拉哈語缺乏遞迴特徵的看法正確，那麼喬姆斯基與其他研究者就得要傷腦筋了。他們需要解釋，一個把遞迴視為語言重要成分的理論，該如何處理這個缺乏遞迴特徵的語言。

喬姆斯基等人曾以此回應我的宣稱：皮拉哈語缺乏遞迴特徵，是因為遞迴是大腦所運用的一項工具，但是大腦不見得需要用它。可是這種說詞，就很難與他們所宣稱「遞迴為人類語言主要特徵」的觀點調和。因為如果遞迴並不需要出現在某個現存的語言中，那它就不需要出現在任何語言中。因此當他們宣稱，這項獨特的特徵，並不真的需要出現在任何人類語言，這會讓此派學者進退維谷。

說實在的，要搞清楚遞迴在特定語言的語法中是否扮演任何角色，其實並不難。事情很簡單，問題要分成兩個面向來談。首先，就你所研究的語言而言，語法中不使用遞迴是否比使用遞迴更能駕馭這個語言？其次，如果語法確實有遞迴特徵，你預期會出現什麼樣的句子？沒有遞迴的語言和有遞迴的語言看起來並不相同。主要的差異在於，前者並不具有句中句的形式。如果沒找到，那麼這個語言可能就不具有遞迴特徵，事情到此結束。所以我們還需要更多資料來證明。如果沒找到，那麼我們的第一個問題是，皮拉哈語是否有句中句？根據理論語言學界使用的標準論證來看，答案是否定的：你找不到擁有遞迴特徵語言的音高標記、單字與句子長度。

全世界各語言的語法，會使用各種標記來標示句子中的遞迴結構。這樣的標

315　　　　　　　　　　第十五章 ♦ 遞迴：語言就像俄羅斯娃娃

CHAPTER FIFTEEN　　　　　RECURSION: LANGUAGE AS A MATRIOSHKA DOLL

記雖然不是必須，卻很常見。當中有些標記是獨立的單字，像是在英語中我們可以講「I said that he was coming.」（我說他就要來了）。在這個短句中，「he was coming」就是我所說的內容。「That」在英文中是常用來標記遞迴特徵的「補語記號」（complementizer）。來看看科賀提出的複雜關係子句，我們看到的是三個獨立的句子，然後合在一起詮釋，完全看不到一個句子置入另一個句子的證據。

另一個常見的遞迴標記是語調，利用音高標示出不同意義，以及句子與其組成之間的結構關係。例如英文中主要子句的動詞片語，音調通常會比從屬子句的動詞片語來得高。像是在「The man that you saw yesterday is here.」（昨天你看見的那個男人在這裡）這樣的句子中，通常「is here」（在這裡）的音調會高於「saw yesterday」（昨天看見）。這是因為「saw yesterday」是從屬／次要的，是插入的動詞片語，而「is here」則是主要的動詞片語。但是我和羅伯特・凡・法林在國家科學基金會一項為期三年的計畫中，研究五種亞馬遜語言的語調，以及語調和語法的關係。我們發現，沒有證據顯示皮拉哈語以語調來標示遞迴。現在我們要說，皮拉哈語確實用語調將句子組成段落和故事，但就語法規則來看這稱不上遞迴，至少根據喬姆斯基一派語法的發展史來看就不算遞迴。（雖然許多語言學家跟喬姆斯基一派語法的發展史來看不同看法，而將故事置入語法中，就這點而言，我對其他語言學派的主張沒有異議。）事實上，許多專家研究語調在言談中所扮演的角色，他們相信，這是推理的遞迴，直接將語調連結到句子的結構，而不論及句子的意義以及它們在故事中如何

別睡，這裡有蛇！　　　　316

DON'T SLEEP, THERE ARE SNAKES

運用，這種作法太天真了。如果這是正確的，那麼我們就不能單憑語調論定語言是否擁有遞迴特徵。

我們已經看見，將語言與推理混為一談是嚴重錯誤。這兩者很容易混淆，因為推理涉及許多語言學家認為與語言相關的認知運作，例如遞迴。赫博特‧西蒙（Herbert Simon）在一九六二年的經典文章〈複雜性的架構〉（The Architecture of Complexity）中，提供我們一個語言之外的絕佳遞迴範例。西蒙的例子甚至告訴我們遞迴如何幫我們作生意！在此引用全文：

有兩位鐘錶師傅霍拉以及坦布斯，他們製作的手錶非常精美。兩個人都受到高度評價，工作室的電話總是響個不停。新客戶不斷撥電話進來，但是霍拉的生意越來越好，坦布斯卻越來越窮，最終甚至倒店了。為什麼會這樣？這兩個人製作的手錶包含大約一千個零件。依坦布斯的作法，如果電話響了，他就得放下手邊組裝到一半的部件，那麼這些部件就會馬上瓦解，必須從頭開始組裝。客戶越是喜歡他的手錶就越常打電話給他，而他就越難找到足夠的時間不受打擾完成手錶。

霍拉製的錶並不比坦布斯來得簡單，但是他將手錶設計成每十個零件組裝成一組，每十個組裝好的部分又可以結合成一個更大的單位，以此類推完成手錶。所以當霍拉得放下手邊的半成品手錶去接電話，他所損失的只是一小部分的成品，最後他完成一隻手錶的時間，僅是坦布斯的一小部分。

第十五章　遞迴：語言就像俄羅斯娃娃

CHAPTER FIFTEEN　RECURSION: LANGUAGE AS A MATRIOSHKA DOLL

這個製錶的例子與語言無關。但它就像其他例子，讓我們知道人類的推理具有遞迴特徵。事實上我們知道，除了人類，世界上還有其他事物具有遞迴特徵（甚至是次原子組成原子，也是遞迴般的層次體系）。我們熟悉的俄羅斯娃娃就說明了另一種稱為相互套疊的遞迴型式。一個娃娃置入另一個同形式的娃娃之中，然後這組娃娃又被置入另一個同形式的娃娃之中，以此類推。

我們可以從遞迴的現象做出一點重要推論：如果語言具有遞迴特徵，句子的長度就不該受到限制。例如在英文中，人們講出的句子都可以無盡延長。「The cat that ate the rat is well」（那隻吃掉老鼠的貓過得很好）可以被延長為「The cat that ate the rat that ate the cheese is well」（那隻吃掉啃了起司的老鼠的貓過得很好），以此類推。

重點是，**在皮拉哈語中，你找不到任何相關證據顯示遞迴存在**。卡布吉講述的獵殺豹子故事就是一個典型。無論是在這個故事或是其他皮拉哈人的敘事中，沒有任何證據顯示語法中具有遞迴。

要闡明我反對遞迴的立場，最有趣的可能是像下面這個句子，因為在皮拉哈語中，找不到明確的方法延長這個句子⋯⋯「Xahoapióxio xigíhí toioxaagá hi kabatií xogíí xi mahaháíhiígí xibottopí piohoaó, hiohio.」（又一天，有個老人在河邊慢條斯理地宰殺大型的貘，有兩隻）。這個句子加入任何東西都會變得不符合語法，例如加入「棕色」形成「大型棕色的貘」。片語只能有單一個修飾語（在正常敘事中的片語是如此。我確實可以讓一些皮拉哈人在刻意安排的句子中，放置較多修飾語，但是他們並不喜歡，而且在正常的敘事中絕不會使用一個以上的修飾語），偶爾會在句尾插

別睡，這裡有蛇！　　　　　　　　　　　　　318

DON'T SLEEP, THERE ARE SNAKES

入第二個修飾語,用來表示後見之明(像是這個句子裡的「有兩隻」)。如果這點觀察是正確的,那麼皮拉哈語就是有限的,並且缺乏遞迴特徵。

幾位語言學家曾向我指出皮拉哈語的遞迴特徵。第一位是劍橋大學的重要語言學家伊安‧羅伯特(Ian Roberts),他與我在BBC的廣播節目「物質世界」中進行對談。他宣稱,如果皮拉哈語能夠在句子後加上或重複單字或片語,那就表示有遞迴特徵。「複述也是一種遞迴形式」。這點在邏輯上沒錯。將片語置入另一個句子或句子之後再重複一次。如果我說「John says he is coming.」(約翰說他要來了)」,「he is coming」(他要來了)就被置入「John says……」(約翰說……)這個句子的尾端。這種形式稱為「末端遞迴」(tail recursion)。數學上或邏輯上這等同於「John runs, he does.」(約翰跑步,他這麼做),其中「he does」(他這麼做)不過是在另一個句子之後進行重複。皮拉哈人可以,事實上也必須,在句子之後跟著另一個句子,就像是「Kóxoí soxóá kahapií. Hi xaoxai hiaba」(科賀已經離開,他不在這裡)這樣的說法。但是如果豪瑟、喬姆斯基以及費奇對遞迴的定義,只是句子接著句子的複述與循環,那麼我們也可以在人類以外的物種身上發現這項特徵。

我們家的狗賓利很情緒化。只要其他的狗經過我們家門,牠就會十分激動,想把對方一口吃掉。牠總是在牠們經過時吠叫。我和其他人一樣認為牠的叫聲意有所指,我想牠傳達的是「滾出我的院子」之類的意思。但是牠究竟想表達什麼並不重要,總之牠的吠叫傳達了「某件事」。有時候,賓利只叫個一兩聲就停了,

319
CHAPTER FIFTEEN

第十五章 ● 遞迴:語言就像俄羅斯娃娃

RECURSION: LANGUAGE AS A MATRIOSHKA DOLL

這是因為讓牠吠叫的那隻狗已經離開草坪。但有時他也會叫個不停，也就是說他重複吠叫，這表示牠生氣／希望外頭的狗離開我們的院子（或者其他牠想表達的意思）。重複吠叫代表什麼意義？如果複述也是遞迴的一種形式，這表示賓利的吠叫具有遞迴特徵。但賓利並不是人，所以遞迴不是人類獨有的特徵。或者更合理的說法是，複述不該被認為是遞迴。

我在宣稱皮拉哈語缺乏遞迴特徵時，所抱持的理由並不只有消極面。當我們說一種語言缺乏遞迴特徵，也是在宣稱這種語言的語法所具有的可能性。我們可以依此得出某些預測，一起瞧瞧它們在皮拉哈語上的作用。

無孔不入的當下經驗法則，可以解釋何以皮拉哈語缺乏插入句型。讓我們再來想想關係子句。像是「The man who is tall is on the path」（那個高個子的男人在小徑上）這樣的英文句子，就包含兩個短句：主要的句子「The man is on the path」（那個高個子的男人）、以及插入句／次要句子「who is tall」（那個高個子的）。語言學家稱為斷言(assertion)的新資訊可以在主要句子「The man is on the path」中找到。插入句則不過是聽話者與說話者共有的舊資訊（我們都認識的那個高大男人），關注在特定男人身上，好幫助聽者了解小徑上的男人是誰。這不是一項斷言，而插入句也幾乎不曾被用來提出斷言。所以當下經驗法則預測，皮拉哈語會缺乏插入句型，因為根據法則，陳述句只能包含斷言。句子中含有插入句就表示插入的不是斷言，而這就違反了當下經驗法則。

另一個例子是「The dog's tail's tip is broken.」（狗的尾巴的末端斷了）。這是皮拉哈

人應該會常說的一句話，因為他們的狗很多都是尾巴有殘缺。有天傍晚，我發現村裡有條狗的尾巴末端不見了。於是我說：「Giopaí xigatoi xaóxio baábikoi.」（狗的尾巴的頂端有殘缺）字面意思是「狗尾巴在末端是壞的」，但皮拉哈人回答我：「Xigatoi xaóxio baábikoi.」（尾巴的末端是壞的）。一開始我沒有針對他們省略的說法多作思考，因為當談話者具有共同資訊時，省略在任何語言中都很常見。我們無需重申討論的對象是條狗，大家都知道這一點了。

但是當我進一步考查，發現唯一能夠表示「狗的尾巴的末端斷了」的說法是：「Giopaí xigatoi baábikoi, xaóxio.」（狗尾巴斷了，在頂端）。我發現在一個子句中，不能出現一個以上的所有者（就像**狗是尾巴**的所有者）。這一點在缺乏遞迴特徵的語言中是合理的。只要談話者之間共享文化或語言學上的理解，句子中就只要安置一個所有者，無需使用遞迴，此時若有兩個名詞並置，前者即被理解為所有者。但是如果子句裡有兩個所有者，其中一者就必須被放入句中句。

皮拉哈語缺乏這些結構。對許多語言學家而言，要看出這點跟文化有關並不容易。我同意要將文化限制連結到複雜的名詞片語上，這個取徑看起來有些迂迴。從次要子句開始，首先我們要記得，根據當下經驗法則是不能使用插入句，因為插入句不是斷言。這引發一個問題：皮拉哈語的語法如何順應文化禁忌，消除他們不想要的插入句。

方法有三。首先，語法可以禁止某些規則，使遞迴結構無法創造出來；這些規則的技術表現是 A→AB。如果語法中不包含這項規則，那麼它就不能立即

321

第十五章 ♦ 遞迴：語言就像俄羅斯娃娃

CHAPTER FIFTEEN　　　RECURSION: LANGUAGE AS A MATRIOSHKA DOLL

將子句或是句子置入另一個同類的子句或句子中。

其次，語法未必會發展出遞迴。語言學家之間漸漸有個共識：具有遞迴特徵的語法是從不具遞迴特徵的語法演化而來，所以即便是具有遞迴特徵的語法，大多數的情況下還是使用非遞迴結構。

最後一種可能性是，皮拉哈語語法就是無法為句子提供結構。缺乏遞迴特徵是因為，該語言沒有片語，只是將單字並列並詮釋成句子。

皮拉哈語沒有語法學可言，其語法缺乏動詞片語、名詞片語、插入句等等。事實上我們似乎可以將所有皮拉哈語的句子都理解為繩子上串著的珠子，不需要一般那種複雜的片語結構。所謂的句子，就是使動詞意義完備所需的單字列表，加上最少量的修飾（通常一個句子只會有一個形容詞或是副詞般的修飾語）。依照我較極端的看法，皮拉哈語之所以缺乏語法學，是為了確保陳述句中只會包含斷言，以免違反當下經驗法則。當下經驗法則使得陳述句中只會出現斷言，以免違反當下經驗法則。當下經驗法則限制了皮拉哈語的語法。

這是我無意間從科賀那裡聽來的一連串關係子句：「嘿，派塔，帶一些釘子回來。丹尼爾買了那些釘子。它們是一樣的」。這裡有兩個斷言：「丹尼爾買了那些釘子」還有「它們是一樣的」。但是以英文的說法「the nail that Dan bought.」（丹尼爾買的那些釘子）就不是斷言，所以違反了當下經驗法則。

如果我在這裡所做的推論無誤，關於皮拉哈語的語法，當下經驗法則還能做出哪些預測？預測出的結果都是正確的。

當下經驗法則預測，皮拉哈語不會有對等連接詞（coordination），因為對等連接詞也涉及遞迴的一般特徵，而這一點就如我們剛剛討論的，已經為皮拉哈語所排除，以免在陳述句中，插入非斷言式的句子。對等連接詞的結構在英文還有許多其他語言中當然很常見，它的遞迴特徵表現在像是這樣的句子：「John and Bill came to town yesterday.」（約翰與比爾昨天來到鎮上），名詞「約翰」以及名詞「比爾」都出現在更長的名詞片語「約翰與比爾」中。動詞與句子的對等連接詞也被排除在外，所以皮拉哈語中不會有這樣的句子：「Bill ran and Sue watched.」（比爾跑步而蘇看著）或是「Sue ran and ate.」（蘇跑和吃）

當下經驗法則對遞迴形式的限制也正確預測出皮拉哈語缺乏選言連接詞（disjunction），像是「Either Bob or Bill will come.」（不是鮑伯就是比爾來）、「I had some white meat, chicken or pork.」（我有一些白肉、雞肉或豬肉）等等。皮拉哈語言缺乏選言連接詞，因為它就跟對等連接詞一樣，需要將句子放入句子（遞迴）。舉例來說，皮拉哈人不會說「不是鮑伯來就是比爾來」，而會說「鮑伯會來。比爾會來。嗯，我不知道。」

皮拉哈語缺乏遞迴特徵可以預測出的結果，還不只這些。有些心理學家與人類學家正針對其他預測進行檢驗。這是很有趣的一點，因為當下經驗法則所帶來的預測經得起試驗，就表示我們陳述的不只是皮拉哈語缺乏哪些特質的消極面，而是積極說明皮拉哈語語法的本質，以及它與許多眾所周知語法之間的差異。這樣的說明是正向的，因為皮拉哈人將文化價值觀強加在他們的語法上。如

323

第十五章　◆　遞迴：語言就像俄羅斯娃娃

CHAPTER FIFTEEN　　RECURSION: LANGUAGE AS A MATRIOSHKA DOLL

前所述，皮拉哈語法不是恰巧缺乏遞迴特徵，而是它不想使用遞迴；文化法則的限制不容許遞迴的使用。

當下經驗法則除了能解釋皮拉哈語的語法，如前所述，它也有助於解釋該語言中所缺乏的物件，例如缺乏數字、量詞、色彩的單字，以及複雜的親屬關係系統等等。

不過，當下經驗法則對於抽象化與概念化的限制範圍有限。它絕沒有禁止皮拉哈文化中的抽象思考，也沒有限制所有語言中的抽象化與概念化。例如皮拉哈語就跟其他語言一樣，有表示種類或是範疇的單字，而這些單字（通常是名詞）就定義而言就是一種抽象的型態。皮拉哈語為何會出現這些看似衝突的現象？

我曾認為，語法太過複雜，因此不可能從人類普遍的認知特性中推導而出。語法需要的是大腦中的特化部件，或是如某些語言學家所說的「語言器官」或「本能」。但是，如果我們能解釋語言何以不僅能從個體也能系統地產生語法*，那麼我們就不需要「語言器官」之類的說法了。

就像今日絕大多數的語言學家，我曾相信文化與語言大體上是各自獨立的。但如果我現在的看法是對的，亦即文化對語法有著重大影響，那麼我大半研究生涯所堅信的理論（語法是人類染色體的一部分，而世界各語言中的語法差異並不大）就是完全錯誤。我們不需要特定的基因以承載語法；語法的生物學基礎可能也是美食家烹飪、數學推理或是醫學發展的基礎。換句話說，這項基礎可能不過就是人類的推理能力。

別睡，這裡有蛇！　　　　　　　　　　　　　　　　　　324

DON'T SLEEP, THERE ARE SNAKES

例如談到語法的演化，許多研究者都會強調一個事實，那就是我們祖先有談論事情與事件的需要，有談論相對數量的需要，他必須跟同一物種的同伴交流其心智內容。如果不能討論事情、不能討論發生在他們身上的事件、也不能討論他們的狀態，那麼就沒有什麼能談的。所以所有的語言都需要動詞與名詞。但是從自己以及其他人的研究使我相信，如果一個語言擁有動詞與名詞，那麼它的語法基本架構大致上就形成了。動詞需要一定數量的名詞才能具備意義，而這些名詞和動詞遵循嚴格的邏輯秩序，形成了簡單的句子。這類基本語法的其他變化，就來自文化、特出的脈絡以及名詞與動詞的修飾。語法還有其他元素，但是為數不多。當我開始從這個觀點思考事物，所謂的正確語法，就真的不一定需要像先前所以為的那樣，是人類染色體的一部分。語法甚至可能不需要像是我們曾以為的那樣，是獨立的存在。

雖然語言可能受到文化的強大限制，像是皮拉哈人的當下經驗法則，這類限制卻不能凌駕演化的普遍性影響與結果，也不能凌駕所謂溝通的本質。名詞與某些類型的概念化，是我們從演化所繼承的部分遺產，這是文化法則無法推翻的，即便它們確實顯現出文化與語法緊密相連。

但是另一方面，研究仍持續進行。關於皮拉哈語是否具有遞迴特徵，這個議

* 譯注　個體生成（ontogenetic）以及系統發生（phylogenetic），亦即語言能力雖然是個人的發展，但也是人類作為一個物種的共有能力。

325　　第十五章 ◆ 遞迴：語言就像俄羅斯娃娃

CHAPTER FIFTEEN　　RECURSION: LANGUAGE AS A MATRIOSHKA DOLL

題已經往前邁進一大步。而由獨立研究者所蒐集與詮釋的證據，也與我的結論相符。

自從我開始反思語法與文化之間的可能連結，有個現象就一直吸引我的注意，那就是理論可能會限制新的想法，一如皮拉哈文化在算數、色彩的字彙等方面具有缺口，有些理論的弱點可能正是其他理論的強項。就此來看，理論與文化都形塑我們心智感知世界的能力，有時正向有時則否，端賴它們為自身設定的目標。

如果皮拉哈的語法缺乏遞迴特徵，這意味著什麼？首先，這意味著它的語法並不是無限的，它所能產生的句子數目有上限。但這並不代表語言是有限的，因為我們可以在皮拉哈的敘事中發現遞迴特徵：故事的各個部分是由次要情節、人物、事件以及彼此間的各種關係所逐步建立。這是個有趣的現象，因為這表示在語言的無限性之中，語法的角色不是很重要，你可以在有限語法中變化出無限語言，這是近來喬姆斯基論及遞迴特徵重要性的理論所無法容納或解釋的。這也意味著，使你能在這類語言中為特定句子定出長度上限。有些語言學家或認知科學家可能甚至因此妄下結論，認為缺乏遞迴特徵表示該語言在某些方面有所不足。不過這並不正確。

即便一個語言的語法有限，並不意味著它的語法不夠豐富有趣。讓我們想想西洋棋的例子，西洋棋的棋子移動步數有限，但是棋子在移動上的有限性實際上並不會造成太大影響。西洋棋這種遊戲具有極大的可能性，所以才能風行數個世

紀之久。單從西洋棋的有限移動上，我們無法得知它的豐富性或重要性。皮拉哈人的言談內容豐富、技巧十足，並且在他們自己強加的規範中，表達任何他們想說的話。

所以有限的語法並不意味著操持該語法的人不是正常人類，也不意味著他們溝通資源貧乏，甚至不代表使用該語言的語言是有限的。但是如果真有這樣的語言，它們應該在什麼地方或是何種情況下出現呢？

如果你的理論從根本上就限定所有語法都不是有限的，那就一定會有遞迴特徵。如此一來，缺乏遞迴特徵這一點將使你感到困惑。於是你就被自身的理論所困住，就好像我在自己的文化中，不曾在動物園以外的地方接觸過危險動物，而缺乏這類經驗使我很容易就成為鱷魚的獵物。

相反地，如果你的理論不將遞迴視為語言的重要成分，遞迴的說法要從何而來？無庸置疑，我們確實在絕大多數的人類語言中發現遞迴特徵，而且所有人類思想也都具有遞迴特徵。我的觀點是，遞迴特徵來自大腦的普遍認知能力。就算它不是使用者語言結構中的一部分，它也是所有人類思考方式的一部分。人類能夠使用遞迴，是因為他們比其他不具有這類能力的物種聰明，而能夠使用遞迴可能是人類偉大智識能力的原因或是影響。即便在文獻中可以找到各式這類宣稱，這一點現在還是沒有人知道。

事實上，就像我們先前所看到的，赫博特‧西蒙在〈複雜性的架構〉一文中幾乎說過完全一樣的話。在這篇文章中，他論證遞迴結構是資訊處理過程的根

327　　　　　　　　　　　　第十五章　◆　遞迴：語言就像俄羅斯娃娃

CHAPTER FIFTEEN　　　　　　　RECURSION: LANGUAGE AS A MATRIOSHKA DOLL

本，而我們的遞迴能力不僅使用在語言上，也顯示在經濟學與解決問題上。

幾乎在所有的故事中，遞迴都很重要。令人訝異的是喬姆斯基學派從未將人類的言談當做研究主題。但就如我們剛剛所見，這是項重大疏失，因為遞迴特徵可以在語法之外尋得，這一點大大降低語法在了解語言與溝通本質上的重要性。喬姆斯基刻意忽視言談，視之為社會或至少是非語言學的構成物。但是當我們檢視皮拉哈人訴說的故事，我們沒能在個別句子中找到遞迴的特徵，而是以意念包含意念的方式呈現，亦即故事中某些部分包含在另一些部分的。這樣的遞迴結構並不見容於正規的語法學，卻是皮拉哈人訴說故事的一種方式。

沿襲西蒙的觀點，我們可以提出一項建議，將遞迴特徵視為人類大腦的根本，這是因為人類的腦容量較大，或者說人類大腦的腦迴比其他物種更多。但是說到底，我們還是不清楚遞迴特徵是否是人類獨有的能力。我們所確知的是，我們不清楚遞迴是否為語法的一部分，但在語言中使用遞迴，則是因為它是一項有用並且既存的認知工具。

西蒙的提議在語言研究上的重要應用，在於語法中所發現的階層結構並非語言的根本特質，而是「新出現的」特質，這也是喬姆斯基學派長久以來研究的焦點。也就是說，語言之所以會出現遞迴的特質，是反映出我們大腦有能力以遞迴的方式思考，也有能力去處理以遞迴進行溝通的文化或社會中所出現的問題或處境。

如果遞迴特徵真如喬姆斯基及其眾多追隨者所言，是人類語言能力的核心，又如果有一種以上的語言缺乏遞迴特徵，那麼喬姆斯基一派的說法便是錯誤的

別睡，這裡有蛇！

DON'T SLEEP, THERE ARE SNAKES

328

了。但如果遞迴特徵並非語言的核心功能，那麼皮拉哈語的啟發是，我們需要的理論並不是將語言視為一種本能。我們需要的反而是好好看看語法，以及語言的其他組成成分，將之視為溝通問題的部分解決之道，也就是說在特定環境中適切溝通的需求。

我不認為皮拉哈語是唯一能挑戰我們思考遞迴、人類語言以及文化與語法互動的語言。如果我們看看在新幾內亞、澳洲和非洲的群體，可能也會找到圈內傳播的例子，以及由於人際關係密切導致缺乏遞迴特徵的社會。要解釋皮拉哈語幾個更具爭議性的面向，圈內傳播可以提供莫大貢獻。

美國麻州大學的心理學家多馬士・若柏（Thomas Roeper）以及荷蘭荷羅寧根大學的巴特・侯勒布朗德斯（Bart Hollebrandse），部分證實了圈內傳播的概念如何可以用來理解皮拉哈語。這項研究表明，像是在現代工業化社會，語言高度對外流通並需要承擔較複雜的資訊，而遞迴這種機制能

皮拉哈人的言談是圈內流通，只談論不會挑戰皮拉哈人觀點的話題。

使句子承載較多資訊。但像是皮拉哈人這樣的社會，由於語言僅供內部傳播，因此倘若當下經驗法則與遞迴不相容時，後者便顯得無用。

我們要找尋的，是基於各種理由自外於大型文化的團體。皮拉哈人隔離的生活方式出於他們強大的優越感，還有對其他文化不屑一顧。他們完全不認為自己比其他語言與文化缺少了什麼就比較劣等。他們認為自己的生活方式是最棒的。他們對於吸納其他價值觀興趣缺缺，所以我們很少看到其他文化或語言滲透進去。因此我們得把文化和語言拿來一起研究。

若要在不論及遞迴的情況下描述語言的創造性使用，那就是人類語言不受環境控制，也不僅僅受限於「實際」功能。美國語言學家查爾斯‧霍克特稱此為語言的「生產力」。原則上我們可以談論任何事，任何既有的知識。

當然，實際情況並非如此。我們就是不可能談論任何事情。我們對絕大多數的事情並不了解，所以不可能論論它們。我們甚至不知道這些事物存在。尤有甚者，我們每天從事或遭遇到的眾多事情，像是我們見過的人的面容、熟識餐廳的方位等等，是非常難談論的，所以我們才會覺得照片、地圖與其他視覺上的輔助是如此有用。

然而，語言的創造性這個觀點已經大行其道了將近四百年。覺得人類是特別的，至少人類的心智能超脫其他動物所受到的限制，這種看法是極富吸引力的。廣受喬姆斯基推崇的法國哲學家笛卡爾就相信，人類與其他動物的差別就在於不同的心智與創造性的本質。伴隨這個看法而來的是另一個觀點，認為人類除了肉

別睡，這裡有蛇！ 330

DON'T SLEEP, THERE ARE SNAKES

體還有靈魂。這種二元論中帶有一絲「上帝的氣息」，也就是說，人類由於擁有獨特的語言，使得人類的身體有了自己的生命，讓塵土般的肉身幸成為意識的居所。

撇開以類宗教的、神祕二元論色彩的眼光來看待笛卡爾的作品以及喬姆斯基的研究，我認為我們應該對語言有更實質的理解。所謂語言，並非特殊的普世語法，而是人類認知一般特質，加上靈長類動物常見的溝通限制（像是說話時需要依照一定順序排列單字，需要用單字這樣的單位來表示事物與(事件，等等)，以及特定人類文化在語言上的重要限制，所結合而成的副產品。語言可以脫離原初的文化環境，例如搬到洛杉磯並且適應當地生活的皮拉哈人，與生活在麥西河沿岸的族人相較，就不受到那麼多文化上的限制。他們的語言可能會改變。要是他們的語言最後都不會改變，那我們就知道，語言確實可以與文化分離。

我在這裡提出的建議是，希望能在最接近語言的原初文化脈絡下理解語言。如果這個方向是正確的，語言學的田野研究就不能與語言的文化脈絡分離。我不會透過住在洛杉磯講皮拉哈語的人，或是住在土桑市操持納瓦霍語的人，來了解皮拉哈語或是納瓦霍語。我需要在語言的文化脈絡下進行研究。我可以跳脫原有的文化脈絡進行研究，也還是會發現許多有趣的事情，但是我會找不到開啟該語法鑰匙。

331　　第十五章 ♦ 遞迴：語言就像俄羅斯娃娃
CHAPTER FIFTEEN　　RECURSION: LANGUAGE AS A MATRIOSHKA DOLL

別睡，這裡有蛇！

DON'T SLEEP, THERE ARE SNAKES

CHAPTER SIXTEEN

CROOKED HEADS AND STRAIGHT HEADS: PERSPECTIVES ON LANGUAGE AND TRUTH

第十六章

語言與真實的觀點：皮拉哈人與外人

我與巴西原住民基金會一同丈量保留區後不久，皮拉哈的言語與文化開始吸引一些巴西人類學家的注意。有個里約熱內盧的研究生跟我聯絡，希望我能協助他到皮拉哈人那裡進行研究。為了使皮拉哈人接受他，我用皮拉哈語錄了一段話，將他介紹給皮拉哈人認識，告訴皮拉哈人他想要學習他們的語言，並要求皮拉哈人為他蓋個屋子。皮拉哈人從他的錄音機中聽到我的聲音，便假設這機器就像是他們熟悉的收發兩用無線電設備。

他對著皮拉哈人播放我的錄音，之後便開始調查工作，詢問皮拉哈人世界是如何創造出來的。他從村落返回城市之後，有一天來聖保羅找我，展示他的研究成果。我們坐下來喝了一小杯巴西黑咖啡並聆聽錄音帶。

我們還沒開始聽錄音帶，他就已經忍不住脫口而出：「丹尼爾，你錯了！」

我停下手中的咖啡。「你說錯了是什麼意思？」

他笑著說：「我的意思是，我找到了創世神話。你說他們沒有創世神話，但是我找到了一個。你可以聽聽我的錄音帶然後幫我翻譯嗎？」

這個學生之所以選擇皮拉哈作為他的論文研究題目，有部分原因是他聽我宣稱皮拉哈沒有創世神話，也就是他們沒有關於過往的故事，他們由何而來，世界是如何創造出來等等。

「好，我們來聽聽看。」我內心充滿好奇。

我們播放錄音帶。一開始是這個學生的聲音，他用葡萄牙語對著一名皮拉哈男子說話。這個學生知道的皮拉哈字彙非常少，所以即便僅有少數皮拉哈人懂得

別睡，這裡有蛇！　　　　　　　　　　　　　　　　　　334

DON'T SLEEP, THERE ARE SNAKES

幾個葡萄牙語單字,他還是只能用葡萄牙語進行訪談。

學生:「誰創造了世界?」

皮拉哈男人:「世界……」(重複問題的最後兩個字。)

學生:「世界是怎麼創造出來的?」

皮拉哈男人:「創造出來……」

學生:「第一個被創造出來的東西是什麼?」

沉默了一段時間。

錄音帶傳出皮拉哈人交談的聲音,受訪男人很快對著麥克風重複族人的談話內容:「香蕉!」

學生:「然後呢?第二個東西?」

皮拉哈人的聲音傳來:「木瓜!木瓜……」

男人對著麥克風說:「木瓜!」然後他改變話題,大聲說:「嘿,丹尼爾!你聽得見我嗎?我要火柴!我要衣服。我的寶寶病了,他需要藥物。」

皮拉哈人開始透過錄音帶對我談起村裡的事,有誰在那,他們想要什麼,還有我何時會回去等等。這個學生原本以為錄音帶裡這段流暢又生動的談話就是他們的創世神話,但這其實是皮拉哈人知道,透過他們見過的某些機器(例如電話與無線電收發器),我能直接聽見他們講話,所以他們假設任何電器(例如錄音機)都能以相同方式進行溝通。他欣然接受這項結果,不過也對於自己竟能被誤導到這種程度感到極不可思議。他回答這名學生的問題。

335

第十六章 ♦ 語言與真實的觀點:皮拉哈人與外人

CHAPTER SIXTEEN　　PERSPECTIVES ON LANGUAGE AND TRUTH

議（我們常常能找到我們想找的東西，即便這東西並不存在）。至少他了解到，自己原先打算花在皮拉哈的時間，並不足以讓他學習他們的語言，而他的研究也因此比他最初預期的來得艱困許多。

我這位朋友遭遇到的問題，是他試圖以「彎曲的頭」（葡萄牙語）跟「筆直的頭」（皮拉哈語）溝通。但這不正是我們在溝通上都會遇到的問題嗎？我們常企圖超越自身溝通對話的限制，從另外一組對話觀點來看待事物。這問題存在於科學中，在我們的專業與個人生活中，在夫婦、親子、老闆與員工之中。我們常以為我們知道談話對象在說些什麼，但只有當我們更仔細檢視彼此談話，才會發現我們理解的內容其實有許多錯誤。

從這類誤解之中，可以讓我們對人類的心智本質、語言，以及我們是誰，得到什麼啟發？我們小小兜個圈子，先從知識與人類的本質進行討論，並以這則假設我身為這個文化的一分子，應該曉得要這麼做。同樣的，當皮拉哈父親告訴他兒子去射河裡的魚時，他不需要告訴他得在獨木舟裡保持不動坐上好幾個小時，知道我身為這個文化的一分子，他無需畫蛇添足附加說明「停在白線後方等綠燈亮」他路口告訴我要向左轉時，我們應該要反對隨著我們自身文化背景而來的預期心理。當我的朋友在十字研究所帶出的更大議題。的創世故事為催化劑，來尋找答案。這種迂迴的進路，是為了準備好面對皮拉哈或是箭要瞄準魚身下方以抵補光的折射，靜靜坐著或是瞄準魚身下方，都是文化賦予人的技能，而皮拉哈人原本就知道要這麼做；你不需要對他們刻意聲明這點。

別睡，這裡有蛇！   336

DON'T SLEEP, THERE ARE SNAKES

皮拉哈人就跟我們所有人一樣，認為知識是透過文化與個人心靈詮釋後的經驗。對皮拉哈人而言，知識需要有目擊證人的證詞，但是這個證詞並不需要「同儕審查」。如果我向村人報告我看見有隻翼長六公尺的蝙蝠，當場大多數人都不會相信我，但他們為了確認我的話，可能會出發尋找這隻蝙蝠。但如果我說我看到一隻豹子變成人，他們會問我是在何處、何時、如何發生的。原則上來說，我的目擊證詞就是最可靠的證據，但這並不表示他們不能說謊。老實說，說謊在皮拉哈人之間很常見，這點就跟所有社會一樣（說謊具有實用的演化功能，像是保護自己或是家人）。儘管如此，知識是個人對自身經驗的解釋，是自認為最有用的解釋。

從這個意義上去理解，皮拉哈人對知識、真理以及上帝的態度，就與威廉‧詹姆士（William James）、皮爾士（C.S. Peirce）等其他實用主義哲學家相似；這個學派就是受到北美原住民容忍物質與文化差異的觀念影響。皮拉哈人跟實用主義者認為，檢驗知識的標準不在於真實與否，而在於是否有用。他們只想知道他們需要知道的事情，如此才曉得該如何反應。這類知識主要根基於文化認為有用的概念，而理論就是其中的一部分。所以當我們處於與該文化之中，文化對我們來說就是有用的。

但是當我們進入一個新領域，一個原先的文化未曾訓練我們的心智或身體來面對的地方，我們的文化就可能成為阻礙。下面這個例子可以看出我的文化並未好好訓練我面對某些環境。記得有一天晚上，我與一名皮拉哈青少年凱歐並肩而

337　　第十六章　◆　語言與真實的觀點：皮拉哈人與外人

CHAPTER SIXTEEN　　PERSPECTIVES ON LANGUAGE AND TRUTH

我們在日落後從他的小屋走到我家，這是一段大約四百五十公尺長的叢林小徑，中間需要跨越一潭淺淺的沼澤。我一邊大聲對著凱歐說話，一邊以手電筒照明。凱歐沒有使用手電筒，就走在我身後不遠處。突然間他打斷我的長篇大論，輕聲說：「你看前方有鱷魚。」

我將手電筒照向小徑。我什麼也沒看見。

凱歐建議我：「關掉你手上像是閃電的東西，往黑黑的地方看去。」

我依照著他的指示。現在我真的是伸手不見五指了。

我問他：「你是在說什麼？前面沒有東西啊。」我開始覺得感到他是在開我玩笑。

凱歐笑著說：「不對，你看！」我無法看到超出我鼻子範圍的東西，這對皮拉哈人來說一直是個笑柄。「有沒有看見那邊有兩個像血一樣的眼睛？」

我睜大眼睛，確定我只能看到前方大約三十公尺處有兩個紅點。凱歐說那就是小鱷魚的眼睛。漆黑叢林中他自地下撿起一根厚重的棍子，往我前方跑去。幾秒鐘後我聽到棍子擊物的聲音，但我看不見發生什麼事。過了不久，凱歐笑著向我走來，手裡抓著鱷魚的尾巴，這隻鱷魚身長一公尺，被敲昏但是還沒斷氣。顯然這隻小鱷魚是從沼澤跑出來獵捕灌木叢裡的青蛙與蛇。它不至於威脅我的性命，但是如果我只顧著聊天不注意行路安全，牠有可能啃掉我的一根腳指頭，或是在我光溜溜的腿上大咬一口。

像我這樣的城市佬，走在路上眼睛瞧著的是車子、腳踏車和行人，而非史前

別睡，這裡有蛇！　　　　　　　　　　338

DON'T SLEEP, THERE ARE SNAKES

爬蟲類。我不知道當我輕快地走在叢林小徑上時該注意些什麼。
認知與文化的教訓，雖然我當時並未真正認識到這一點。我們都是用自身文化所
教導的方式來感知世界，但如果我們受文化限制的感知阻礙了我們，那麼面對特
定環境時，我們的文化會妨礙我們對世界的感知，置我們於不利的處境。

又有一天，我與我的語言老師科賀一起在我家屋前的河中游泳。當時我們自
顧自地在聊天，並在河裡好好涼快一番。此時有幾名婦女來到河流下游不遠處，
並帶來一隻烤焦的猴子。她們用火燎去毛皮，猴子的皮膚焦黑成一片，手掌和腳
掌也已經斬下，留給孩子當點心。她們接著把這隻焦黑的靈長類放倒在河岸邊，
然後開膛剖肚，徒手將內臟取出。這部分工作完成後，她將猴子的手臂與腿切下，
將所有血水沖入河中，然後把一堆灰色腸子放入河水中甩動，再拉上河岸。我很
快就注意到在她這麼做之後，河面上開始出現泡泡。

我問科賀：「那是什麼？」

他回答我：「食人魚。牠們喜歡吃血與內臟。」

我感到憂心。我要游到河面起泡之處才能上岸，萬一食人魚游到我這邊來吃
像我這樣的白色肉品，我該怎麼辦？

我問：「牠們會想吃我們嗎？」

「不會。牠們只吃猴子的內臟。」科賀一邊回答我問題，一邊在我身邊愜意
地拍打著水花。沒多久他就說要上岸了。

「我也是！」我盡可能貼在他身邊，當我步上河岸時，內心深感到慶幸。

339　　第十六章　語言與真實的觀點：皮拉哈人與外人

CHAPTER SIXTEEN　　PERSPECTIVES ON LANGUAGE AND TRUTH

儘管並非特別準確，我在南加州成長的文化背景，讓我對食人魚有個印象。但是這個文化無法讓我在野外辨識出食人魚存在的跡象，也無法讓我冷靜面對食人魚就在我身邊的情況，而能否冷靜面對叢林生活，這可是生死一線的差別。

一如文明社會無法幫助社會成員面對叢林生活，皮拉哈人以叢林為基礎的文化也讓他們難以應付城市生活的要求。皮拉哈人無法感知在西方文化中即便是孩童都能感知到的某些事物，其中一例就是皮拉哈人搞不懂繪畫或照片這種二維空間的物品。他們觀看照片時，常會將照片拿錯方向，然後問我他們應該看見什麼。今日他們看到照片的機會較多，所以他們現在比較知道這是什麼東西，但對他們來說仍不容易。

近來，麻省理工學院與史丹佛大學的研究團隊，針對皮拉哈人認知二維事物的能力進行實驗。實驗內容是讓皮拉哈人辨識從最清晰到逐漸損毀的照片。研究團隊稍後報告他們的發現：

皮拉哈的文化讓他們知道，射魚時要靜靜坐著，箭要瞄準魚身下方。
我的南加州文化則讓我無法冷靜面對河水中的食人魚和叢林中的鱷魚。（Martin Schoeller 攝）

皮拉哈人能夠完美說明未經損毀的照片，但在面對損壞的影像時，即便與原始照片並列，他們仍無法說明這些影像（這項實驗結果與我們針對美國的受試者所做的控制組研究所得出的反應模式非常不同）。雖然這只是初步的研究，卻可看出皮拉哈人在視覺抽象方面的障礙（或者說是缺乏經驗）。

可見即便是觀看照片這樣普通而簡單的事，文化也有舉足輕重的影響。在一般事務上，文化的影響力能多重大？關於這點，我已經以我的親身經驗給過幾個例子，但是在皮拉哈還有許多例子可以看出文化在一般事務上的作用。

一九七九年，在凱倫罹患瘧疾後的復原期間，因為我無法繼續留在皮拉哈村落，於是我將兩名村裡的男人帶來波多韋柳，繼續我的語言學習。他們兩人都僅有一套運動衣，這讓他們處於城裡的巴西人之間時深感難為情。皮拉哈人在叢林裡見過的巴西人主要是來做生意的，而這些商人通常都只穿運動衣與夾腳拖鞋。但是到了城市，他們的衣著要體面得多，巴西女人尤其喜歡穿著色彩鮮豔的洋裝或上衣。

跟我來到城裡的伊波吉與阿侯比西向我提出許多關於這些女人的問題。接著他們問我是否可以幫他們購買鞋子、長褲、有領子的上衣，好讓他們至少能稍稍融入城裡的生活。所以我們到波多韋柳的大街「九月七日」（巴西獨立紀念日）逛街買衣服。我們邊走邊聊，他們又對我提出關於汽車（是誰建造這些房子？它們走得好快！）、建築物（誰蓋了這些建築物？巴西人肯定懂得如何蓋房子！）、鋪面（這硬硬黑黑的地面是什麼？）還有一般的巴西人（他們到哪裡狩獵覓食？我

341　　第十六章 ◆ 語言與真實的觀點：皮拉哈人與外人

CHAPTER SIXTEEN　　PERSPECTIVES ON LANGUAGE AND TRUTH

們看到的這些東西是誰做的？）等諸多問題。

路過的人瞪著這些裸足袒胸的原住民瞧，他們兩人也瞪著回去。伊波吉與阿侯比西認為這些外表乾淨、氣味宜人、衣著光鮮的巴西女人甚為美麗，他們想知道這些女人會不會想跟他們發生性行為。我回答說我非常懷疑她們會這麼做，因為她們並不認識這兩個皮拉哈人。

我們走進一家商店，服務我們的是一位笑容可掬的美麗年輕小姐，有著棕色肌膚、黑色長髮、戴著手鐲、衣著合身、腳穿涼鞋，身上有一股淡淡的迷人香氣。皮拉哈人笑了。

在她的協助下，我們找到了褲子、鞋子跟衣服。這兩位皮拉哈男子身高約一百五十七公分，體重五十公斤，腰圍二十八吋。銷售小姐對皮拉哈人提出的眾多問題我都做了適當的翻譯，皮拉哈人也問了她幾個問題。他們穿上新買的衣服後，我們便前往購買牙刷、體香劑、梳子、鬍後水。這些東西他們曾聽人提起，並認定是城市生活中的重要物品。穿上西式衣著後，他們結實精瘦的身材與黝黑膚色顯得很有吸引力。

我心想，事情進行順利。把皮拉哈人帶來城市一點也不是問題，我原先何必那麼擔心？倒是皮拉哈人堅持在城市裡也要跟在叢林裡一樣一前一後地走路，這讓我深感好奇。

我們在城裡的人行道上散步時，伊波吉走在我身後，然後是阿侯比西。我放慢腳步，想讓他們跟上我，但他們卻一起放慢速度。我將速度再放慢一些，他們

別睡，這裡有蛇！

DON'T SLEEP, THERE ARE SNAKES

342

也跟著放更慢。我停下來，他們也跟著停住腳步。即便我開口要求，他們就是不願意走在我身邊。在狹窄的叢林小徑上，這種前進方式是說得通的，因為如果要讓兩人肩並肩行走，就得花費兩倍氣力開一條兩倍寬的路。此外，並肩行走並不安全，因為容易成為掠食者眼中較為顯眼的目標，在面臨蛇類或其他危險時，兩人所受到的保護也較少。

但是在城市裡，並肩行走雖然較浪費空間，人們的談話卻比較容易進行，也比較好辨識出彼此是同伴。我忍不住為了我們行進方式發笑。此時我們正等候著交通號誌，要度過波多韋柳最繁忙的路口。

走在隊伍前方的我指著對街的一家雜貨店，向伊波吉和阿侯比西說：「跟著我走。我們要到那邊的店家。」

我在穿過四分之三的路口時，回頭一看，發現伊波吉與阿侯比西害怕地僵在路中央不動，盯著那些停在他們面前等候號誌、引擎轟隆隆運轉著的車輛。我回過頭向他們走去，但此時交通號誌已經改變。車子往兩名看上去一臉懼意的皮拉哈人移動，並猛按喇叭。他們顯然處於恐慌邊緣，穿越車陣奔跑著，車輛與他們遇過的野生動物是如此不同，他們無從預期車輛會如何移動。我到他們身邊，抓起他們的手帶他們穿過馬路，來到人行道上。

他們喊著：「那些東西嚇壞我了。」顯然是驚魂未定。

「它們也嚇壞我了。」我同意他們的看法。

伊波吉最後下了結論：「它們比豹子還壞。」

343　　第十六章 ◆ 語言與真實的觀點：皮拉哈人與外人

CHAPTER SIXTEEN　　PERSPECTIVES ON LANGUAGE AND TRUTH

我先前已經提過，皮拉哈人所引發的辯論，在於他們是否迫使我們重新思考語言或文化的主要理論。現代語言理論最負盛名與影響力的奠基者喬姆斯基，並不承認我所描述的皮拉哈語言特徵，他認為皮拉哈語就跟其他語言大致相同。但是要知道他的理論何以導致他的否定態度，我們需要對他的理論有更多了解。

喬姆斯基的觀點來自他想要找到「普世語法的真實理論」，並認為這就是我們生物上與生俱來的語言特殊能力。我不清楚他所說的「真實理論」意思為何，但我假設他指的是與實況完全契合。（這問題並非喬姆斯基所獨有，我們通常都不太容易知道大多數科學家與哲學家對「真實」的定義為何。）這一點值得我們進一步思考。在某種層面上，普世語法似乎是個必然概念，畢竟這點是人類獨有，在植物、動物或是礦物身上都不會發現這點。我們都同意，語言的根本是來自人類的生物學機制，就這一點來看，喬姆斯基的觀點雖然正確，卻沒說到什麼重點。真正的問題在於，這項特定的天賦對語言有多大影響（與此相左的意見則認為，語言能力不過是依循著一般認知特性而來），還有無論這項生物學上的天賦為何，它對特定人類語法形式能產生多大影響。還有個相關問題是，身為科學家，我們要如何獲得知識，以測試我們的假設。

典型的科學研究取徑有二：實驗室研究方法，以及田野研究方法。像是物理與化學這類所謂的自然科學，以及絕大多數的社會科學，都是在控制好的溫度、舒適的空間，以及充足的設備之下進行。在美國、德國、英國或法國等富裕國家中，科學是由少數菁英分子為全體社會而做。至少在理論上，贊助者期待的成果，是能夠

讓支持科學研究進行的社會大多數人享有好處。年輕科學家就在該領域富有聲望的領導者所撐起的安全傘下工作。在語言學的圈子裡，喬姆斯基的地位就像是美國西部探險英雄丹尼爾‧博能*，大多數的語言學者都是在他所開闢的疆土上工作。

過去幾十年來，語言學發展有了改變。語言學一度跟地理學、人類學還有生物學一樣，比較像是「田野研究科學」中的一個分支，學習語言學就表示要到艱困的田野環境工作。當然，世界各地仍有許多語言學家持續針對語言進行田野研究。但自從一九五〇年代喬姆斯基出現以後，便深深改變了這個學問的風氣，語言學也出現了急速發展。許多語言學家（包括我）會受到喬姆斯基吸引，是因為他優雅的理論，而非田野研究。他在二十多歲便寫下了突破性的著作《語言學的邏輯結構》（The Logical Structure of Linguistic），裡面首度顯示他的研究前題與定理。之後的作品像是《句法結構》（Syntactic Structure）《句法理論綱要》（Aspects of the Theory of Syntax）、《談支配與約束》（Lecture on Government and Binding）以及《最簡方案》（The Minimalist Program），讓一代代語言學家相信，喬姆斯基的理論可能引領我們獲致重大成果。我跟其他人一樣，將這些書籍一本本從頭讀到尾，大多數書籍我都曾用來為研究生授課。

喬姆斯基語言學的影響力，也跟他所任教的麻省理工學院招來一群世界頂尖

---

* 譯注 Daniel Boone，美國西部開拓先鋒，可說是第一位民間英雄。最為人知的成就是開發與拓殖現今的肯塔基州。

345　　第十六章 ♦ 語言與真實的觀點：皮拉哈人與外人

CHAPTER SIXTEEN　　　　PERSPECTIVES ON LANGUAGE AND TRUTH

學生有關。這個新的語言學文化,為語言學的方法論與目標帶來諸多變革,而這也是喬姆斯基學派的另一項關鍵特徵。在喬姆斯基之前,成為一個美國語言學家,幾乎就等於一定要在少數語言社群中生活一到兩年,並記下他們語言的語法。這可說是北美語言學界的成年禮。但是既然喬姆斯基本人並不從事田野研究,而且顯然他所學到的事物,比任何田野工作者所學到的還有趣,那麼我們就能理解,喬姆斯基一派的學生與教授,何以相信研究的最佳之道是演繹而非歸納。他們不進入田野,而是待在研究機構,從優雅的理論著手,預先決定事實該如何發生。

我對這些觀念的理解如下。歸納的語言研究取徑能讓每一種語言「為自己發聲」。要做到這一點,我們可以將田野研究者對語言所做的觀察進行分類,然後得出解釋,說明該語言的基本要素為何。(單字、片語、句子、文章,或是任何田野研究者認為值得標記的對象——這是在討論特定語言時,研究者覺得最有用的一點),以及這些基本要素如何結合在一起(例如這個語言的使用者如何組織句子、段落,或是其他社群語言互動的形式。)

演繹的研究取徑正好相反,它是先從理論出發(先在箱子貼上標籤),再將語言的不同面向納入理論。你可以製作新的箱子的面向與邊界。我們也不該忽略,深植於演繹理論的爭議絕大多是來自這些箱子的面向與邊界,部分是受到喬姆斯基語言研究演繹取徑的影響。這語言學圈的研究文化價值觀,

別睡,這裡有蛇! 346

DON'T SLEEP, THERE ARE SNAKES

個文化價值觀至少包括下列幾點：要成為一個好的語言學家，田野研究經驗不是必備條件；研究自己的母語跟進入田野探討沒人研究過的語言，可以是同等重要的；語法是獨立於文化之外的正式系統。

有些人宣稱，在二十一世紀，我們對於語言形式與意義的理解會遠勝從前。這類宣稱來自兩種觀念，一是科學不斷在進步，二是我們是在前人的知識基礎上不斷累積新知。這是莫提默・艾德勒（Mortimer Adler）在他的著作《西方世界的偉大著作》（Great Books of the Western World）導論中所說的生命「偉大對話」（great conversation）。

但是在此同時，也有許多科學家採信與之相反的觀念：科學革命的觀點。像是哲學家湯姆斯・孔恩（Thomas Kuhn）著作中所發展出的觀念，認為科學理論可能會置科學家於困境，並限制科學家的發展，除非有人在理論架構中炸出個洞，讓科學研究能超脫既有方法的限制。而事情的引爆點在於，只要與理論不符的事實越來越多，而理論最後也只能不斷縫縫補補或是增加例外的方式來解釋這些事實，也就是孔恩所謂的「輔助假說」（auxiliary hypotheses）。皮拉哈語的研究，就呈現無數不符合理論的事實，而其他與之相仿的語言也是如此──我深信我們將會發現更多這類語言。這些事實要求我們，在現今理論高牆上炸出一個洞，好建立新的理論。這就是研究皮拉哈之後，我對當今盛行理論的反思。

就像是我要皮拉哈人在城裡與我並肩而行，我研究其他人類的企圖也可能深受文化影響。文化不僅影響科學觀察者，也影響了研究的主體。要了解人類語

347　　第十六章 ● 語言與真實的觀點：皮拉哈人與外人

CHAPTER SIXTEEN　　PERSPECTIVES ON LANGUAGE AND TRUTH

言的理論，我們需要考慮文化對理論建構的影響，以及文化在形塑研究對象上所扮演的角色。

這項觀點具有爭議。在史帝芬‧平克（Steven Pinker）的名著《語言本能》（Language Instinct）中，文化對形塑人類語法毫不重要。誠然，平克認為文化對於我們所討論的事情負有重大責任。（因此某個年紀的美國人可能會比較馬龍白蘭度和貓王誰比較性感，也可能討論在現代美國社會進行研究時，Google這項工具的影響力；皮拉哈人則比較可能會談論在叢林裡遇到神靈的經歷，或是捕捉鱸魚的最佳方式。）文化也決定我們所適用的字彙。在蘇格蘭有「哈吉斯」（haggis）這個字。哈吉斯的配方（通常）是羊的「內臟」（心、肝、肺）跟洋蔥、燕麥、香料和腹部脂肪一起剁碎，加上鹽，混合高湯，傳統的方式是將餡料放入動物胃袋烹煮約三小時。我喜歡這道菜，不過可能不是所有人都能接受。這是蘇格蘭獨有的傳統菜色，而我們也無需訝異蘇格蘭人還為這項傳統安上一個特定名詞。

另一個例子是巴西字「jeito」，字面意思是「躺下」或是「休息」，不過它指的是巴西人的一項概念，指稱他們自己擁有解決問題的特殊本領或技巧。例如你常會聽到巴西人這麼講「我們巴西人擅長 jeitos」。不管是擁有這項技能，或是巴西人對這項技能的討論，都是一項文化價值。巴西文化的成員以僅僅一個單字，恰如其份地表達出這項文化價值觀，而在這個文化下，討論這個概念也是很重要的。

當然，皮拉哈人也用會「快嘴」這樣的單字，來指稱某種特定類別的神靈。

但是在絕大多數的語言學理論中，文化對於形塑語法無足輕重。所以，研究皮拉哈這類語言格外重要，文化對形塑皮拉哈語法的影響，少有理論學者能夠想像得到。

考量過喬姆斯基的關切點（也就是解釋語言間的相似性）之後，我們可以開始找尋皮拉哈語和我們所理解的人類語言在本質上有什麼相關性。世界各種語言之間充滿著相似性；相似性如此之多且重複出現。事實上，就是這些相似性讓我們知道不能僅以巧合來解釋。身為西方文化傳統下的科學家，我們必須要為這些相似性提出說明。

喬姆斯基促使我們以遺傳學來解釋這些相似性，而從遺傳學上尋求說明是合理的，畢竟，我們之所以能夠成為「智人」這個物種，是因為我們有同樣的染色體，因而製造出其他的相似性，包括我們的許多需求、欲望、共同經驗與感情。所以侏儒與荷蘭人外表上雖然非常不同，但其實他們的相似性遠超過外在的差異，因為他們跟所有人類一樣，來自相同的遺傳基礎。如果不了解演化與遺傳學的解釋，我們就無法理解我們這個物種的本質。所以我們的確應該思考，遺傳學可以解釋哪些跨語言的相似性。

首先，它可以解釋所有語言在言談上為何具備某些相似部分（動詞、名詞、介係詞、連接詞等等）。或許不是所有語言都擁有所有可能的部分，但是迄今就我們所見，所有語言都擁有某些固定的類別。

它也可以解釋何以語言在組成句子時，會受到相似的心理語言學限制（例

349　　第十六章　語言與真實的觀點：皮拉哈人與外人

CHAPTER SIXTEEN　　　　　　　　　　　PERSPECTIVES ON LANGUAGE AND TRUTH

如不論是哪種語言，一個句子即使在語法上全然無誤，但是 Oysters oysters eat oysters 這種句子，一樣是無法理解的）。這個例子的問題在於中心嵌入，也就是一個子句（關係子句 oysters eat）嵌入另一個子句之中（主要子句 Oysters eat oysters）。要了解這個例子，我們需要插入一個標記，以標示嵌入子句開始的地方，讓這個例子聽起來順耳些：Oysters that oysters eat eat oysters（牡蠣所吃掉的那隻牡蠣吃了牡蠣）。

語言在意義上具有相似的限制。例如在我們所知語言中，一個動詞要獲得完整的意義，頂多需要三個名詞（有些理論是說四個名詞）。語言允許動詞出現時不帶有名詞，或是只帶有不指涉任何事物的名詞，一種預留位置作用的名詞，像是 It rains（天下雨了）這個例子中的 it。動詞也可以僅帶一個名詞，像是 John runs（約翰跑步）；或是帶有兩個名詞，像是 Bill kissed Mary（比爾親吻瑪麗）；甚至三個名詞，像是 Peter put the book on the shelf（彼得把書放在架子上）。就此為止，不能再多了。John gave Bill the book Susan 這樣的句子並不正確，我們需要更多動詞、更多句子或是介係詞，才能一次使用四個以上的名詞，例如 John gave Bill the book for Susan（約翰把要給蘇珊的書交給比爾）。*

現今理論認為，語法來自大腦的一部分。但在此之前，有段時間語言研究盛行純粹的行為主義研究取徑，就像是史金納（B.F. Skinner）的研究所採用的方法。但是行為主義因為未將認知能力納入考量，所以似乎確實無法解釋我們如何學習語言，以及何以語言具有相似性。不過以普世語法為基礎的理論也沒好到哪

別睡，這裡有蛇！ 350

DON'T SLEEP, THERE ARE SNAKES

造成這項結果的原因有很多。首先，在這段期間，出現了絕佳的新研究觀念，這些觀念既不依賴喬姆斯基所抱持的立場，也不依賴史金納的極端觀點，認為語法存在基因之中。其他可能的解釋包括溝通的邏輯需求，這點是伴隨社會與文化的本質而來的。

德國萊比錫馬克士普朗克演化人類學研究所的心理語言學麥可‧托馬賽羅（Michael Tomasello），他的研究團隊研究的是語言，以及語言如何在社會中浮現。這個團隊的研究就不受制於行為主義或是喬姆斯基學派的假設。

喬姆斯基理論的影響力之所以漸漸消退，另一個主要因素是許多人發現，在今日，這個理論已經演變得太過模稜兩可，而且無法檢驗。許多語言學界的團體發現，喬姆斯基目前的研究方案對自己的研究沒有太大幫助。

喬姆斯基語言理論的第三個問題，純粹就是語言的現況與喬姆斯基原本所想的不太一樣，而且兩者間有道鴻溝。這正是我想在這裡探討的。

如果皮拉哈人是西方概念下的哲學家與語言學家。皮拉哈人的文化價值觀與笛卡爾的創造性概念恰好相反，他們以當下經驗法則，限定哪些是可以接受的談論主題，哪些又是可以接受的談論方式。

* 英文的祈使句出現時，通常不會帶有主詞，例如「Run!」（跑）這個句子。但是語言學家也一致認為，既然這類祈使句的主詞一定是「你」，那麼它其實是擁有**公認的**主詞。當我說「跑！」的時候，我是要**你**跑，而不是其他人應該要快跑。

351　第十六章 ◆ 語言與真實的觀點：皮拉哈人與外人

CHAPTER SIXTEEN　　PERSPECTIVES ON LANGUAGE AND TRUTH

不過，皮拉哈人也非常愛聊天。造訪皮拉哈的人們最常下的評語就是：皮拉哈人似乎一直講個不停，也笑個不停。至少他們在自己的村裡，可是一點也不矜持。他們躺在屋中從未熄滅的堆火旁，把馬鈴薯或是塊莖埋在煤堆中慢慢煨熟，然後不停談論著捕魚、神靈、最近造訪的外人、巴西核果的產量下跌的原因等等。他們會中斷一下，取出熱呼呼的馬鈴薯，撥開食用，然後一邊思考，一邊繼續談話。

他們的話題並不多。但是我在南加州長大的家庭中，家人談話的主題也不多。我們討論著牛群、田產、拳擊、烤肉、酒館、電影與政治，以及少數其他議題。我的家人也不會對「笛卡爾式的創造性」這個話題有興趣。或許語言學家對它會有興趣，但原因並不是因為語言學家感興趣的話題比較多。我所知道的大多數語言學家，事實上應該說我所知道的大多數大學教授，他們談論的話題就跟皮拉哈人一樣狹窄。多數時候，語言學家談論的是語言學或是其他語言學家，哲

語言學一旦離開人類學與田野研究，就像是化學離開了化學藥品與實驗室。

學家則談論哲學、哲學家以及酒。大多數人談論的話題也就是這些：我們的專業與相關領域。當然，在使用單一語言來談論上述話題時，我們的語言必須要有足夠的字彙，才能談論所有這些學科、專業以及貿易等話題。

我們常以為我們的知識是「放諸四海皆準」，彷彿我們在聖地牙哥學到對世界的感知與了解，到了德里也完全行得通。但是我們所思考、所知道的事情，都有地方的局限性，都是根據當地觀點而來的，因此要運用在新環境中，其困難不下於把一百一十伏特的電器插頭插到二百二十伏特的插座上。例如，一個在現代大學學習語言學理論的語言學家在田野地點進行研究時，如果對新環境夠敏銳，很快就會知道他的理論無法完全符合他遇到的語言。一套理論如果能適應當地，那它就是有用的。如果不行，事實就得削足適履才能納入理論。

認為語言或語法能力是與生俱來的理論，這一點尤其中要害。雖然這些理論在教室裡看來非常迷人，卻很難與田野中的事實相符。喬姆斯基與平克認為天性（生物學）可以解釋人類語法的演化與現有形式。他們所提出的普世語法（喬姆斯基）與語言本能（平克）都在我們的染色體上。過去幾十年來，這些觀點在人類心理與語言研究上產生重大影響。但是在心理學、演化，以及人類語法和語言形式上，還有其他可能的解釋。例如我們就知道，史金納認為語言不過是情境的產物，是養成而非天生的。喬姆斯基在一九五九年對史金納的理論大力抨擊，

* 譯注：笛卡爾認為人與其他物種的差異在於人能思考，並進行具創造性的工作。

353　第十六章 ◆ 語言與真實的觀點：皮拉哈人與外人

CHAPTER SIXTEEN　　PERSPECTIVES ON LANGUAGE AND TRUTH

讓我們得知史金納的理論模型在解釋語言何以產生時，在物種的系統性層面上以及在單一個體的個別層面上，其解釋並不對等。但另一方面，喬姆斯基與平克完全將語言的主要面向視為天性的展現，這種解決方式一樣充滿問題。皮拉哈語法缺乏遞迴特徵且受到文化限制，就是普世語法觀點的反證。這也在在說明了，語言的起源與本質遠較任何簡單的二分法來得複雜。

如果這不是個恰當的理論，那麼，我們還能有什麼選擇呢？

我們可以有這樣一個理論：不論我們在談論的是世界上哪種特定文化，語法（亦即語言機制）的重要性，遠不如文化所產生的意義及限制。

如果這個理論是正確的，它在語言學研究的方法論上就能有深遠的應用。如我之前所說的，這意味著我們一旦離開該語言的文化脈絡，就無法進行有效的研究，特別是當語言身處的文化與研究者背後的文化存在著根本差異時。

這也代表著語言學不該是心理學的一部分（一如絕大多數當代語言學家所相信），而該是人類學的一支（一如薩皮爾所認為的）。事實上，這還可以意味著心理學本身也是人類學的一支（這也是薩皮爾所想的）。語言學一旦離開人類學與田野研究，就像是化學離開了化學藥品與實驗室。

不過有時候，當我們研究這些文化時，我們所學到的會遠超出我們的科學研究目標。在皮拉哈人身上，我學到的還有關於自身靈性，而我的人生更因此改變。

PART THREE
CONCLUSION

第三部
結 論

別睡,這裡有蛇!

DON'T SLEEP, THERE ARE SNAKES

CHAPTER SEVENTEEN

CONVERTING THE MISSIONARY

第十七章

變節的傳教士

國際語言暑期學院的傳教士並不從事佈道或施洗工作，他們會避開牧師的角色。更準確地說，他們相信要傳福音給原住民，最有效的方法是把新約聖經翻譯成當地語言。既然傳教中心也相信聖經是上帝所說的話，那麼認為新約聖經能夠為自己發聲也就十分合理。所以我在皮拉哈每天進行的工作主要是語言學研究，努力了解皮拉哈語，然後正確翻譯出新約聖經。每當我取得一些進展，就會把部分章節翻譯出來，然後向不同村民測試我的翻譯是否正確。白天有空的時候，我也常跟人談論我的信仰以及它對我何以如此重要。我的傳教工作就跟典型的傳教士一樣，內容非常單純。

一九八三年十一月的一個早上，那時我待在皮拉哈的時間斷斷續續加起來也有十四個月，我跟幾個皮拉哈人坐在屋裡喝咖啡。當時大約是上午十點，天氣漸漸熱了起來，而且還會一直熱到下午四點左右，然後才慢慢轉為溫和。我面向河流享受此刻的微風輕拂臉龐，和人們談論著他們先前聽到離村落一、兩公里左右瑪美洛河上傳來的船聲。此時科賀走進屋裡，於是我起身為他倒咖啡。

科賀接過我手中的杯子，然後說道：「嘿，丹尼爾，我想跟你談談。皮拉哈人知道你離開了你的家庭與土地，到這裡來和我們一起生活。我們知道你這麼做是為了告訴我們活得像美國人一樣。你希望我們活得像美國人一樣。我們喜歡喝酒，我們喜歡不只一個女人，我們不想要耶穌。但是皮拉哈人並不想要活得像美國人一樣。我們喜歡你，你可以留下來。但是我們也不想再聽到任何有關耶穌的事，好嗎？」

雖然國際語言暑期學院未曾允許傳教士對皮拉哈這樣的原住民族佈道，但是

別睡，這裡有蛇！

DON'T SLEEP, THERE ARE SNAKES

358

科賀在言談間已經多次聽聞我的信仰，並且協助我翻譯一小部分的新約聖經。然後他又提到之前來到此地的美國傳教士：「阿爾羅告訴過我們耶穌。史帝夫告訴過我們耶穌。但是我們並不想要耶穌。」

我回答他：「如果你們不想要耶穌，那你們也不需要我了。我的家人來到這裡，就是為了要告訴你們耶穌。」

我說我得工作了。這些人起身離開，輪到他們去打魚了，因為其他人已經回來，換他們使用獨木舟了。

科賀所說的話讓我感到震驚，他讓我面對一個清楚的道德選擇。我到皮拉哈是為了傳講耶穌，而且就我當時看來，這是提供皮拉哈人機會，讓他們選擇有目標而非虛度的生活，選擇永生而非死亡，選擇喜樂與信仰而非絕望與恐懼，選擇天堂而非地獄。

要是皮拉哈人已經了解福音卻拒絕接受，那又是另一回事。但也許他們只是還不清楚福音的內容。這是非常有可能的，畢竟我的皮拉哈語程度跟當地人相比還差一大截。

第一回待在皮拉哈時，我有次覺得自己對皮拉哈語的理解，已經足以訴說耶穌如何拯救我。這是基督徒在傳福音時的常見作法，稱為「提供自身見證」。重點在於你接受耶穌前的生活越糟糕，那麼你的獲救就是越了不得的奇蹟，而聽眾接受耶穌的動機也就越強。

當時是傍晚七點左右，我們一家人剛用過晚餐，先前在麥西河洗過澡，身

體依然感到涼爽。這時皮拉哈人會跑來找我們，坐著一起喝咖啡，而通常我也會在這時談起我對上帝的信仰，還有我相信皮拉哈人應該會像我當初一樣需要上帝。由於皮拉哈語中沒有上帝這個字，所以我使用史蒂夫建議的字眼：「Baíxi Hioóxio」(高高在上的父親)。

我說我們高高在上的父親使我的生命變得更好，我說我也曾像皮拉哈人一樣喝酒，有很多女人(這點我稍微誇大了點)卻不快樂。然後高高在上的父親來到我心中，改變了我的生命。我沒有去思考皮拉哈人是否真能理解所有這些，我在倉促間發明的新概念、譬喻或名字。但它們對我來說是有意義的。當晚，我決定告訴他們我很私密的故事，而我認為這個故事能讓他們了解上帝在我生命中的重要性。我告訴皮拉哈人我的繼母為何自殺，這件事又如何使我走向耶穌，還有我在停止飲酒、吸毒，並接受耶穌之後，我的生命是如何獲得改變。我很認真嚴肅地訴說這個故事。

故事講完了，皮拉哈人突然爆笑出聲。說得好聽些，這反應出乎我意料之外。我向來收到的回應是：「讓我們讚美主！」然後聽眾會對我經歷的困難以及上帝如何將我拉出困境深深感動著。

我問：「你們為何發笑？」

他們回答：「她自殺？哈哈哈。怎麼這麼笨。皮拉哈人不會殺自己的。」

他們完全不感動。情況很清楚，我深愛的人自殺跟皮拉哈人要不要信仰我的上帝完全無關。更明確地說，這故事造成反效果，更凸顯我們之間的差異。這對

我的傳教目標來說是項挫敗。在這事件之後，我花了好幾天的時間深思我來到皮拉哈的目的。

宣教工作的困難越來越明顯了。我多多少少也向皮拉哈人正確傳達出我的基督信仰，聽我講的人就會知道，有個叫耶穌的男人，希望其他人照著他的話做事。接著皮拉哈人就會問：「嘿，丹尼爾，耶穌長什麼樣子？他像我們一樣黑或是像你一樣白？」

我說：「嗯，我從沒真的見過他。他生活在很久很久以前，但我知道他說過的話。」

「那麼，丹尼爾，如果你從未聽過他說話或見過他，你怎麼知道他講了什麼？」然後他們清楚表態，要是我不曾真的見過這傢伙（不是象徵層次的看見，而是肉眼親見），那他們對於我要說的任何關於他的故事都不感興趣。話題到此結束。我現在知道這是因為皮拉哈人只相信他們親眼所見。有時候他們也相信其他人告訴他們的事情，只要這個人所說的是他親眼目擊。

我當時判斷，皮拉哈人之所以無法接受福音，部分原因是波多諾佛的皮拉哈人跟卡波克魯人的接觸太密切，所以他們認為比起美國文化，卡波克魯人的文化跟他們的生活方式較能相容。我推斷，要是我搬到連船販都遠遠不能及的另一個村落，那麼傳福音的工作就比較可能成功，而符合這項條件的村落有兩個，一個在跨亞馬遜公路旁，另一個則更偏遠，從跨亞馬遜公路往下游再航行一天（若從我們住的地方出發，則要往上游航行三天）。

361

CHAPTER SEVENTEEN

第十七章 ◆ 變節的傳教士

CONVERTING THE MISSIONARY

我和凱倫討論此事之後，認為在做出任何決定之前，應該先休個假，這是我們五年多來第一次返回美國的「外派假期」。此時也該向資助者報告情況，休息一下，並評估我們宣教工作的進展。

假期間我再度思索這項宣教工作的挑戰：說服快樂知足的人們，讓他們知道自己迷失了，並需要耶穌的拯救。我在百奧拉（Biola）大學的宣教學教授曾說：「在拯救他們之前，要先讓他們迷失。」如果人們不覺得他們的生活中有某種嚴重殘缺，他們就比較不可能接受新的信仰，特別是上帝與基督教的救贖。我面臨重大的語言學與文化挑戰，我甚至還不能把皮拉哈語說得好，而且也還不曉得，這種語言的特性幾乎就保證我不可能把公元一世紀的訊息傳遞給他們。

我們決定搬到比較偏遠的村落。我們往上游移動兩百五十公里到阿吉歐帕的村落，如果從跨亞馬遜公路往下游行駛，得航行六小時。這個新村落的皮拉哈人溫暖地歡迎我們。在這新據點的頭幾年我們都睡在帳棚裡，若要到村裡，得先搭便車或開車，或是騎著我們自己的小型越野摩托車，上到跨亞馬遜公路，再轉乘我們的汽艇沿著麥西河抵達村落。我們的補給品則是從國際語言暑期學院的傳教中心用貨車載到河邊。

我們送給這群皮拉哈人一樣新東西：剛翻譯成皮拉哈語的〈馬可福音〉。我可是費了很大的工夫，搬到這個上游村落的前幾週才完成的。

然而在我將譯本發放給皮拉哈人使用之前，傳教中心要我排個時間為翻譯進行所謂的「核查會議」。我說服達多來到波多韋柳，並在傳教中心待了幾週，以

別睡，這裡有蛇！　　　　　　　　　　　　　　　362

DON'T SLEEP, THERE ARE SNAKES

確認我的翻譯品質。威克里夫聖經翻譯學會的負責人約翰・泰勒（John Taylor）會前來審查我的作品，他曾在牛津大學學習古典語文。第一次會議中，約翰將他的希臘文新約聖經擺在前面，要求我用皮拉哈語對達多提問，看他是否理解〈馬可福音〉中的特定章節。達多聽到我問問題，卻沒有抬頭看我，而是專心撕著他的腳皮。冷氣轟隆作響。當達多對他腳上的繭失去興趣了，便下嘴唇指指冷氣問我：「那是什麼？」接著又對門把、書桌以及屋裡幾乎所有東西重覆同樣的問題。

約翰開始擔心達多不了解我的譯本。

我很緊張，因為我很希望這次的翻譯審查能夠過關。於是我對達多施壓，最後他終於直接回答我的問題。之後我們很快就進入狀況，每天都能工作好幾個小時。兩個禮拜的時間到了，而約翰也認定達多了解〈馬可福音〉的內容。威克里夫聖經翻譯學會的檢查要項之一，就是操持母語的助手不得涉入實際的翻譯工作，也就是說，不管翻譯是否過關，他們都不會獲得好處（因為助手是有可能從中獲益的），如此翻譯品質的審查工作才會客觀。

但是達多能掌握譯本內容這件事情讓我不怎麼開心，反倒很不安。如果他真如我們所見的了解文意，為什麼他沒受到衝擊？達多對於〈馬可福音〉傳遞的訊息完全沒興趣也未受感動。我們回到村裡之後，我用自己的聲音錄製〈馬可福音〉給皮拉哈人聽。然後我帶來一個發條播放機，並教導皮拉哈人如何使用。令人驚訝的是，有些小孩真的照做了。我與凱倫離開村落幾週後折返，發現村民仍就著孩子上了發條的播放機在聆聽福音。一開始我對此景感到相當興奮，後來我才搞

363

第十七章 ◆ 變節的傳教士

CHAPTER SEVENTEEN　CONVERTING THE MISSIONARY

清楚，他們只對施洗約翰被斬首的那部分有興趣。「哇，他們砍下他的頭。再放一次！」

我以為是我口音的關係，讓他們無法聽完整部福音。為了解決這個問題，我決定找個皮拉哈男子來錄音。我說一行然後他跟著我覆述，並盡可能讓語調保持自然。完成後我們到錄音室進行編輯，還加入音樂與音效。成果聽起來棒極了。

我們拷貝了許多卷錄音帶，還買了更多需要上發條的卡式播放機。皮拉哈人每天都會播放這卷錄音帶，一聽就是數小時，如此持續了好幾天。現在我們很有把握，有了這個新工具，就能成功改變皮拉哈人的信仰。

播放機有著綠色塑膠外殼與黃色手柄。我先向剛結識的阿歐比西示範使用方式，並教他如何緩緩轉動手柄，好讓電力保持穩定。我們聽著錄音帶，他笑著說他喜歡。我很開心他這麼說，於是起身離開讓他能獨自聆聽。

隔天傍晚，我看到主要聚落對岸有一群男人（包括達多）坐在火堆旁，高興地吃著魚。我知道他們喜歡新鮮事物打發無聊時間，於是帶著播放機划向他們，問他們想不想聽聽看。他們異口同聲熱烈答道：「當然！」

我稍稍轉動手柄，〈馬可福音〉的內容隨之播放而出。我問他們是否了解內容，他們回答是的，並解釋內容給我聽，讓我確定他們真的理解。夜幕低垂，我們坐在沙灘上就著營火討論〈馬可福音〉。這是我夢寐以求的時刻。

但是達多突然向我拋出一個問題。

「嘿，丹尼爾，錄音帶裡的人是誰？聽起來好像是皮歐阿泰。」

我回答：「他就是皮歐阿泰。」

「嗯，他從未見過耶穌。他告訴我們他不認識耶穌也不想要耶穌。」

皮拉哈人對錄音帶做了簡單的觀察，認定這些帶子不具什麼神祕力量，他們也不了解自己的心智。

但我沒有放棄，我一邊播放〈馬可福音〉的錄音帶，一邊以新約聖經場景的幻燈片補充說明，內容包括耶穌、門徒等等。

在某個影片放映秀的隔天清晨，皮拉哈老人卡阿歐伊過來與我一同進行語言研究工作。工作時他突然冒出一句話，把我嚇了一跳：「女人害怕耶穌。我們不要他。」

我問：「為什麼不要他？」我好奇他為何做出如是宣告。

「因為昨晚他來到我們村裡，想跟我們的女人發生性行為。他追著她們滿村跑，想用他的大陰莖插入她們身體。」

卡阿歐伊用他離得遠遠的兩隻手掌，向我顯示耶穌的陰莖尺寸：整整將近一公尺長。

我不知道該說什麼。我不知道是不是有某個皮拉哈男人假扮耶穌，又用某種方法假裝他有很長的陰莖，或是有其他可能。卡阿歐伊顯然沒有捏造故事，他告訴我這件事是因為他很擔心。後來我又問了村裡另外兩名男子，他們也確認他的故事。

我在皮拉哈所遇到的主要困難在於，我以生命與事業做賭注的福音信息不見

365

CHAPTER SEVENTEEN

第十七章 ◆ 變節的傳教士

CONVERTING THE MISSIONARY

容於皮拉哈文化。至少我在這裡得到的教訓是，我以為大家都需要我帶來的福音，但這份自信在此顯得毫無根據。皮拉哈人並不尋求新的世界觀，他們只要固守他們原有的就好。要是我在第一次造訪皮拉哈之前，花點時間閱讀相關資料，我就會知道，這兩百年來，傳教士已經不斷試著要改變他們的信仰。自十八世紀西方人首度與皮拉哈族接觸的紀錄中就可看到，他們已經有「頑冥不靈」的風評──沒人聽說過皮拉哈人曾在歷史上任何一個時期改宗。但即使我當時就知道這些事實，我也不會卻步。我就跟所有的新進傳教士一樣，已經準備好要將這些事實擺在一旁，相信我的信仰最終將能克服任何障礙。然而，皮拉哈人並不感到失落，所以他們也不覺得有需要獲得拯救。

當下經驗法則意味著，如果你不曾直接經歷某事，那你所訴說的故事根本無足輕重。這使得傳教士的努力徒勞無功，因為他們訴說的是久遠以前的故事，目前活著的人，都未曾目擊這些事情發生。這解釋了何以皮拉哈人長久以來排斥傳教士，創世神話並不符合他們對證據的要求。

令人訝異的是，我完全同意他們的立場。皮拉哈人沒有因為我的說詞而相信某件事情，這並不真的那麼不可思議。我從不認為傳教工作是件易事，但皮拉哈人對我的啟發更勝於此。我真正感到驚訝的是，皮拉哈人拒絕福音，竟導致我開始質疑自己的信仰。畢竟我不是個新手。我從慕迪聖經學院畢業時名列前矛，我也曾在芝加哥街頭傳教、在人道救援行動中佈道，還曾挨家挨戶拜訪，在自己的文化中與無神論者及不可知論者辯論。我在為護教以及個人宣道工作方面都受過

別睡，這裡有蛇！　　　　　　　　　　　　　　　　　　　366

DON'T SLEEP, THERE ARE SNAKES

良好訓練。

但我同時也是個受過訓練的科學家，也就是證據對我而言十分重要。我在科學工作中會要求證據，就像皮拉哈人也會對我要求證據。但我無法提供他們需要的證據，只能用主觀感受支持自己所說的話。

另一個挑戰是，我對皮拉哈人認識越深，就對他們越敬佩。我欣賞他們的地方很多，他們是個自我統御的部族。他們要對我說的是，把我兜售的商品拿到別處去，他們不會買我的福音的。

我曾珍視的一切教義與信仰跟這個文化完全搭不上邊。皮拉哈人認為這種信仰是迷信，而我也越來越覺得這是迷信。

我開始認真質疑信仰的本質，還有相信未見事物的這類行為。至於聖經與古蘭經等宗教經典，則是以永生、處女生子、天使、奇蹟等非客觀且違反直覺的故事，來美化這類信仰。皮拉哈人注重當下經驗的價值觀以及對證據的要求，使得這一切看起來都非常可疑。他們自身的信仰無關幻想或是奇蹟，他們的神靈就來自周遭環境中平凡無其的生物（不管我是否認為牠們真是神靈）。皮拉哈人沒有罪的概念，也不認為人類的行為需要「匡正」，遑論他們自己。大體上來說，他們接受事物原本的面貌。他們對死亡無所畏懼，他們相信自己。這不是我第一次質疑自己的信仰。巴西的知識分子、我自己的嬉皮背景還有有多讀物，都曾讓我產生懷疑。但是皮拉哈人是壓垮駱駝的最後一根稻草。

到了一九八〇年代晚期，我開始誠實面對自己，承認自己不再相信任何教義

367
CHAPTER SEVENTEEN

第十七章 ♠ 變節的傳教士
CONVERTING THE MISSIONARY

或超自然事物。我是個不出櫃的無神論者,而我對這點並不感到驕傲。我非常害怕我愛的人可能會發現。我知道最終我一定得告訴他們,但同時我又害怕面對事情帶來的後果。

傳教士與其財務支持者都認為傳教工作是個高尚的挑戰:當你自願到世界上危險又艱困的地方服事耶穌,就會覺得自己是用實際行動證明自己。在傳教士抵達當地之後,通常就能立即過著一切只求他人利益的冒險生活。很顯然,這是受到傳教士自身的欲望所驅動,想要人們轉而相信自己的真理觀。而叛教者所帶來的影響也因人而異,最糟糕會有什麼後果我們也都知道。

從我萌生懷疑,到終於準備好公開我信仰狀況並承擔後果,一共過了二十多年。而且就如我所預期,在我宣告自己信仰上的轉變之後,我個人也面臨了最嚴峻的後果。不管是誰,要對親朋好友坦誠自己已不再與大家擁有共同信仰,是非常困難的決定,因為大夥正是由於這份信仰,才一起走到現在,成為目前這個樣子。這就跟同志出櫃,要對不知情的親友坦誠性向一樣困難。

我放棄了這份信仰,並因此面臨認識論上的危機,而最後,我最想避免的事情還是發生了:家庭破裂。

在對華拉尼人*傳教時而殉教的吉米·艾略特(Jim Elliot)說過一句話,影響我深遠:「一個聰明人,會給出自己留不住的東西,換得不會失去的東西。」當然,他所謂留不住的東西就是這個世界,不會失去的東西就是上帝以及天堂,放棄這個世界,可以換得天堂,這個代價並不大。

別睡,這裡有蛇! 368

DON'T SLEEP, THERE ARE SNAKES

但是我留不住的東西卻是這份信仰，以此換得我不會失去的自由，從湯姆士·傑佛遜所說的「心靈的暴政」（tyranny of the mind）**中解脫，遵循自己的理性而非外在權威。

皮拉哈人讓我質疑自己向來支持並據以而活的真理觀。我對上帝信仰的質疑，再加上與皮拉哈人共同生活的經驗，讓我懷疑可能是當代思潮中更根本的部分，亦即真理的概念本身。的確，我發現自己活在真理的幻覺中。上帝與真理是銅板的兩面。如果皮拉哈人是對的，那麼兩者都阻礙健全的生活與心靈。皮拉哈人內在生活的品質、幸福與滿足，都大力支持著他們的價值觀。

從出生那一刻起，我們就試圖簡化周遭世界，因為這世界對我們來說過於複雜、難以駕馭。除非我們早已決定哪些東西該注意、哪些東西又該忽略，不然即便只是跨出一步，都有太多的聲音、景象與刺激要應付。在特定的知識領域內，我們將這種簡化的企圖稱為「假說」與「理論」。科學家將事業與精力投注在特定的簡化工作上。他們向機構要求財務支援，讓他們去旅行或建造新的環境，以測試他們簡化的模型。

但我越來越不能滿足於這類「優美的理論」（也就是得出的結果雖然「漂亮」

* 譯注：Huaorani，厄瓜多的原住民族，與世隔絕生活至今，人口約四千人。
** 譯注：Thomas Jefferson，美國第三任總統，〈獨立宣言〉的起草人。「心靈的暴政」原文為「I have sworn upon the altar of God, eternal hostility against every form of tyranny over the mind of man」（我在神面前發誓，永遠對抗任何統治人類心靈的暴政。）

369　　第十七章 ♦ 變節的傳教士
CHAPTER SEVENTEEN　　CONVERTING THE MISSIONARY

皮拉哈人堅守實用主義的概念。他們不相信上有天堂、下有地獄，或是其他值得讓人為此犧牲性生命的抽象原因。他們讓我們有機會去思索，如果沒有公義、聖潔或罪這種絕對真理，生命會出現怎樣的可能。而這景象是非常吸引人的。

沒有宗教與真理支持的生活如何可能？皮拉哈人就是這麼過日子的。當然他們跟我們一樣都會有擔憂，因為許多煩惱都是生物性的，與文化無關（我們的文化是對那些說不出來但確實存在的煩惱賦予意義）。但是他們多半時候都能拋開這些擔憂，因為他們自行發展出一種利器，那就

卻未必有用）。獻身這種過程的人通常視自己的工作為向真理邁進，但就像美國實用主義哲學家與心理學家威廉·詹姆士曾提醒我們的，我們不該將自己看得太重要。我們不過就是演化出的靈長類，而將宇宙想像成特地為我們保留的淨土實在太過離譜。我們終究不過是在瞎子摸象；或像是堅持在錯誤的一端尋找鑰匙，只因為這邊燈光較亮。

皮拉哈人讓我們有機會去思索，如果沒有公義、聖潔或罪這種絕對真理，
生命會出現怎樣的可能。而這景象是非常吸引人的。

是活在當下。皮拉哈人只注意當下發生的事，輕鬆消除了西方社會困擾眾人的大量憂慮、恐懼與絕望的根源。

他們並不渴望超驗的真理。事實上，他們的價值觀也容不下這概念。皮拉哈人的真理體現在漁獵、划舟、與孩童嬉鬧、友愛兄弟以及因瘧疾喪命。他們會因此顯得原始嗎？許多人類學家是這麼認為的，所以他們汲汲於尋求皮拉哈人對上帝、世界以及創世的看法。

然而，也許一個擁有這些憂慮的文化反而較為原始，而沒有這些憂慮的文化是比較先進的。這是個有趣的另類思考方式。倘若如此，那麼皮拉哈人是非常先進的民族。這聽起來很難令人置信嗎？且讓我們捫心自問，何者較為先進：滿懷憂慮和擔心地看待這個宇宙、並相信自己能完全了解它，還是享受當下生活、認知到尋求真理或上帝不過是徒勞無功？

皮拉哈文化立基在對生存有利的面向。他們不擔心自己不知道的事，也不認為自己有辦法搞懂或已經搞懂所有一切。同樣的，他們也對其他人的知識或是解決方案興趣缺缺。他們的觀點（我指的是皮拉哈人每日生活中的展現，而非我在這裡的枯燥摘錄），在我檢視自身生命與許多缺乏根據的信念時，顯得大有助益並極具說服力。我之所以能成為今日的我，包括我的無神論世界觀在內，至少在某種程度上來說，是皮拉哈人的功勞。

371　　第十七章　變節的傳教士
CHAPTER SEVENTEEN　　CONVERTING THE MISSIONARY

別睡，這裡有蛇！　　　　　　　　　　　　　　372

DON'T SLEEP, THERE ARE SNAKES

EPILOGUE

WHY CARE ABOUT OTHER CULTURE AND LANGUAGE?

寫在後面

為什麼要關心其他文化和語言？

漢斯・勞辛*瀕危語言計畫（Hans Rausing Endangered Languages Project），是由倫敦大學東方與非洲研究中心主持，計畫目的是記錄世界各地瀕臨滅絕的語言。漢斯的女兒莉絲貝（Lisbet Rausing）為此計畫捐助了兩千萬英鎊。

為什麼會有人捐出兩千萬英鎊，研究弱勢族群所使用的語言？說得不中聽一點，他們住的地方連觀光客也罕至。畢竟，我們很容易就可以證明，語言不管是消失或興盛、乃至新語言出現，其發展都是受到物競天擇的力量所驅動。對於需要學習新語言的人來說，瀕危語言是無謂的麻煩，因為這種語言已經沒辦法續存。事實上如果你相信巴別塔的故事**，不管這個詛咒是真有其事，或僅是個象徵性的故事，減少人類使用語言的數目，以及人類語言的均一化或「全球化」，應可視為一件好事。

在勞辛計畫的網站上，他們這麼解釋對瀕危語言感到興趣的部分原因：

今日世界上約有六千五百種語言，其中大半在接下來的五十到一百年間會面臨絕跡的威脅。這是社會、文化與科學上的災難，因為語言呈現出群體獨特的知識、歷史與世界觀；而且每種語言都是人類溝通能力的獨特變奏。

我覺得這段話很有說服力。光是皮拉哈語言與文化間的連結，就告訴我們許多關於人類認知方面的事情。再進一步想想，我們還可以從其他瀕危語言學到多少知識。

語言會走向滅絕，原因至少有二。當語言使用者的生存陷入險境，語言自然

別睡，這裡有蛇！　　　　　　　　　　　　　　　　　　　　374

DON'T SLEEP, THERE ARE SNAKES

不能倖免。使用皮拉哈語的人口僅剩不到四百。他們是脆弱的族群，因為他們對外來疾病鮮有抵抗能力，但他們與外界的接觸卻越來越多，原因通常是巴西政府並不致力於控管保留區的出入。皮拉哈語言的危機反應皮拉哈人的困境：這個族群的存亡已經受到威脅。

語言瀕臨滅絕的另一個原因，我們可以稱為「市場力量」或是天擇。像是愛爾蘭語、迪埃格諾語（Diegueno）、巴那瓦語（Banawá）等少數語言的使用者，他們開始使用官方語言（英語、葡萄牙語等等），因為如此能為他們帶來經濟上的好處。在巴西，巴那瓦語的使用者離開他們的家園去為巴西人工作，因為他們開始依賴工業製品。而在他們置身的環境中，使用自己的語言會受到奚落，而葡萄牙語則是與巴西人工作時唯一派得上用場的語言。巴那瓦語因而開始絕跡。

不過，皮拉哈語受到威脅並不是上述的第二種因素，因為皮拉哈人對於學習葡萄牙語或其他語言都不感興趣。顯然他們並不覺得有停止使用皮拉哈語而改用其他語言的壓力。

我們討論了語言與文化相互搭配的獨特性，而在這樣的觀點下，有個更全面性的問題值得追問：對我們這些不使用瀕危語言的人而言，會有什麼損失？我們

* 譯注　英國富商，從父親手中接掌利樂包（Tetra Pak）家族企業。
** 譯注　聖經創世記中的記載。當時人類使用共同語言，便團結起來合力築塔，企圖通天。上帝於是決定變亂人類口音和語言，並使他們分散各地。高塔於是停工，而該塔則稱為巴別。故事的象徵意義在於態度自大的人類自取滅亡。

375　　寫在後面　● 為什麼要關心其他文化和語言？
EPILOGUE　　WHY CARE ABOUT OTHER CULTURE AND LANGUAGE?

真的會有任何損失嗎？答案當然是肯定的。歷史上不論哪個時期，在人類可能發展出的語言種類中，真正獲得人類使用的僅占極小部分。語言是特定文化經驗的儲藏庫，當一種語言消逝，我們就失去了這種語言的字彙與語法知識。要是這種語言未曾研究或記錄下來，那麼這類知識就永遠不可能被發現。

當然，並不是所有這類知識都能帶來立即而實用的好處，但是它們的重要性在於教導我們使用不同的方式來思索生命，或是面對地球上每天的生存處境。

除了皮拉哈人，我還研究過另一支亞馬遜原住民族巴那瓦人，他們懂得製造箭毒，一種用在吹箭與箭鏃上能快速致命的番木鱉鹼毒（strychnine）。這種製毒能力是幾世紀以來知識與經驗的累積，使用的植物種類與製造過程都需要懂得巴那瓦語才能了解。但這類知識都面臨失傳的威脅，因為最後七十名懂得巴那瓦語的人也漸漸轉為使用葡萄牙語。

當一個語言沒有留下紀錄就消失，人類也失去某種生活或求生方式的典範。

對於許多像是巴那瓦人的族群來說，語言的消逝帶來的是認同感、群體感、傳統精神甚至求生意志的喪失。拯救巴那瓦語、皮拉哈語以及世界其他上千種語言，需要語言學家、人類學家以及其他自願者辛勤付出。至少我們需要認定世界上有那些語言瀕臨危機，對它們有足夠的了解，才能製作字典、編輯語法、將語言訴諸書面文字、訓練這些語言的使用者成為教師與語言學家，並確保政府願意保護並尊重這些語言及其使用者。這個工作令人氣餒，卻極其重要。

本書採取的觀點是，每種語言與文化都會連袂向我們展現出人類某個物種分支面對周遭世界的特殊方式。每個族群都使用不同手段來解決語言、心理、社會與文化的問題。當一個語言沒有留下紀錄就消失，我們也跟著失去人類語言原貌的一角。但更重要的是，人類也失去某種生活或求生方式的典範。恐怖主義與基本教義分子意圖切斷社會互信與共盼的臍帶，此時此刻，瀕危語言的生存典範更顯得彌足珍貴，語言的消逝也更加危及我們物種存活下去的希望。

皮拉哈這樣的族群，還能為暴力、強暴、種族主義、社會弱勢、親子關係等反覆出現的普世問題，提供新穎、深刻且有用的另類範例。舉個有趣的現象，在我工作的亞馬遜部落中，沒有人會用兒語來跟小孩說話。皮拉哈人不說兒語，似乎是因為大人相信所有的社會成員都是平等的，所以大體上來說，兒童不該受到與成人不同的對待。人人都該對群體負責，而群體也會照顧每個人。

更進一步觀察皮拉哈語言與文化，我們還能學到同樣重要的另一課。在皮拉哈人中，你看不到工業化社會中常見的沮喪、慢性疲勞、極度焦慮、恐慌症或是

377　寫在後面 ◆ 為什麼要關心其他文化和語言？

EPILOGUE　WHY CARE ABOUT OTHER CULTURE AND LANGUAGE?

其他心理病症。但他們心理狀態健全,並不是因為缺乏壓力。別以為只有工業化社會才會產生心理壓力或心理障礙,這不過是種族優越的想法在作祟。

誠然,皮拉哈人無需擔心支付帳單,也不用為孩子選擇好學校。但他們面對的是威脅生命的身體疾病(像是瘧疾、感染、病毒、利什曼病等等)。他們得每天供應家人食物;他們的嬰兒死亡率很高;他們時時面對危險的爬蟲類、哺乳類、蟲子和其他生物。他們生活中充滿外來者入侵土地的暴力威脅。結果我在當地的生活比起皮拉哈人要容易許多,但我仍覺得有許多問題要解決。是,我真的改善了我的生活,但是皮拉哈人沒有。

我從未聽聞皮拉哈人談論他們的憂慮。事實上到目前為止,我所知道的皮拉哈語中沒有「擔憂」這個詞。麻省理工學院的大腦與認知科學系的心理學家曾組隊造訪皮拉哈,他們稱讚皮拉哈人是他們見過最快樂的人。我問他們,這種說法是經由何種測試得知。他們回答說,其中一個方法是測量皮拉哈人微笑與嬉笑的平均時間,然後與其他社會(例如美國)進行比較。他們認為皮拉哈人可以輕鬆獲勝。我在過去三十年研究了二十個以上遺世獨立的亞馬遜部落,只有皮拉哈人顯現出此等罕見的快樂。我研究的其他族群多半鬱鬱寡歡、沉默寡言,在渴望維護文化自主權和取得外界物品之間掙扎。皮拉哈人身上看不到這種衝突。

根據我和皮拉哈人長期相處所得到的印象,麻省理工學院的同事說得沒錯。皮拉哈人異常快樂、心滿意足。我甚至可以進一步說,皮拉哈人比起我所認識的基督徒或其他宗教信仰者,都更快樂、更健康,也更能適應環境。

ACKNOWLEDGMENT

致 謝

我要感謝所有與我共同經歷，並讓這些事件化為文字的人。其中我特別要感謝皮拉哈人。在過去數十年的人生中，他們教會我許多事情。他們的才智、他們的美麗、他們的耐心、他們堅貞的友誼，以及他們對我和家人的愛護，使得我的世界更為美好。

其次我要感謝波多韋柳巴西國家原住民基金會的工作人員，特別是長年支持我研究工作的 Osman 和 Romulo。我與 Osman 幾乎是同時開始與亞馬遜原住民一起工作，他對巴西原住民無私的奉獻，讓我永生難忘。

我在此書所記錄的大部分事情，都是和前妻凱倫一同經歷的，我要感謝她留給我許多回憶。而每一回的危險與考驗，都有賴夏儂、克莉絲蒂和蓋勒博的協助，讓我有勇氣活下來而不致發狂。少了我的家人，沒不會有本書中的經歷與學習。第十七章中提到的轉變曾讓我們之間的關係緊繃，但是使徒保羅說的對：「其中最大的是愛。」

比我早到皮拉哈傳教的史帝夫‧薛爾頓，多年來一直以朋友和傳教士的身分支持我。從一開始引介我到皮拉哈、為我的博士論文打字，這三十多年來，一直在各種議題與問題上與我通力合作，史帝夫提供我的協助一言難以蔽之。我要特別感謝他和他的前任傳教士阿爾羅‧漢利希，他們與皮拉哈人之間建立的良好關係讓我獲益匪淺。許多皮拉哈人仍舊記得一九六○年代早期的麻疹傳染期間，阿爾羅如何狩獵來餵飽他們。

老一輩的人說皮拉哈這個部族之所以能夠延續，是阿爾羅與史帝夫的功勞。

我希望我在過去三十年間,提供給皮拉哈人的醫療協助也能稍稍回報他們對我個人生命難以估計的貢獻。希望那些因為簡單的奎寧或盤尼西林注射而起死回生的孩子,也能記得我「包艾西」。

沒有伊利諾州立大學同事的慷慨支持,我無法寫完這本書。我無法想像有比這裡更溫暖、更助我良多的學術環境了。語言、文學與文化系的同事都容忍我如此熱誠地投入這項寫作計畫。還有感謝伊利諾州立大學校長 Al Bowman 的多次鼓勵,而 Gary Olson 是我遇過最願意提供協助與鼓勵的學院院長了,我很高興能在這裡感謝他的支持。我也要謝謝閱讀本書全部或部分草稿、提供建議、甚至提出細緻評論的人:Manfred Krifka、Shannon Russell、Kristene Diggins、Linda Everett、Mitchell Mattox、Mike Frank、Heidi Harley、Jeanette Sakel、Ted Gibson、Robert Van Valin、Geoffrey Pullum、Cormac McCarthy、C. C. Wood,以及 John Searle,他們慷慨的協助讓此書更加完整。還有之前我在匹茲堡大學的學院院長 David Brumble,他對此書的貢獻遠超出朋友之義,他幽默又直接的建議幫助我將事情說得更清楚。

也感謝這二十五年來,支持我對亞馬遜語言研究計畫的單位:國家科學會、國家人文基金會、歐盟(「人類語言結構複雜性研究計畫」)、藝術與人文委員會、英國的經濟與社會研究委員會、聖保羅州立研究基金會。感謝所有這些單位,讓我使用巴西、歐洲、英國和美國納稅人的錢,進行亞馬遜瀕危語言的研究。

紐約客雜誌的攝影師 Martin Schoeller 極為慷慨讓本書使用他為皮拉哈拍攝的照片。紐約客雜誌的作家 John Colapinto 則間接幫助我以高水準的文筆書寫我在

皮拉哈的生活。在書寫此書的過程中，我數度從他「不朽的散文」中獲得靈感。Pantheon 出版社的編輯 Edward Kastenmeier 花了許多時間與我針對此書進行無數次討論，總是希望讓我把事情說得更好，使皮拉哈人確實成為書頁中鮮活的焦點。在我書寫此書的過程中，Profile Books 出版社的編輯 John Davey 也提供許多有用的意見與鼓勵的話語。

最後也是最重要的，我要謝謝我的經紀人 Max Brockman。他的遠見讓此書成真，他的信心說服我或許我能辦到。

別睡，這裡有蛇！

DON'T SLEEP, THERE ARE SNAKES

DON'T SLEEP, THERE ARE SNAKES
LIFE AND LANGUAGE IN THE AMAZONIAN JUNGLE

別睡，這裡有蛇！
一個語言學家在亞馬遜叢林

作　　者	丹尼爾・艾弗列特 Daniel Everett
譯　　者	黃珮玲
封面設計	鄭宇斌
內頁設計	黃暐鵬
攝　　影	Daniel Everett、Martin Schoeller
責任編輯	宋宜真、官子程
編輯協力	戴天音
行銷企畫	陳詩韻
總編輯	賴淑玲
社　　長	郭重興
發行人兼 出版總監	曾大福
出 版 者	大家出版／遠足文化事業股份有限公司
發　　行	遠足文化事業股份有限公司 231新北市新店區民權路108-2號9樓 電話　(02)2218-1417　傳真　(02) 8667-1851 劃撥帳號　19504465　戶名　遠足文化事業有限公司
印　　製	成陽印刷股份有限公司　電話(02)2265-1491
法律顧問	華洋法律事務所　蘇文生律師
Ｉ Ｓ Ｂ Ｎ	978-957-9542-82-1
定　　價	450元
初版一刷	2011年8月
二版一刷	2020年1月

國家圖書館出版品預行編目資料

別睡，這裡有蛇！：一個語言學家在亞馬遜叢林 /
丹尼爾．艾弗列特(Daniel L. Everett) 著；黃珮玲譯.
-- 二版. -- 新北市：大家，遠足文化, 2020. 1
　面；　公分. -- (Common；5)
譯自：Don't sleep, there are snakes : life and language in the
Amazonian jungle
ISBN 978-957-9542-82-1 (平裝)

1.社會生活 2.語言 3.亞馬遜河

756.8213　　　　　　　　　　　　108017129

◎有著作權・侵犯必究◎
──本書如有缺頁、破損、裝訂錯誤，請寄回更換──
本書僅代表作者言論，不代表本公司／出版集團之立場與意見

Don't Sleep, There Are Snakes: Life and Language in the Amazonian Jungle © 2008 by Daniel Everett
Traditional Chinese translation copyright © 2020 by Common Master Press
Through arrangement with Brockman, Inc.
All rights reserved